地方社会保障发展报告丛书

REGIONAL SOCIAL SECURITY DEVELOPMENT REPORT SERIES

北京市社会保险发展报告

BEIJING SOCIAL INSURANCE DEVELOPMENT REPORT

人力资源和社会保障部社会保障研究所
北京市人力资源和社会保障局

社会科学文献出版社
SOCIAL SCIENCES ACADEMIC PRESS (CHINA)

课题组成员

顾 问

陈　蓓　北京市人力资源和社会保障局副书记、副局长

孙　彦　北京市社会保险监督委员会主任

组 长

金维刚　人社部社会保障研究所所长、研究员

王明山　北京市人力资源和社会保障局副局长

副组长

汪泽英　人社部社会保障研究所副所长、研究员

主要成员

武玉宁　人社部社会保障研究所工伤保险室副主任、副研究员

谭中和　人社部社会保障研究所养老保险室原主任、研究员

李红岚　人社部社会保障研究所农保室主任、研究员

王宗凡　人社部社会保障研究所医疗保险室主任、副研究员

张　军　人社部社会保障研究所工伤保险室主任、副研究员

费　平　人社部社会保障研究所基金管理与失业保险室副主任

赵巍巍　人社部社会保障研究所养老保险室助理研究员

李常印　人社部社会保障研究所基金管理与失业保险室助研

总　序

社会保障是随着工业化、城镇化和现代化而逐步发展起来的一项基本的社会经济制度，是国民收入再分配调节机制中的一种主要手段，是保障人民生活、维护社会稳定与和谐的安全网，是社会进步和文明发展的重要标志。因此，我国社会保障体系建设关系到改革发展稳定的大局，关系到广大人民群众的切身利益，关系到全面实现小康社会以及社会和谐的发展目标。

党中央和国务院高度重视我国社会保障体系建设。随着我国经济体制改革不断深化，并逐步从计划经济体制向社会主义市场经济体制转变，我国社会保障制度在改革中发展，在探索中前进，在地方试点的基础上向全国推广，逐步建立比较健全的社会保障制度体系。根据中央提出到 2020 年基本建立覆盖城乡居民的社会保障体系的发展目标，我国社会保障体系建设以科学发展观为指导，全面推进各项社会保障制度改革，覆盖范围逐步扩大，从国有企业向各类社会经济组织、从单位职工向灵活就业人员、从城镇居民向农村居民延伸，同时加大财政对社会保障的投入，逐步提高各项保障水平，并加强基层公共服务平台建设，推动规范化、信息化、专业化，提升社会保障管理服务水平，使我国社会保障事业迅速发展。

《社会保险法》于 2010 年 10 月正式颁布，并于 2011 年 7 月开始实施，这标志着我国社会保险制度正走向成熟，并且以法律形式确定下来，将社会保险制度改革与发展全面纳入法制化轨道。同时，以社会保险制度为核心的中国社会保障体系也已经基本形成。在2012年我国城乡居民社会养老保险实现制度全覆盖之后，覆盖城乡居民的社会保障体系已经初步形成，我国从此进入全民社保的新时代，目前正朝着全面实现人人享有社会保障的目标迈进。

党的十八大进一步明确我国社会保障体系建设的基本方针是"全覆盖、保基本、多层次、可持续"，并确定推进社会保障体系建设的总任务是"全面建成覆盖城乡居民的社会保障体系"，提出以"增强公平性、适应流动性、保证可持续性"作为社会保障工作的重点。十八大报告对社会保障论述之多、阐述之深、强调之重，都超过了以往，是今后我国社会保障制度改革与发展的行动指南。

由于我国各地区经济发展很不平衡，在社会保障体系建设方面存在明显的地区差异，各项社会保险制度在发展过程中的统筹层次偏低，主要以市（或县）级统筹为主，目前只有城镇职工基本养老保险初步实现省级统筹。从近30年来我国社会保障制度改革的发展历程来看，一直采取摸着石头过河的方法，在局部地区先行试点，在试点取得经验的基础上，再上升为国家统一制定改革举措和相关政策并在全国推广，在实践中逐步完善。譬如，我国城镇职工基本养老保险制度就是先在江门、南充、泰州等地进行的退休费用社会统筹试点的基础上，于1995年确立了"统账结合"的制度模式。城镇职工基本医疗保险制度也是在20世纪90年代先进行"两江（镇江和九江）试点"，随后将试点范围扩大到全国57个城市，在此基础上由国务院出台城镇职工基本医疗保险改革方案而逐步建立和推广的。北京市2008年探索建立新型农村养老保险制度，为国家制定有关试点办法提供参考，并在2009年率先建立统筹城乡居民的养老保险制度。宝鸡市在新型农村社会养老保险制度创新方面进行积极探索，为在全国推广建立新型农村社会养老保险制度提供了实践经验。成都市和重庆市在国务院确定为统筹城乡发展综合配套改革试验区之后，在统筹城乡社会保障体系建设方面成效显著。苏州市作为江苏省政府确定的全省唯一的城乡一体化发展综合配套改革试点地区，在探索城乡社会保障一体化发展方面取得了实质性的突破。这些地方试点的探索和创新，不仅促进了当地社会保障事业的迅速发展，而且为其他地区乃至全国推进社会保障制度改革与发展提供了可以借鉴或推广的成功经验。因此，关注和研究各地在社会保障体系建设方面的实践探索及其成效和经验具有重要意义。

近年来，人力资源和社会保障部社会保障研究所组织开展了一系列有关我国社会保障制度改革以及重大政策的研究工作，为国家相关部门的决策提供了重要的科研支撑和参考依据。同时，该所重视并加强对各地方社会保障制度改革发展状况的调查研究，先后与一些地方政府以及人力资源和社会保障部门密切合作，承担由地方委托的社会保障专题研究任务。通过开展实地调查研究工作，比较全面、系统、深入地掌握各地社会保障发展的基本情况和主要特点，认真总结地方改革与发展的经验和教训，提出相应的对策措施，为促进和完善地方社会保障体系建设提供决策参考和依据。这种实证研究不仅为地方社会保障工作提供了理论指导，对于研究我国社会保障制度改革与发展的重大问题也具有参考价值。

人力资源和社会保障部社会保障研究所在完成一些地方委托的有关地区社会保障专题研究工作的基础上，编写出版了反映地方社会保障发展情况的丛书，是很有意义的。希望这一套丛书的陆续出版发行能较好地交流各地区在社会保障制度改革与发展方面的成功经验，探讨社会保障体系建设不断创新和逐步完善的对策措施，并促进全国各地区社会保障事业的蓬勃发展。

人力资源和社会保障部原副部长

中国社会保险学会会长　　　　　胡晓义

2016 年 12 月

目 录

北京市社会保险发展评估研究报告[*]

长期以来，根据党中央和国务院关于全面深化社会保障制度改革、建立覆盖城乡居民的更加公平可持续的社会保障体系的总体部署和要求，在北京市委、市政府的领导下，北京市人社局积极推进社会保障领域的改革与发展，勇于创新，锐意进取，取得了非常显著的成就。特别是在社会保险方面，北京市在全国率先建立了统筹城乡的养老保险和医疗保险制度，各项社会保险实现了制度全覆盖，也基本上实现了人群全覆盖，各项社保待遇水平持续提高，基金实力不断增强，管理效率显著提升，经办服务方便快捷，在促进首都社会经济协调发展与维护社会和谐稳定方面发挥了重要的作用。

然而，北京市社会保险发展还存在一些问题，亟待研究解决。"十三五"时期是全面深化社会保障领域各项改革、建立覆盖全民的社会保障体系、全面建成小康社会的关键阶段。同时，人口老龄化正在不断加速，广大人民群众对社会保障水平和社保服务的需求持续增长，北京市在社会保险事业发展方面面临的压力和挑战也在不断增大。

---

*　执笔：武玉宁、谭中和、李红岚、王宗凡、张军、费平、赵巍巍、李常印、郭婕；统稿：武玉宁；核稿：徐仁忠、刘小军、李勇、沈哲恒、李红、吴晓军、杜鑫、王培亮、周立今、王子巍、齐振家；审定：陈蓓、金维刚、王明山。

为做好"十三五"时期社会保险领域的规划编制工作，促进北京市社会保险更加公平更可持续发展，北京市人力资源和社会保障局与人力资源和社会保障部社会保障研究所合作开展北京市社会保险发展评估研究，双方组成联合课题组，对北京市社会保险发展取得的成就、特点进行总结，对存在的问题和今后发展面临的形势进行深入分析，在此基础上，提出"十三五"时期北京市社会保险发展的总体思路、基本目标和主要对策。

一　社会保险事业发展的主要成就

近10年来，北京市社会经济发展迅速。全市常住人口从2006年的1581万人，增加到2014年的2151.6万人（其中户籍人口1332.9万人，占比61.9%；外来人口818.7万人，占比38.1%）。全市城镇化率为86.3%。全市人口预期寿命从2006年的76.7岁增加到2015年的81.35岁。人均GDP从2006年的48832元增加到2014年的99995元，增长超过一倍。目前，北京市城镇化率、人口预期寿命以及人均GDP都位居全国第二。北京市在社会经济全面发展的同时，社会保障工作也取得了丰硕的成果，为促进首都的繁荣与稳定做出了积极的贡献。

（一）制度建设加快，统筹城乡、覆盖全民、相互衔接的社会保险制度体系基本建立

一方面，北京市不断完善职工基本养老保险、基本医疗保险、失业保险、工伤保险和生育保险制度；另一方面，北京市加快建立城乡居民基本养老保险制度、新农合和城镇居民基本医疗保险制度，基本实现了各项社保制度全覆盖。与此同时，北京市还逐步打破城乡户籍限定，将城市化进程中的农村劳动力纳入城镇职工五项社会保险，不断推进跨地域、跨制度社保关系的转移接续，建立了统筹

城乡、覆盖全民、相互衔接的社会保险制度。

1. 建立统筹城乡的基本养老保险制度

（1）完善城镇职工基本养老保险制度。为贯彻落实国务院《关于完善企业职工基本养老保险制度的决定》（国发〔2005〕38号），顺应新形势的需要，2006年12月，北京市人民政府颁布《北京市基本养老保险规定》（北京市人民政府令第183号），改革了职工基本养老金计发办法，建立了参保缴费的激励约束机制，将职工个人账户规模从11%调整为8%，个人缴费8%全部计入个人账户；根据本地实际情况，将城镇个体工商户和灵活就业人员纳入职工养老保险，按照20%的比例缴纳基本养老保险费，其中8%计入个人账户。2015年启动机关事业单位养老保险改革，将职工养老保险改革的最后一个群体纳入统一的制度。

（2）打破地域身份限制，建立统一、开放的职工养老保险制度。一是将城市化进程中的农村户籍人员纳入城镇职工保险。随着城镇化建设的提速，北京市将城镇职工基本养老保险政策向农村延伸，先后将城市化改造中的失地农民、建设征地农转工中的自谋职业人员、整建制农转非劳动力纳入城镇职工养老保险制度，通过实行延期缴费政策或灵活就业人员参保政策，解决城市化进程中农民的养老保障问题。2009年，进一步将灵活就业的本市农村劳动力纳入城镇职工基本养老保险范围，实现了城乡灵活就业人员参保政策的统一。二是解决历史遗留问题。一方面，积极落实灵活就业人员补缴基本养老保险费的政策，解决了12万职工要求补缴历史上应缴未缴的基本养老保险费问题；另一方面，在国家政策指导下，结合本市实际，出台了"五七工"、"家属工"参加职工基本养老保险的办法，将1万余名"五七工"、"家属工"等群体纳入基本养老保险。三是依法扩面，将外来务工农村劳动力和外国人纳入统一的养老保险制度。2011年，北京市根据《社会保险法》要求，进一步打破职工户籍、地域和身份界限，完善了外来务工农村劳动力参加北京市养老保险办法，实现了不分地域、户籍，所有城乡职工"同工、同险、同待遇"；同时，打破国籍界限，将在京就业的外国人纳入职工养老保险覆盖范围。四是将自收自支事业单位纳入职工养老保险体系。北京市 2003 年开展事业单位养老保险改革，将自收自支事业单位一步到位纳入职工养老保险制度，实行与企业职工相同的缴费和待遇计发政策。

（3）建立城乡一体化的居民养老保障制度。2008 年北京市创建了覆盖城乡、标准一致的福利养老金制度，为本市所有无保障老年居民提供福利养老金。同年，在老农保基础上，创建了以"基础养老金＋个人账户"为特征的新型农村养老保险制度，该制度模式为全国新农保试点办法的出台提供了参考样本。2009 年，在国家推行新农保试点的第一年，北京市将新农保政策推广到城镇居民，率先在全国建立起城乡一体化的居民养老保障体系，在制度模式、缴费标准、衔接办法、保险待遇、基金管理、收缴发放等方面实现了城乡统一。2014 年，为贯彻落实国务院统一城乡居民养老保险制度的决定和人社部做好养老保险制度衔接办法，北京市在充分考虑现行政策的连续性以及保持与国家政策统一性的基础上，进一步完善了当前的城乡居民养老保险政策。

（4）实现城乡养老保险制度的整合与衔接。为贯彻落实国家相关政策，北京市先后出台了《关于印发北京市基本养老保险关系转移接续几个具体问题处理意见的通知》（京人社养发〔2011〕120 号）和《关于贯彻落实国务院统一城乡居民基本养老保险制度暨实施城乡养老保险制度衔接有关问题的通知》（京人社居发〔2014〕177 号），为跨地区流动就业人员以及跨城乡人员的基本养老保险关系的转移接续提供了政策依据，及时为参保人员办理了基本养老保险转移接续业务，开展了符合条件的外埠人员视同缴费年限的认定工作。这些衔接政策的出台，保障了劳动者流动时的养老保险权益。另外，北京市还全面开展了退役军人基本养老保险转移接续工作，制定和出台了城乡居民养老保险与职工养老保险、城乡低保、农村五保和优抚制度的衔接政策，促进了制度内待遇的平衡与接续。

2. 建立和完善统筹城乡、覆盖全民、多层次的医疗保障体系

（1）创建城镇居民医疗保险制度。2007年，在国家尚未出台相关政策的情况下，北京市开始探索建立城镇居民医疗保险制度，先是建立"一老一小"大病医疗保险，将城镇无医疗保障的老年人和大中小学生、婴幼儿纳入居民医保。2008年，又建立城镇劳动年龄内无业人员大病医疗保险。2010年，进一步将两项大病医疗保险制度整合成统一的城镇居民基本医疗保险制度。刚开始时，北京市城镇居民医保制度提供住院和门诊特殊疾病待遇，2010年起，又将城镇居民医保的待遇范围延伸到普通门诊，普通门诊起付线为650元，报销比例为50%，最高支付限额为2000元。

（2）建立统一、开放的职工医疗保险制度。一是打破地域、身份限制，将各类人群纳入职工医疗保险范围。在将城镇化过程中被征地农民、整建制农转非劳动力、灵活就业的农村劳动力纳入城镇职工养老保险的同时，也纳入职工医疗保险；在解决历史遗留的养老保险补缴问题的同时，也解决了医疗保险的补缴问题。《社会保险法》颁布实施后，将外地农民工和外国人纳入包括职工养老、医疗在内的五项保险。二是将公务员纳入城镇职工医疗保险。针对公费医疗制度缺乏统一的筹资机制、统筹层次低、待遇不平衡等问题，2012年北京市完成了市、区两级公费医疗制度改革，确保了各类群体公平享有医疗保障。

（3）建立和完善多层次的医疗保障体系。北京市在城镇职工医保改革之初，就在建立基本医疗保险的同时，同步捆绑建立了大额医疗费用互助制度（实行单独缴费），用以解决超出基本医保住院封顶线以及门诊大额医疗费用负担过重问题。另外，还建立了企业补充医疗保险，为4%以内的企业补充医疗保险缴费提供免税优惠政策。2014年，建立了城乡居民大病保险，从基本医保基金中拿出一部分，形成了大病保险基金，用来解决城乡居民大病医疗费用负担重问题。另外，在实施新医改的过程中，北京市逐步加大了对城乡医疗救助的财政投入，不仅为城乡生活困难人群提供参保（合）的缴费补贴，还直接为困难人群提供医疗费用的救助，在解决困难人群医疗费用负担方面发挥了一定的作用。另外，在民政部门提供的医疗救助之外，北京市人社局还直接对患重大疾病个人医疗费用负担较重、影响家庭生活的参保职工给予一次性医疗救助，所需资金由财政直接划拨到社保中心。此外，北京市总工会、红十字会还为困难职工和城乡困难居民提供一定的生活救助（包括医疗救助）。总体来看，一个以基本医疗保险为主体，补充性医疗保险、城乡医疗救助为辅助的多层次医疗保障体系已经在北京市初步建立起来。

（4）初步形成医保对医疗服务的约束机制。随着医保覆盖面的扩大，北京市各级医疗保险行政和经办机构加强了对医疗机构的监管。医保经办机构与定点医疗机构全面签署了服务协议，且服务协议不断个性化、规范化，医保经办机构逐步依托协议进行医疗服务管理。医保经办机构加强了对医疗服务行为和费用的审核监督，并建立了相应的考核和奖惩机制来影响医疗机构的医疗服务行为。医保经办的信息化水平不断提高，开始依托信息系统逐步推行医保智能审核。北京市已经全面推行城镇医疗保险付费的总额预付和总量控制，探索实施按病种分组（DRGs）付费方式改革，通过付费方式改革进一步强化了医疗保险对医疗机构的激励和约束作用。可以说，北京市通过上述一系列针对医疗服务的管理措施，初步建立了医疗保险对医疗服务的制约机制。特别是最近几年通过加大付费制度改革力度，有效遏制了医疗费用过快增长的趋势，缓解了医保基金的支付压力。

3. 完善失业保险制度

（1）不断拓展失业保险促就业政策范围。2006 年，国家将北京等东部七省市纳入扩大失业保险基金支出范围试点。受益于国家的倾斜政策，北京市结合当时的就业形势发展，利用失业保险基金，积极发挥失业保险促进就业的功能，先后制定并实施了一系列积极的促进就业政策，具体包括：鼓励用人单位招用城乡劳动力的岗位补贴及社会保险补贴政策；鼓励城镇失业人员自谋职业（自主创业）、灵活就业的社会保险补贴政策；鼓励就业服务机构、职业培训机构提供免费服务的职业指导、职业介绍和职业培训补贴政策；对就业特困人员实行公益性"托底"安置政策；促进就业困难地区城乡劳动者就业的帮扶政策；等等。与《国务院关于解决农民工问题的若干意见》（国发〔2006〕5 号，以下简称 2006 年 5 号文）的政策规定相比，北京市将失业保险基金的支出范围扩大到职业介绍补贴、职业培训补贴、社会保险补贴、岗位补贴、帮扶资金补贴、援企稳岗补贴、公益性就业组织专项补贴等 8 大类 20 余个项目。

（2）扩大失业保险受益人群范围。在基本生活保障方面，根据政策规定，北京市失业保险保障的是"在城镇参保的失业人员"的权益，但是在发挥"防失业、促就业"功能时，北京市的失业保险政策突破了"在城镇参保的失业人员"这一政策界限，将其范围扩展到所有城镇登记失业人员和农村转移劳动力。在北京市涉及失业保险基金的 8 大类 20 余项促就业项目中，岗位补贴、社保补贴、职业培训补贴、职业介绍补贴等方面均实现了城乡一体。另外，为了更好地适应就业形势发展变化，北京市不断调整"就业困难人员"的适用范围，从最开始的"城镇 4050 人员"（2003 年规定）扩大到后来的"4050 人员、中重度残疾人员、低保人员"（2009 年规定），再到之后的"城乡 4050 人员、残疾人员、低保人员、初次进京随军家属、登记失业一年以上人员、'零就业家庭'劳动力、'纯农就业家庭'劳动力"（2012年规定）。对"就业困难人员"适用范围的拓展，有力推动了失业保险促就业政策的实施效果。

（3）将领取失业保险金人员纳入城镇职工医疗保险范围。2011年，根据国家统一规定，北京市出台了领取失业保险金人员参加职工基本医疗保险的政策。失业保险基金以上一年本市职工月平均工资为缴费基数，按照12%的缴费比例及每人每月3元标准按月为领金人员缴纳基本医疗保险费，领金人员可以享受与在职职工同等的医疗待遇。

4. 完善工伤保险制度

（1）建立较为完善的工伤保险制度。《工伤保险条例》于2003年颁布，2010年修订，根据条例及国家工伤保险政策要求，北京市及时制定和修订了一系列配套政策，涵盖工伤认定、劳动能力鉴定、费率和待遇标准确定、停工留薪期管理、辅助器具配置、就医费用结算、工伤待遇支付等各个环节，形成了较为完善的政策体系，为所有工伤人员和工亡职工供养亲属提供了待遇保障。北京市在建立完善工伤补偿制度的同时，大力推进工伤康复工作，坚持医疗与康复并重、先康复后补偿原则，努力创新康复工作体制机制。一是对区县下达工伤伤残人员康复考核指标；二是积极主动筛选有康复价值的工伤致残职工，推动康复早期介入，基本做到有康复意愿和康复价值的工伤致残职工人人享有康复服务。

（2）率先将机关事业单位纳入统一的工伤保险制度，实现制度全覆盖。北京市按照《工伤保险条例》要求，不断扩大覆盖面，在将企业职工纳入工伤保险后，于2006年将34万市行政区域内差额拨款、自收自支事业单位、民间非营利组织人员纳入工伤保险统筹范围。2006—2010年，根据人社部要求，开展了针对农民工的两期"平安计划"，将百万计的外埠农民工纳入工伤保险范围。2010年新的《工伤保险条例》颁布后，北京市进一步扩大工伤保险覆盖范围，特别是在国家没有统一规定之前，率先将机关事业单位全部纳入工伤保险范围，实现了所有用人单位工伤保险制度全覆盖。

5. 完善生育保险制度

（1）建立较为完善的生育保险政策体系。目前，北京市生育保险已形成了以《劳动法》、《社会保险法》为法律依据，以《北京市企业职工生育保险规定》为核心，以《关于调整本市职工生育保险政策有关问题的通知》等一系列规章文件为补充的较为完整的生育保险制度政策体系，为生育保险工作提供了法律依据和具体指导，确保了生育保险工作的顺利进行。

（2）将包括机关事业单位在内的所有城镇单位职工纳入生育保险。2012 年起，北京市生育保险覆盖范围在城镇企业京籍职工的基础上进一步扩大，适时地将外埠在京就业人员、机关事业单位人员纳入生育保险制度，实现了生育保险制度全覆盖。

（3）解决非单位就业人员的生育费用问题。从 2012 年起陆续规定将失业人员、灵活就业人员、城镇居民符合计划生育政策的生育医疗费用纳入基本医疗保险报销范围，使非单位就业人员的生育医疗费有了制度安排。

（二）覆盖范围不断扩大，基本实现人人享有社会保障

在过去 10 年，随着社会保险法定覆盖范围的扩大，特殊群体参保政策的陆续出台，以及历史遗留的养老、医疗和老工伤问题的彻底解决，北京市实现了社保制度全覆盖，并通过加大社会保险宣传力度和征缴力度，使职工保险和居民保险参保率都达到了 95% 以上，基本实现了人群全覆盖。

截至 2014 年底，北京市职工养老保险参保人数 1392.6 万人（见图 1），比 2006 年增加了 788.5 万人，增长了 131%。城乡居民养老保

险参保人数 186.3 万人，比 2008 年制度建立之初增加了 58.5 万人。其中，领取职工养老金的有 228.9 万人，领取城乡居民养老金的有 37.9 万人，没有参保直接领取老年福利养老金的有 48.5 万人，合计共有 315.3 万人领取了养老待遇，基本实现了所有老年人都享有养老保障。

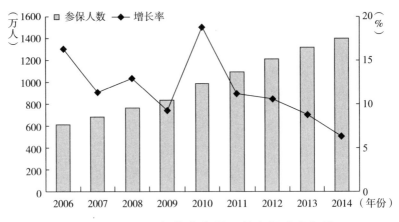

图 1   2006—2014 年北京市职工养老保险参保情况

2014 年，北京市城镇职工基本医疗保险参保人数 1431.3 万人（见图 2），比 2006 年增加了 751.8 万人，增长了 111%。城镇居民医疗保险参保人数 173 万人，比 2007 年制度建立之初增加了 27.4 万人。新农合参保人数达到 242.6 万人。2014 年，三项医疗保险合计参保人数达到 1846.9 万人，基本做到了全民享有医疗保障。

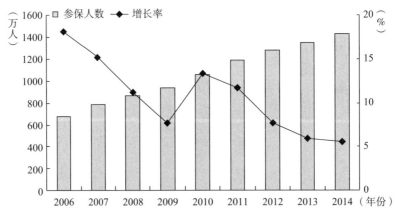

图 2   2006—2014 年北京市职工医疗保险参保情况

2014 年，北京市失业保险、工伤保险和生育保险参保人数分别为 1057.1 万人、942 万人和 924.9 万人（见图 3、图 4、图 5），分别比 2006 年增加了 574.9 万人、476.7 万人和 662 万人，增长了 119%、102% 和 252%。

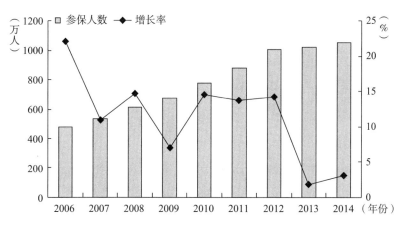

图 3　2006—2014 年北京市失业保险参保情况

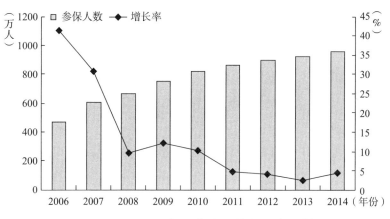

图 4　2006—2014 年北京市工伤保险参保情况

总体来看，在过去的 10 年，北京市一方面建立和完善覆盖城乡的社会保障制度，另一方面快速扩大人群覆盖面。城镇职工五项保险参保人数均实现了翻番增长，城乡居民养老保险制度和城镇居民医疗保险制度从无到有，并且在很短的时间内基本做到了全覆盖，基本实现了人人享有社会保障。

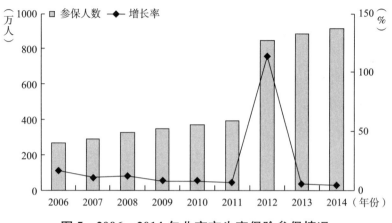

图5 2006—2014年北京市生育保险参保情况

（三）待遇水平不断提高，实现社会经济发展成果共享

随着社会经济发展，北京市各项社会保险待遇水平都实现了持续增长，使参保人员充分分享到社会经济的发展成果。

在城镇职工养老保险方面，10年来，根据国家统一要求，北京市企业退休人员基本养老金年均增长幅度达到10%，2015年人均养老金3355元，比2006增加了2110元，增长169%。退休人员、退职人员和退养人员的最低养老金标准分别为每人每月1609元、1464元和1331元，比2006年分别增加989元、927元和844元，增长幅度分别达到160%、173%和173%，基本上与退休人员平均养老金增长幅度持平。另外，退休人员养老金在普调的基础上，向国家有明确规定的各类特殊群体以及退休早、年龄大、待遇水平偏低的人群适度倾斜，在一定程度上缩小了不同群体之间的待遇差，保障了各类人群的基本生活。

在城乡居民养老保险方面，截至2014年，北京市已连续四年五次调整基础养老金和福利养老金水平，目前城乡居民基础养老金已由2009年的每人每月280元增长至2014年的430元，增长了54%，加上个人账户养老金，城乡居民平均养老金达到484元。老年福利养老金由 2009 年的每人每月 200 元增长至 2014 年的 350 元，增长了 75%。

在医疗保险方面，2006 年以来，各项医疗保险均不断提高待遇水平。职工医保提高了住院、门诊支付比例和封顶线，城镇居民医保门诊、住院支付比例和封顶线也都得到了提高（见表1）。门诊特殊疾病范围也有所扩大（由 3 种增加到 8 种），社区用药范围也大幅增加（增加了 224 种药品，可报销药品达到 1435 种）。另外，2014年城乡居民大病保险的建立进一步提高了城乡居民医保的待遇水平（见表2）。① 从实际运行数据来看，自 2007 年以来，北京市职工医保、城镇居民医保的住院报销比例不断提高，7 年间，政策范围内支付比例均提高了近 10 个百分点。2014 年，职工医保、城镇居民医保住院政策范围内支付比例分别达到 80%、60%。可以说，目前北京市基本医疗保险基本能够为大多数职工和城乡居民提供可靠、负担得起的医疗服务保障。

表 1　北京市城镇职工基本医疗保险报销政策

城镇职工	门诊			住院		
	起付线	报销比例	支付限额	起付线	报销比例	支付限额
在职	1800 元	70%—90%	2 万元	1300 元	85% 以上	30 万元
退休	1300 元	85%—90%	2 万元	1300 元	95.5% 以上	30 万元

表 2　北京市城镇居民基本医疗保险报销政策

城镇居民	门诊			住院		
	起付线	报销比例	支付限额	起付线	报销比例	支付限额
学生儿童	650 元	50%	2000 元	650 元	70%	17 万元
无业及老年人	650 元	50%	2000 元	1300 元	70%	17 万元

---

① 2013 年 12 月，北京市出台《北京市城乡居民大病保险试行办法》（自 2014 年 1 月 1 日起试行）。市人力资源和社会保障局落实该办法，出台《关于做好城镇居民大病医疗保险工作的通知》，建立了城镇居民大病保险制度。

在失业保险方面，1999年以来，北京市失业保险金标准一直在逐年提高，平均水平从最初的333元/月提高到了2014年的1066元/月（见图6），提高了2.2倍。2015年4月1日，北京市再次提高失业保险金标准，在现行基础上平均每档上调110元，调整幅度为10%。农民合同制职工一次性生活补助标准由160元/月上调至848元/月，提高了4.3倍。失业人员丧葬补助费标准由原来的800元提高到5000元。

在工伤保险方面，月人均伤残津贴、月人均生活护理费、月人均供养亲属抚恤金从2006年的1264元、711元和711元增加到2014年的3378元、2091元和1751元，分别增长了167%、194%和146%。另外，随着《工伤保险条例》的修订，一次性工亡补助金标准从过去的48个月本人上年度月平均工资提高到上年度全国城镇居民可支配收入的20倍。一次性伤残补助金标准，按职工伤残等级，分别提高了1—3个月的本人上年度月平均工资。

在生育保险方面，生育保险待遇水平逐年上涨，尤其是生育津贴上涨较快，2014年月人均津贴已达到6271元，充分保证了女职工在生育期间的基本生活。

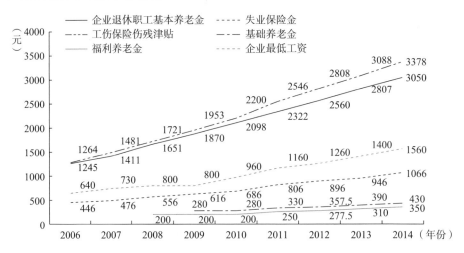

图6　2006—2014年北京市社保相关待遇标准情况

从总体上看，北京市各项社会保险长期待遇水平都位居全国前列。在人均医疗保险费支出、人均生育医疗费支出、伤残职工辅助器具配置标准等方面，北京市都达到全国最高水平。其中，在工伤保险待遇方面，北京市将纸尿布、纸尿垫、导尿管以及制氧机（尘肺病人需要）等作为工伤职工辅助器具纳入工伤保险报销范围，使工伤人员的保障水平显著提高，这种做法在全国是唯一的。北京市社保待遇水平较高，与首都社会经济发展总体水平是相适应的，充分体现了随着社会经济发展相应提高全民社会保障待遇水平的原则。

（四）基金规模不断扩大，社会保障制度的物质基础更加坚实

社会保险基金是社会保障制度的物质基础。北京市随着社保覆盖面的扩大、缴费工资的增长以及征缴手段的加强，基金收入大幅增加，各项社会保险基金征缴率均达到98％以上。

2014年，北京市五项社会保险基金总收入为2147.8亿元，其中职工养老、医疗、失业、工伤、生育保险基金收入分别为1331.3亿元、682.7亿元、62.6亿元、28.7亿元、42.4亿元。五项保险基金总支出为1592.7亿元，其中职工养老、医疗、失业、工伤、生育保险基金支出分别为841.7亿元、648.4亿元、35.9亿元、22.2亿元、44.5亿元。2014年北京市五项社会保险总收入和总支出分别是2006年社保基金总收入和总支出的4.51倍和4.27倍。

由于社会保险基金总收入大于总支出，北京市社保基金滚存结余越来越多（见图7）。2014年五项社保基金累计结余达到2637.5亿元。其中，职工基本养老保险、职工基本医疗保险、城镇居民医疗保险、失业保险、工伤保险、生育保险基金累计结余分别为2161亿元、227.1亿元、15.1亿元、163.7亿元、35.8亿元和34.5亿元。相应地，如果以2014年基金支出为标准计算，则职工基本养老保险、职工基本医疗保险、城镇居民医疗保险、失业保险、工伤保险和生

育保险基金累计结余可支付月数分别为 30.8 个月、4.2 个月、12.8 个月、54.6 个月、19.3 个月和 9.3 个月。总体看，北京市社保基金运行情况良好，养老、失业、工伤保险基金结余量很大。

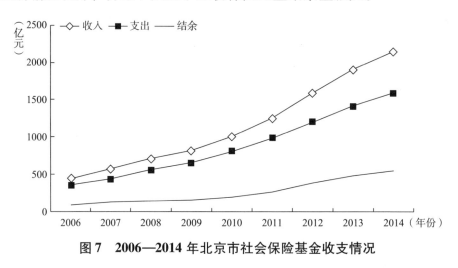

图 7 2006—2014 年北京市社会保险基金收支情况

（五）管理经办体系基本健全，管理经办能力提升

1. 覆盖全市的社会保险管理体制和经办服务体系基本建立

随着社会保险制度的全覆盖，全市从市本级到区县、街道（乡镇）、社区（村）都建立了社会保险经办机构。目前，市本级设立 3 家机构，分别是市社会保险基金管理中心、市医疗保险管理中心和市劳动服务管理中心（市创业指导中心）。全市 16 个区县和北京经济技术开发区均建立了社会保险管理中心。2011 年 12 月起，各区县社会保险经办机构实行统一设置，其中东城、西城、朝阳、海淀、丰台 5 个区分别设立了副处级的社会保险基金管理中心和医疗保险事务管理中心，其他 11 个区县和北京经济技术开发区设立了副处级的社会保险事业管理中心。同时，基层服务网络更加完善，全市所有街道（乡镇）、社区（村）全部建立了人力资源社会保险服务平台，基层建站（室）率达到 100%。采取多种措施，不断提高经办服务能力，建立了包括社保经办机构、社保所、银行、各类定点服务机构

在内的社保公共服务网络，为参保对象和200多万企业退休人员提供就近、方便的社会化管理服务；出台相关办法，健全社保经办人员业务培训制度，不断提高经办人员工作效率和业务水平；进一步加大便民利民力度，大力推进社保业务网上申报、查询，目前网上办理社会保险业务种类和数量均已达到总数的70%以上。扩大养老金代发银行，服务网点达到3300多个；企业社会保险缴费网点也由社会保险经办机构扩大到13家银行的1000多个对公业务网点，形成了覆盖全市的服务网络，为广大用人单位和城乡居民提供了方便、快捷、高效、安全的社会保险管理服务。

2. 各项社会保险经办业务基本实现了规范化和标准化

在经办业务规范化方面，市社保中心和医保中心通过完善制度、制定业务标准、规范工作程序，确立了比较科学规范的社会保险业务经办流程和业务办理标准，制订了社会保险业务办理规程和关于基金财务会计、基金支付、基金拨付、窗口服务规范等业务办理的规范性文件。经办各环节相对独立、时序严格、相互衔接、相互制约，有效保障了各项管理服务措施的落实。

3. 基金收支管理更加安全

一是在基金征缴方面，通过不断健全完善与工商、民政、财政等部门的扩面征缴工作协调联动机制，建立信息共享机制和企业诚信体系，实现对应参保单位的动态管理，通过与区县政府签订责任书、列入政府绩效考核等方式，有力地促进了参保覆盖面和基金规模的稳步扩大；开展日常稽核，利用企业申报新年度缴费基数的时机开展事前稽核，取得明显成效。二是在基金支出方面，采取信息比对等手段，通过实时认证和集中认证相结合的方式，开展领取待遇人员资格认证工作，落实异地常住领取待遇人员认证和境外认证工作，优化认证手段，开通网上认证工作，堵塞基金支出漏洞。2014年度异地资格认证率达到98.1%。三是在基金监管方面，规范制度，创新思路，加大专项审计、稽核和监察力度，建立了行政监督、内控监督和社会监督相结合的监督机制，确保了基金的安全运转；严格审核外埠城镇人员补缴；推进社会保险基金预算制度改革。总体来看，北京市由于市级统筹实现较早，基金管理不断加强，保障了基金安全，保证了制度的正常运行。

另外，自2014年起，北京市社保基金的预决算开始经过人大审议，社保基金预决算工作成为社会保险基金管理的中心和枢纽，基金收支和财务流程不断得到优化，基金管理更加规范透明。以"基金一级流"为方向的基金财务管理模式初见成效，通过建立全市统一的资金结算中心实现了社保资金集中收缴、集中支付，有效减少了风险点，保障了基金安全。

（六）信息化建设不断加快，经办服务手段加强

1. 建立全市统一的社会保险系统应用体系，实现数据市级大集中

社会保险信息系统目前已覆盖市级经办机构，17家区（县）级社保经办机构，7家社保区（县）分支机构，15家社保代办机构，以及331家街道（乡镇）社保所。社保系统操作人员总数近3200人。目前，社保四险系统数据库中有参保单位56.6万个，养老保险参保人员1428万人，失业保险参保人员1443万人，工伤保险参保人员1638万人，生育保险参保人员1205万人，离退休人员231万人，享受工伤待遇人员23.1万人，无社会保障老年居民48万人。医疗保险信息管理通过业务专网与全市所有经办机构、社保所和2200多家定点医疗机构实行互联。

2. 建立全市、区、街道（乡镇）、社区（村）信息系统服务网络

通过数据大集中建设，已经建立了市级、区级、街道（乡镇）级、社区（村）级四级网络体系。目前全市25个社会保险经办机构、15个代办机构、202家社保所网络已经接入社保网，并通过网络进行

业务办理。

3. 建立社会保险网上服务平台，扩大 12333 社会保障咨询服务内容和范围

目前社会保险网上服务平台基本涵盖了社会保险登记、征缴、个人权益业务的主要工作，涉及转移接续、支付、稽核、社保卡等多项业务。一方面，网上申报系统极大地减轻了社保经办机构的压力，提高了工作效率和服务水平，节约了人员、办公成本。另一方面，网上申报系统大大减少了参保单位、参保人办理社会保险业务的麻烦和困难，节省了参保单位、参保人的时间和费用，可以说是取得了经济效益和社会效益的双丰收。北京市 12333 电话咨询中心服务内容包括劳动就业、社会保险、劳动关系、劳动工资、个人权益记录查询等。参保者可查询到养老、医疗、失业、工伤、生育五项社会保险的缴费情况，包括缴费单位、缴费年限以及缴费基数等，还可以查询到个人养老金账户的累计金额，同时，参保者还可查询到本人选择的定点医疗机构名称等信息。

4. 以社保卡工程建设为切入点，逐步拓展社会保障卡的功能和范围，实现一卡多用及"同城、同人、同库"

截止到 2014 年末，北京市已经发放社会保障卡 1600 余万张，覆盖在京缴纳社保的常住居民（含北京户籍人口和非北京户籍人口），其中搭载金融功能社保卡 30 余万张，卡服务网点总业务量达到 300 余万笔。医疗保险参保人持卡率已达 95% 以上，社保卡服务网站访问量接近 3000 万次。随着社会保障制度建设不断推进，北京市开始逐步将社会保障卡的应用功能拓展至"北京通"应用、健康应用、金融应用、交通应用等方面。

5. 建立部门信息共享机制

通过建设面向电子政务的对外数据交换系统，实现了与人社部"金保工程"的联网监测、财务交换库、基金报表等软件的对接。同

时，系统实现了与北京市各委办局之间的数据共享，通过与市信息决策服务平台的对接，实现了与市经信委、市发改委、市交通委、市公安局、市监狱管理局、市纪检监察局、市安全局、市残联、市工商局等单位的数据共享。对外提供社会保险缴纳情况、北京工作居住证状态等信息，为"京十五条"、小客车摇号、出入境证件审核等提供数据支撑；从上述部门获得工商单位年检情况、残疾人信息、法人库等数据信息，为社会保险缴费稽核、人力资源市场残疾人认定、外国人许可申报等提供基本信息。

二　成效评估与基本经验

过去 10 年，北京市委市政府高度重视社保工作，市人社局积极探索，勇于创新，在社保制度建设的很多方面都走在了全国的前列，为国家建立相关制度提供了借鉴。北京市社会保险制度的全面发展，有力地促进了社会公平，充分发挥了社会稳定器和经济协调器的功效，其中，有很多经验值得认真总结。

（一）成效评估

1. 统筹城乡，率先在全国建立了覆盖城乡的社会保险制度

过去 10 年，北京市社会保险发展的最大特点是坚持统筹城乡。一方面，不断完善城镇职工五项保险制度，扩大各险种的制度覆盖面，将各类职业人群陆续纳入统一的城镇职工社会保险制度覆盖范围。另一方面，积极探索，建立城乡居民保险制度，实现城乡居民社保制度全覆盖，具体体现在以下三个方面。一是率先在省一级创建了统筹城乡、标准一致的福利养老金制度，将本市 60 岁以上无保障老年居民全部纳入完全由财政支付的福利养老金保障范围，这实际上相当于一个兜底的保障制度，使所有老人都能老有所养。二是

创建了"基础养老金＋个人账户"的新农保模式，其中基础养老金全部来自财政补贴，标准高于老年福利养老金，个人账户部分则以个人缴费为主，个人可根据经济能力自愿选择缴费水平。该模式得到国家层面的认可与推广。随后，北京市又迅速将之代入城镇居民，建立起统一的城乡居民养老保险制度，比全国整整提前五年实现城乡居民养老保险制度的统一。三是率先建立了"一老一小"大病医疗保险，以财政投入为主，将城镇无保障老人和儿童纳入大病医疗保险范围，随后又建立了城镇劳动年龄内无业人员的大病保险，并将二者整合为统一的城镇居民医疗保险制度。通过上述社保制度的探索建立，北京市将所有城乡居民纳入养老和医疗保障范围，率先在全国建立起了符合职工和居民特点的"职工＋居民"社会保险体系，实现了城乡社会保险制度的全覆盖，使每个人都有了相应的制度保障。

2. 勇于创新，为全国社会保险发展贡献了北京样本

北京市率先建立了覆盖城乡的社会保险制度，在很大程度上引领了全国社保的发展方向。北京市社保的创新之处具体体现在以下几个方面。

（1）在制度创新方面，率先建立了上述提到的城乡无保障老年居民福利养老金制度、城乡居民"基础养老金＋个人账户"的社会养老保险模式，以及"一老一小"大病医疗保险制度和城镇无业居民大病医疗保险制度。

（2）在政策创新方面，一是率先解决了被征地农民的社会保险问题，将城市化进程中的被征地农民一步到位纳入城镇职工社会保险。2004 年北京市出台了《建设征地补偿安置办法》（市政府令 148 号），将劳动年龄内的农转非人员全部纳入城镇职工社会保险体系。随后又陆续出台《北京市建设征地农转工自谋职业人员参加社会保险补助资金管理办法》（京财社〔2004〕1395 号）等文件，将历史遗留的建设征地农转工自谋职业人员纳入城镇职工社会保险覆盖范围，保障了被征地农民的长远利益。二是率先冲破地域身份限定，允许本地农村劳动力以灵活就业人员身份参加城镇职工社会保险制度，实现了城乡劳动力就业与保障的公平。三是率先解决了国有企业老工伤问题。北京市在国家统一解决这一问题之前，就已通过多渠道筹资，将这部分人全部纳入工伤保险统筹管理范围，解除了国有企业老工伤人员的后顾之忧，同时也减轻了企业负担。四是作为东部七省市之一，开展了失业保险基金扩大支出范围试点，出台了多项预防失业和促进就业的创新政策。五是率先将机关事业单位全面纳入城镇职工社会保险，其中，除按国家规定实现养老保险、医疗保险并轨外，率先将机关事业单位纳入职工工伤保险和生育保险，从而全面解决了城镇职工社会保险领域的"双轨制"问题，促进了制度公平。

（3）在机制创新方面，建立了包含职工基本养老金、城乡居民基础养老金、福利养老金、失业保险金、工伤保险定期待遇（三项）、最低工资在内的社保待遇标准联动调整机制，保障了不同群体之间的待遇均衡。建立了城乡居民养老保险制度与职工养老保险、城乡低保、农村五保和优抚制度的衔接机制，解决了不同保障制度之间的衔接问题。

总之，北京市的以上种种创新举措，为国家制定或即将制定相关政策、措施提供了实践经验与改革思路。除此之外，北京市还在很多具体工作层面积极探索，形成了有北京特色的做法，有效地推动了相关工作的开展，比如：在工伤康复方面，对区县下达工伤康复比例考核指标，有力地推进了工伤康复工作；对工伤伤残职工采取了"职工自愿、工伤认定部门搭桥、康复机构确认"的康复管理模式，在很大程度上促进了康复的早期介入。

3. 不断完善制度，公平性显著增强

过去 10 年，北京市社保制度实现了跨越式的大发展，极大地推进了制度的公平性。具体体现为：一是实现制度全覆盖，通过完善城镇职工各项保险制度，建立城乡居民养老和医保制度，将所有人纳入制度保障范围，从制度上保证所有人都能老有所养，病有所医。二是通过完善政策扩大覆盖面，实现人群全覆盖。比如通过出台针对性的补缴政策，将一些因为历史原因未参保的特殊群体纳入社会保险范围。在扩大失业保险支出范围试点中，将失业保险的受益群体从"城镇参保的失业人员"扩大到"城镇登记失业人员和农村转移劳动力"，同时将就业困难人员的范畴从"城镇就业困难人员"转向"城乡就业困难人员"，从而使更大范围的群体享受到北京市失业保险促就业政策。三是加快了制度整合，促进了制度公平。比如将所有城镇职工（包括企业职工、机关事业单位职工）、城镇灵活就业人员、外埠农民工、被征地农民、本地农村劳动力公平纳入统一的职工社会保险制度，将所有城乡居民纳入统一的城乡居民养老保险制度，促进了不同类型职工之间以及城乡居民之间的制度公平。四是在待遇保障上，注重群体之间的均衡和向低收入群体的倾斜。比如，建立"社保待遇标准联动调整机制"，每年根据首都社会经济发展水平进行待遇联动调整，保障了退休人员、城乡居民、失业保险金领取人员和工伤保险长期待遇领取人员之间的待遇均衡。在职工基本养老金调整方面，原则上按缴费年限和绝对额普遍上调，但同时也注重向退休时间早、待遇水平偏低的退休人员倾斜。在医疗保险方面，城镇居民医疗保险执行与城镇职工相同的三个目录，报销比例和上限不断提升，与城镇职工的待遇差显著缩小。此外，医疗保险在对退休人员提供更高保障的基础上，还对困难职工给予一次性医疗救助。总之，北京市通过不断增进社会保险制度的公平性，有力地促进了整个社会的公平与稳定。

4. 注重制度衔接，基本满足流动性要求

社会保险关系可转移是保障参保人员享受社会保险权益的内在

要求。北京市在社会保险制度建设中，高度注重社保关系的可转移、可衔接。具体来说，一是较早实现省级统筹，北京市五项保险都实现了省级统筹，这意味着全市人员在跨区县流动时无须考虑社保关系的转移接续，并可在全市范围内享有统一的社会保险待遇。二是允许农村劳动力自愿选择参加城乡居民保险或城镇职工保险，这实际上取消了附着在户籍之上的身份差异与社保差距，为本市农民工在全市范围内自由流动创造了条件。三是认真落实国家关于社会保险关系跨省转移接续政策，并采用统一的部网平台办理相关业务。从实施效果看，自企业职工基本养老保险转移接续制度实施以来，养老保险关系转移人数逐年增加。2011年至2014年，北京市基本养老保险跨省转入人数累计9.3万人，转出人数累计14.8万人。四是出台了城乡居民养老保险与城镇职工养老保险转移接续政策，促进了跨制度养老保险关系的有序转接。总之，北京市通过上述政策的制定与实施，实现了社会保险权益的可携带、可转移，切实保障了参保人的利益，同时也有助于破除劳动力自由流动的障碍，促进统一的劳动力市场的建立。

5. 形成开放参保格局，通过实现人群全覆盖来分散风险，为可持续发展奠定基础

社会保险是在国家强制力下建立的分配制度，可持续发展是社会保险发展的基本要求。可持续发展首先需要形成稳定的风险分散机制，将更多的人纳入统一的制度，有利于风险的分担。在过去10年，北京市不断完善社会保险制度，扩大制度覆盖范围，通过促进制度整合和并轨，将不同类型的人逐步纳入统一的制度。在征缴方式上，通过实行用人单位五险合征，灵活就业人员三险合征，使各险种参保人数实现了快速增长。其中，养老和医疗保险基本实现全民保险，失业、工伤、生育保险基本覆盖所有职业人群。随着参保人数的增加，社保制度的赡养比也有了很大的改善，目前养老保险制度赡养比为 5∶1，高于全国平均 3∶1 的水平。2014 年五项社会保险基金结余总额高达 2637.5 亿元。其中，养老保险、失业保险和工伤保险基金结余可支付月数分别达到 30.8 个月、54.6 个月和 19.3 个月，为下一步完善制度、实现可持续发展奠定了坚实的基础。

6. 加强经办服务体系建设，实现公共服务均等化

社会保险经办服务是重要的公共服务。北京市建立了完善的社保经办服务体系，目前全市所有街道（乡镇）、社区（村）都建立了人力资源社会保险服务平台，基层建站（室）率达到 100%。为进一步方便用人单位和职工办理社保业务，不断扩大金融服务网点，养老金代发银行服务网点达 3300 多个，企业社会保险缴费网点达 13 家银行的 1000 多个对公业务网点。同时，北京市还大力推进社保业务网上申报、查询，目前网上办理社会保险业务的种类和数量均已达到总数的 70% 以上，越来越多的单位和个人享受到足不出户的服务。为方便职工和居民就近就医，北京市不断扩大定点医疗机构和定点药店的数量。总之，北京市通过强化社保基层机构建设，加快社保信息化建设，扩大金融服务网点和定点机构的数量，为全市人民建立了方便快捷的社保服务网络，实现了社会保险领域公共服务的均等化。

7. 充分发挥社会保险社会稳定器和经济调节器作用，全面推动首都社会经济协调发展

随着社会保险制度建设从以城镇为主扩大到统筹城乡发展，覆盖范围逐步扩大到全民，基金规模持续扩大，待遇水平稳步提高，北京市的社会保险制度建设迎来全面发展时期，充分发挥了社会稳定器和经济调节器的功效。具体体现在以下几个方面：一是妥善解决历史遗留问题，促进了社会经济转型发展，有力地维护了社会稳定。北京市围绕国有企业改组改制、产业搬迁、落后产能淘汰，及时制定出台了一系列配套的社会保险政策，对相关群体的社保权益做出了妥善的制度安排，有效化解了社会矛盾和冲突，为首都社会

经济的转型发展提供了有力支撑，促进了社会经济的协调发展。二是大力推进社保城乡一体化，促进了农民的市民化和农村的城镇化，为经济发展提供了持续动力。作为首都，北京市的经济发展一直走在全国前列，实际上已具备了工业反哺农业、以城带乡、城乡一体化发展的能力。在国家尚未建立相关制度的情况下，北京市率先建立了与首都社会经济发展阶段相适应的覆盖城乡全体居民的社会保险制度，并加快推进城乡社会保险制度的一体化发展，比如率先建立了统一城乡的居民养老保险，率先制定了被征地农民社会保险政策，将30多万被征地人员纳入城镇职工社会保险体系；率先打破户籍限定，允许所有农村劳动力自由参加职工社会保险，以此消弭了附着在城乡户籍制度上的身份差异与保障差异，极大地促进了农民的市民化和农村的城镇化，促进了劳动力的自由流动和土地资源的高效利用，为北京产业结构调整和经济发展提供了保障。三是建立了覆盖全民的医疗保险，并通过深化医保改革，有力地支持和推动了医药卫生体制的改革。主要表现在以下几个方面：①促进了社会办医。在定点资格认定管理中，对民营医疗机构、公立医疗机构一视同仁、公平对待，不断增加民营医疗机构的定点数量，定点民营医疗机构的数量超过了1/3。②支持了公立医院改革。在2012年开始实施的公立医院医药分开的改革试点中，取消公立医院药品加成、挂号费、诊疗费，设立较高标准的医事服务费，医保也相应承担了较高的报销额度。③支持了基层医改，促进了分级诊疗。通过增加定点社区医疗机构、扩大基层用药范围、提高基层医疗机构报销比例、总额控制指标向基层倾斜等措施，积极支持基层和社区医疗服务的发展。2015年新增的定点医疗机构中，社区医疗机构占到近60%，目前所有定点医疗机构中，社区定点医疗机构占比达到65%；社区定点医疗机构可报销药品达到1435种；职工社区门诊报销比例超过90%，并对城镇居民中老年人和无业居民就医实行社区首诊；在实施总额控制过程中，门诊总额指标向二级和一级基层医疗机构倾斜。

（二）基本经验

1. 市委市政府高度重视民生保障工作，将社会保险纳入国民经济发展重要目标，为社会保险发展提供了根本保障

北京市社保成就的取得，离不开北京市委市政府对民生保障工作的高度重视。北京市第十一次党代会明确提出"建立健全城乡一体、服务均等、管理精细的全面小康型社会保障体系，明显改善市民福祉"的要求，这是对社会保障地位和作用认识的重大深化，也为社会保障事业快速发展指明了方向。在这样的认识下，北京市各级政府对社保工作都给予了大力支持。相关部门之间也都做到了密切配合，在很多方面实现资源和信息共享，使北京市社会保险工作顺利推进，取得了显著的成效。

2. 自觉遵循社会保险发展规律，坚持公平正义，使制度创新走在了全国的前列

北京市社会保险制度建设走在全国前列，不仅基于北京市对社会保险制度重要性的认识，更基于北京市对社会保险制度发展规律的深刻认识。社会保险是工业化的产物，从各国发展来看，基本遵循先城后乡、先职业人群后全民的路径。北京市根据自身发展水平，在国家尚未建立基本制度的情况下，积极探索，率先建立起以财政补贴为主的老年居民福利金制度、新农保制度和后来的城乡居民养老保险制度，以及城镇居民医疗保险制度，将无保障人群纳入社会保险范围，实现了全民保障。社会保险制度的本质特征是公平正义，北京市在建立覆盖全民保险制度的基础上，进一步冲破地域、身份限定，加快制度整合，将企业职工、灵活就业人员、被征地农民、农民工、农村劳动力和机关事业单位职工公平纳入同一种制度，从而实现制度公平。在待遇保障上，实行兜底保障，并适度向低收入

人群、困难群体倾斜。总之，正是因为深刻把握社会保险发展规律和公平性的本质要求，北京市社会保险改革一直稳步走在全国的前列，为国家相关制度的建立与完善提供了参考和借鉴，避免了推倒重来式的改革，保障了制度建设的连续性和稳定性，同时也进一步增进了政策的公信力。

3. 坚持大局观，突破自身一亩三分地，使社会保险制度建设在促进社会经济发展中发挥了极其重要的功效

社会保险关涉到每一个人的权益保障。作为首都，依法依规开展社会保险不仅关系到首都的形象，而且关系到社会稳定。北京市人社系统认真贯彻落实国家相关法律法规和政策，切实为所有人提供权益保障，特别是，社会保险法出台后，依法将稳定就业的农民工、在京就业的外国人纳入城镇职工五项保险范围，体现了首都开放的胸襟。在社会保险制度建设中，围绕首都经济发展各个阶段的中心任务，比如建设征地、城乡结合部重点村城市化建设、国有企业改制、落后产能淘汰等，勇于创新，多方筹资，将所有波及的人员纳入城镇职工社会保险体系，免除了相关人员的后顾之忧，减轻了用人单位的历史负担，为各项改革的顺利推进起到了保驾护航的作用，有力地维护了社会的稳定。

4. 确保财政投入，充分发挥公共财政职能，为社保制度实现"全覆盖、保基本"提供了物质基础

建立覆盖城乡全体居民的社会保障制度，特别是为低收入、无保障居民建立社会保险制度，关键在于财政投入。北京市率先建立了以财政补贴为主要来源的城乡居民养老保险制度、城镇居民医疗保险制度，迅速实现了制度的全覆盖。在此之后，北京市根据社会经济发展状况，不断加大财政投入力度，稳步提高居民社会保险筹资水平和待遇水平，切实保障了城乡居民的基本生活和基本医疗需求，实现了社会经济发展成果的共享。2014年，北京市城乡居民福利养老金和城乡居民基础养老金财政补贴分别达到每月 380 元和 430 元，补贴总金额超过 40 亿元。城镇居民医疗保险费人均财政补贴 540 元，补贴总金额 17 亿元。可以说，没有财政的积极投入，北京市就不可能率先建立覆盖城乡居民的保障制度，也不可能织就牢固的社会保障安全网。除了直接为居民社会保险筹资外，北京市社保财政投入还体现在确保社保经费上，比如市级财政每年对医疗保险和社会保险信息系统的投入高达 1 亿元，加快了社保信息化建设的步伐。此外，市区两级政府在社保经办业务下沉、街镇社保所建设上，也都大量投入，提高了管理服务效能，推动了公共服务的均等化。

5. 坚持以人为本、民生至上，使各项工作的推进都落到了为民、惠民和便民的实处

社会保险工作的出发点和落脚点是对公民社会保险权益的切实保障，使所有人在遭遇社会风险和人生风险的情况下可以获得基本生活保障，分享社会经济发展成果，获得更加方便快捷的服务。北京市社保工作从首都社会经济发展实际出发，坚持以人为本，从城乡广大人民群众最直接、最现实、最迫切的需求出发，努力为群众办实事、办好事，充分保障了所有人的社会保险权益，具体表现为：通过建立覆盖城乡的社会保险制度，扩大制度覆盖范围，积极解决历史遗留问题，将所有人纳入社会保险范围；通过不断提高待遇保障水平，实现社会经济发展成果共享；通过加快社保经办信息化、标准化、规范化、专业化建设，优化社保经办服务流程，推进智能化服务项目，使参保人员更加方便快捷地办理相关业务和享有待遇保障；通过加快基层平台建设，推进经办业务下沉，扩大金融服务网点，扩充定点医疗机构数量，使参保人员就近得到所需的服务。总之，北京市坚持以人为本、民生至上的理念，扎扎实实推进各项社会保险工作，增进了人民福祉和获得感，受到广大人民群众的欢迎。

三　当前存在的问题与面临的新形势、新挑战

北京市社会保险工作取得了显著的成就，但同时也存在有待改进的方面。其中既有制度层面的问题，也有执行层面的问题；既有全国共性的问题，也有北京市自身的问题。"十三五"时期，随着国家发展战略的实施，以及北京市社会经济进入新的发展阶段，北京市社保工作将面临新的形势和挑战。

（一）存在的问题

1. 制度建设需要进一步完善

（1）职工养老保险制度仍需完善。一是北京市实行的最低养老金制度是把"双刃剑"，虽然有利于保障低收入人员，特别是被征地人员等特殊群体的基本生活，但是因为标准较高，且每年都与企业退休人员平均养老金同步调整，容易逆向引导参保人员，特别是非正规就业人员，选择最低缴费基数（社会平均工资40%）和最低缴费年限（15年）缴费，无法体现多缴多得、长缴多得的激励机制，不利于制度的可持续发展。二是职工养老保险缴费负担重。我国现行的企业职工养老保险制度因为承担了制度转轨成本，缴费负担重，加之社平工资统计虚高，导致不少小微企业及低收入人员感到难以承受；与此同时，过高的基本养老保险费率，也使绝大多数企业在缴纳五险一金后，无力考虑建立企业年金，影响了多层次养老保障体系的发展。三是提前退休问题仍然比较突出。目前很多特殊工种的工作环境发生了变化，但国家相关政策一直没有及时进行调整，因此，虽然北京市加强了对特殊工种提前退休申请的审批，但是提前退休人数占比仍然较大。

（2）制度衔接仍面临很多问题。自企业职工基本养老保险关系

转移接续办法实施以来，养老保险关系转移人数逐年增加，但是由于目前还存在国家相关政策规定不够细化、各地信息化程度不一等情况，导致养老保险关系转移衔接还不够顺畅。这主要表现在以下几个方面：一是外埠人员档案管理不规范、认定难度大。二是现行转接程序复杂，成本高，频繁转接造成公共资源浪费。三是人社部转移接续网络平台使用率较低，各地统筹层次和电子化水平、系统建设情况不尽相同，部分地区上传部网信息与邮寄纸质信息不一致，临时账户信息不完整，加之参保人员流动就业频繁，导致北京市办理业务多，问题业务量大，在一定程度上影响了办理效率。四是全国统一的社会保险系统还未建立，无法进行参保信息比对。此外，城镇职工与城乡居民基本养老保险关系转移接续刚刚实施，执行层面的问题还不确定。机关事业单位基本养老保险制度改革刚刚启动，与企业职工、城乡居民养老保险关系转移衔接政策尚未明确。

（3）居民养老保险制度尚未实现市级统筹。北京市城乡居民养老保险目前还是区县统筹，未实现市级统筹，基金收缴、发放比较分散，风险点多。另外，各区县财政补贴政策不同，待遇水平存在差异。

（4）医保付费方式改革力度不够。虽然北京市已经对二级、三级医院全面开展了以总额预付为主的支付方式改革，对一级医疗机构也全面实施了医疗费用总量控制，在一定程度上遏制了医疗费用过快增长的势头，但总额预付、总量控制的具体办法还比较粗糙、不够精细，需要进一步完善。另外国际上普遍采用的DRGs支付方式目前仅在6家三甲医院进行试点，而且仅实施了108个病种组，还没有实现全员全病。

（5）多层次医疗保障体系结构失衡。虽然北京市已经基本搭建起了由基本医保、补充医保、医疗救助组成的多层次医疗保障体系，但存在各层次保障制度结构失衡的问题。具体表现为：基本医保的责任过大、不堪重负，而医疗救助比较弱小，难以真正发挥托底作用；目前的两项补充医疗保险（职工医保的大额医疗费用互助、城乡居民大病保险）均属强制性补充保险，一个筹资来自基本医保的捆绑缴费，一个直接取自基本医保基金，与基本医保没有本质区别，真正的自愿性补充医疗保险却没有发展起来，没有发挥应有的补充作用。由于医疗救助资金不足、补充保险发展缓慢，政府和社会公众就将更高保障的期待投射到基本医保上来。但是，这种过高的保障期待实际上大大超出了基本医保的保障能力，是基本医保不可承受之重。

（6）居民养老和医疗保险筹资机制不够完善。目前城乡居民基本养老金的大部分来自财政补贴的基础养老金，占比达89%，以个人缴费为主形成的个人账户养老金仅占11%，现实中不少人选择最低缴费水平，且只愿缴纳最低年限，缴费激励机制不足。城镇居民医保均采用定额缴费的筹资办法，虽然筹资每年都有提高，但筹资规模及增长幅度均由政府通过发布行政命令的方式来确定，没有形成内生性的自动增长机制。医疗费用却每年都在增长，缺乏自然增长机制的定额筹资办法难以适应医疗费用增长的支付需要。另外，北京市的城镇居民医保筹资责任分担也不尽合理。其中，个人筹资增长缓慢，而财政补贴则快速增长，财政补贴所占比重越来越大，2014年，城镇居民医保筹资中财政补贴所占比重达到90%以上。过高的财政补贴比重会大大淡化其社会保险属性，存在滑向福利化的倾向。

（7）新农合和城镇居民医保有待进一步整合和统一。新农合与城镇居民医保存在诸多的相同之处：覆盖人群性质相同，均为未就业或从事非正规就业、无工资性收入的人群，均实行自愿参保，均提供大病统筹待遇。两种制度的筹资方式相同、标准差异不大，且所使用的医保目录也相同（都使用城镇医保目录），完全可以实行统一的制度。而且城乡制度分设也带来重复参保、重复补贴、管理成本过高、管理效率降低、制度间竞争攀比带来的基金风险等问题。北京市城镇化水平非常高，农村居民所占比重较小，完全有条件尽快以城镇居民医保为主体，进行城乡居民医保的整合统一。

（8）失业保险制度仍需进一步打破城乡壁垒。随着北京市城市化进程的不断加快，城乡二元制结构向城乡一体化发展成为必然。北京在就业失业管理制度上打破了城乡二元制结构，实现城乡统一的就业失业管理制度并率先出台城乡一体化的促进就业政策体系，但失业保险无论参保缴费还是待遇享受，在政策规定上都存在城乡不对等的问题，城镇人员和农业户籍人员在待遇水平上存在较大差异，这虽然因循失业保险条例的规定，但不符合后来出台的《社会保险法》的规定。

（9）工伤预防和工伤康复有待加强。工伤预防和工伤康复是北京市工伤保险三位一体制度建设的两个短板，其中工伤预防尚未开展。2015年7月，人社部确认北京市为全国工伤预防试点城市，意味着北京市工伤预防制度建设将进入实质性的按项目管理阶段。北京市工伤康复比例虽然高于全国平均数，但是还有一部分有康复价值的工伤致残职工并没有得到康复，主要原因是目前工伤康复还是一个选择性项目，而非强制性项目。一些用人单位和个人不重视康复，特别是一些外来务工人员发生工伤后，担心康复会降低伤残等级、影响补偿金额，而选择不康复。因此，尽管北京市一直在力推"先康复、后补偿"机制，但是对于不愿康复的人，无法强制其康复。另外，由于评定标准缺乏，部分职业病康复项目尚未纳入目录范围，导致相关工作难以推进。此外，北京市尚未开展职业康复。职业康复是康复的最终目标和最高目标，职业康复是指针对工伤职工的身体状况，开展有针对性的训练，使其尽可能恢复就业能力，取得就业机会，并能通过自己的劳动获得相应的报酬，从而获得经济上的独立和人格上的尊严,最终真正融入社会。北京市职业康复发展滞后的主要原因是国家层面缺乏将职业康复项目纳入报销目录的明确规定,加之北京市发改委未批准相关项目收费标准,导致地方层面无从开展。另外,从全国角度看,由于缺乏对用人单位招用工伤致残职工的支持性政策,也从根本上影响了职业康复的开展。

2. 基金收支面临较大问题

(1)征缴难度增大。目前,随着城乡一体化的养老保险体系建设的加快,北京市整体参保征缴率已经很高,基本实现了相应参保人群的全覆盖,进一步扩面的空间非常有限,参保人数呈现缓慢增长态势。受经济增速放缓及产业结构转移等外部因素影响,新增从业人员增速下降,加上扩面征缴激励不足,少报、漏报缴费基数的现象仍较普遍,征缴工作难度加大。此外,仍有一小部分群体,主要是小微企业、有雇工的个体工商户未能依法参保,主要原因在于:一是这部分人流动性比较大,劳动关系相对不稳定,参保意识不强;二是收入水平普遍偏低,缴费能力有限;三是应参保人数难以确定,无法准确了解哪些人还未参保,无法有针对性地采取扩面措施。

(2)支出增长过快。一是企业退休人员基本养老金连年大幅调整。目前国家尚未建立正常的养老金调整机制,企业退休人员基本养老金连续 11 年以年均 10% 的幅度调整,虽然提高了企业退休人员的待遇水平和生活水平,但是也对养老保险制度的可持续发展带来很大冲击。这种情况是全国性的,但是由于北京市社保待遇水平高、基数大,连调给未来带来的基金压力相对来说会更大。二是医疗费用增长过快。过去 10 年,北京市职工医保基金支出增幅大多高于收入增幅,基金累计结余呈不断下降趋势,只是近三年来由于加大了支付制度改革力度,基金收支状况才有所改观。城镇居民医保基金也一度出现当期赤字。在医疗费用快速增长、过度医疗难以控制的情况下,北京市医保基金的支出压力越来越大。如何在控制医疗费用增长的同时增加医保基金收入，缓解医保基金的支付压力，将成为医保改革乃至整个医改的最为重要的任务之一。三是二孩政策放开对生育保险基金带来冲击。随着二孩政策的实施，加之外埠女性育龄阶段参保人员数量大，北京市生育保险基金近两年出现当期基金收不抵支情况。

（3）待遇高地加大了基金风险。由于北京市最低养老金水平较高，且与退休人员平均养老金一起连续大幅调整，造成部分人员持续参保激励机制不足，给未来社保基金支出带来很大压力。此外，北京市社会保险待遇水平普遍高于全国，对外埠人员产生了强烈的吸引，部分人为了获得较长缴费年限带来的更高待遇，采取在外地违规补缴，然后转入北京的做法，对于北京市来说，一方面加大了基金支出的压力，另一方面也给经办核实工作带来很大的困难。

（4）结余基金面临贬值风险。北京市社保基金结余量大，但是由于一直未开展投资运营，基金收益率很低，存在严重贬值问题。这也是全国基本养老保险基金面临的普遍问题。最近国家颁布了基本养老保险基金投资运营办法，下一步需要研究如何开展委托投资运营，以实现基金保值增值。

3. 经办管理能力仍有待进一步提升

（1）社保经办管理体制需要优化。目前，北京市城乡医保管理体制尚未统一。城乡分治的医保管理格局，不仅增加了政府的管理成本、降低了管理效率，也因基金分割管理，大大影响了医保基金的团购能力和制约监督医疗机构的能力。而且，分割管理、城乡居民医保制度间相互竞争，也使得新农合、城镇居民医保不顾筹资能力，竞相提高待遇，导致城乡居民医保的基金压力越来越大，直接影响两项制度的可持续发展。另外，由于法律授权不够清晰，北京市也存在社保稽核与监察衔接不畅，边界划分不够明晰的情况，影响到社保经办的效能。

（2）社保经办服务水平有待进一步提高。目前，全市各类参保群体已经达到 5000 多万人次，社保经办机构月均服务量超过 500 万人次，经办机构人员人均服务达到 1.72 万人次，大致是全国人均服务人次的 2 倍（全国人均服务人次为 9000 人次），经办压力不断增加。同时，随着保障项目增多、覆盖范围扩大，群众对优质、高效、便捷的社保公共服务的需求也在不断增大。如何进一步提高经办管理服务"人性化、标准化、精细化"水平，仍是北京市面临的一个重大课题。

（3）依法经办落实困难。尽管《社会保险法》对社保经办工作作出了一系列法律层面的制度安排，首次在法律上给出了明确的定位、职责和要求，但是由于相关规定的实施细则没有出台，经办机构依法履职面临重重困难，比如在稽核检查工作中发现一些被检单位少报、漏报缴费人数、基数。根据《社会保险法》第六十三条规定：社会保险费征收机构在发现用人单位存在未按时足额缴纳社会保险费时，应责令其限期缴纳或补足。用人单位逾期仍未缴纳或者补足社会保险费的，社会保险费征收机构可以采取向金融机构查询单位存款账户、向行政部门申请划拨社会保险费、要求单位提供担保、申请法院强制执行等措施。在实际运行中，上述措施往往无法落实，稽核部门对不补缴社会保险费的参保单位束手无策。

（4）医保管理监督能力不足。医疗保险涉及医、患、保三方关系。医疗保险的管理监督能力越来越跟不上日益复杂的医保管理，特别是针对医疗服务提供方的管理和监督。医保经办机构的专业化能力仍需提升，以适应越来越精细化的医疗服务管理和支付制度改革的需要；专业的医疗保险监督执法队伍缺失，加上相关法律法规没有跟上，打击骗保欺诈的力度严重不足。

4. 信息化管理仍需进一步加强

（1）信息化分部门管理，制约长远发展。北京市在社保信息化管理方面由市社会保险基金管理中心和市信息中心两个部门负责。市社会保险基金管理中心为参公事业单位，负责职工社会保险（四险）信息系统、城乡居民养老保险信息系统等信息系统的管理。市信息中心为全额拨款事业单位，负责医疗保险信息系统、社会保障卡管理系统、宏观决策统计分析系统、面向电子政务的对外数据交换系统、社会保险基金监督管理信息系统等信息系统的管理。

信息化工作由两个部门管理，不利于业务系统和数据库的统一管理，也不利于信息化的统一规划与发展。从中长期来看，随着制度的不断整合，服务管理的不断加强，社保信息化统一管理应是趋势。从调研情况来看，区社保经办机构也反映在信息化管理方面存在不顺畅，一定程度上影响社会保险经办和管理效率，加大社会保险信息化建设和管理的成本。

（2）社会保险系统建设较为分散，不利于经办服务效率的进一步提升。受管理体制制约，北京市社会保险信息化系统建设从业务上被分成了两块，由于各业务系统和相关政策实施时间不同，导致两个系统独立运行，不能互联互通，产生了以下一些问题：一是参保单位和参保个人面对的是两个系统，虽然目前已经通过增加软件窗口将两个系统对外窗口合并在一起，但仍无法解决重复报送材料等问题；二是内在问题比较多，随着社保制度的不断发展，各项社会保险内部存在千丝万缕的关系，由于系统间的指标项不一样，信息关联时工作量大，甚至相关指标不能对应；三是职工社会保险（四险）信息系统和医疗保险信息系统两个关联的数据库也是分开独立运行，致使两个数据库中人员信息数据不一致，且数据比对工作量很大；四是社保基础数据在标准化、规范化方面仍需进一步加强。

（3）档案系统建设较为滞后。目前北京市市级和大部分区仍然使用的是纸质档案管理的办法。纸质资料需要一定的存储空间和条件，以及大量的人力物力，管理成本相对较高，随着时间的推移，容易破损或老化，急需在社会保险系统中增加电子化档案管理功能。

（二）面临的形势与挑战

党的十八大以来，中央提出了全面建成小康社会、全面深化改革、全面依法治国、全面从严治党的"四个全面"战略部署和"创新、协调、绿色、开放、共享"五大发展理念，对全国社保制度领域的改革发展相应地也提出了新的更高要求。对于北京市来说，"十三五"时期，随着京津冀协同发展战略的全面实施，人口老龄化趋势的不断加剧，社保制度的不断完善，社保服务需求与经办能力建设和信息化建设不足之间的矛盾更加凸显，社保发展面临许多新形势和新挑战。

1. 经济新常态对社保征缴与财政持续投入带来一定压力

我国经济进入新常态，增速减缓，结构调整。北京市也不例外，一些传统产业和中小微企业受到很大的冲击，随着非首都功能的疏解，失业人数和失业率会有所上升，与此同时，微利企业和低收入人员缴费更加困难，基金收入增速受到影响，而领取待遇的人数和基金支出总量仍将持续增加。此外，经济下行还会造成财政收入增速减缓，从而对财政持续增加对社保的投入产生一定的影响。为此，社会保险制度建设要主动适应经济新常态。一方面，要适度降低劳动密集型企业和个人缴费的负担；另一方面，也要加快建立待遇正常调整机制，使待遇增长与社会经济发展的总体水平相适应。

2. 社保领域本身面临全面深化改革的艰巨任务

党的十八届三中全会提出全面深化改革的总目标，对社会保险领域来说，"十三五"期间，仍要不断破解社保发展的难题，包括机关事业单位养老保险制度改革到位，职业年金普遍建立，基本养老保险全国统筹进入启动阶段，延长退休年龄方案出台，基本养老保险基金实行市场化、多元化和专业化投资运营，城镇居民医疗保险与新农合制度实现统一，生育保险与医疗保险合并实施，等等，这些改革措施涉及不同地方、不同部门、不同群体之间的利益格局的重新划分和调整，会带来体制性、机制性的变革。同时，这些改革措施的落实也会对北京市财政投入保障力度、社保信息系统一体化建设、经办管理体制完善以及经办管理能力提高带来相应的挑战。

3. 全面依法治国要求加快完善和落实社会保险法律法规

《社会保险法》是社会保险领域的基本法律。《社会保险法》出台后，加快了社会保险改革与发展的步伐，但是《社会保险法》在制定时，对一些有争议的重大问题采取了搁置的做法，在实施中，由于相关配套措施没有及时出台以及新情况和新问题不断涌现，在一定程度上影响了法律的实施效力。"十三五"时期，是全面依法治国战略实施的重要时期，《社会保险法》的修订势在必行，这是一项复杂而又艰巨的重任。一方面，在相关法律条款没有得到及时修订或者相关配套政策没有出台的情况下，依法行政仍将面临很多困难。比如，对于参保人来说，存在遗属待遇和病残津贴的兑现问题，工伤保险和医疗保险先行支付问题，以及未就业配偶生育医疗费用报销问题，等等；对于经办机构来说，则存在授权不明晰、稽核难度大、强制征缴难以实施等问题。另一方面，如果相关条例和配套政策制定出台，则又会产生新的情况。比如，如果《失业保险条例》依法修订，则会对北京市近10年来形成的"失业保险促就业"格局带来较大的冲击。"十三五"时期，随着经济下行压力的加大，北京市整体就业形势并不乐观。如果在此期间再收缩失业保险促就业支出项目，不仅会造成失业保险基金大量结余，而且会增加政府"促就业"的财政支出负担；一旦骤停近10年来运行良好的"失业保险促就业"政策，由于涉及的受益群体数量众多，势必引起不良的社会反响，对此，北京市政府及相关部门需要谨慎对待、妥善处理。

4. 京津冀协同发展战略的实施对北京市社会保险发展提出新要求

京津冀协同发展是国家发展战略，"十三五"时期北京市国民经济和社会发展都要在这个大格局、大背景下开展。我国社会保险是在国家统一政策下，以省为单位出台具体实施办法和提供管理服务的。京津冀协同发展要求加快省市之间社保方面的合作。随着京津冀人员流动的加快，特别是随着非首都功能的疏解，部分传统产业和人口外迁，要求必须妥善解决外迁人员的社会保险权益保障和各类流动人员的社会保险关系转移接续问题。此外，在区域协同发展格局下，异地安置人员的就医问题、异地转诊就医问题以及异地领取待遇人员资格认证协查问题也会越来越多，为此，三地要在政策实施层面、社保信息管理系统建设方面开展更为密切的协作，以促进区域内人员的自由流动和权益保障。

5. 人口老龄化对社保可持续发展带来长期的、根本性的挑战

从制度赡养比来看，北京市目前的情况尚好。在过去 10 年，随着覆盖范围的扩大和征缴扩面力度的加大，北京市养老保险在职人员参保人数年均增长率 11%；与此同时，离退休人员年均增长率 4%。由于在职参保人数增长幅度大于退休人员，北京市城镇基本养老保险制度赡养比由 2006 年的 2.7∶1 增加到 2014 年的 5∶1，总体情况好于全国 3∶1 的平均水平（注：不考虑中断缴费情况）。但是，实际上北京市户籍人口老龄化程度很高，2014 年 60 岁以上人口占比 22.5%，65 岁以上人口占比 15.3%，远高于国际上关于老龄化社会划分的两个指标，即 60 岁以上人口占比超过 10% 或 65 岁以上人口占比超过 7%。纵观近 4 年人口变化情况，北京常住人口中 60 岁及以上人口正以平均每年 15 万人的规模和年均 6% 的速度增长，预计 2020 年北京常住人口中的老年人将超 400 万人。加之随着北京市人口调控政策的实施，外地参保人员增长率下降，本市户籍人员扩面空间有限，社保制度的赡养比将会降低，这无疑会对未来养老保险基金和医疗保险基金收支平衡带来非常大的压力。与此同时，城乡居民养老保险基金也面临较大问题，目前享受待遇人数 89 万人，占全部覆盖人数的 38%，享受待遇群体与未享受群体之比为 1∶1.63，财政每年补贴达 40 余亿元，负担较重，随着享受人数的增加，很难大幅度提高待遇水平。另外，还要看到，北京市人口不仅迅速老龄化，而且呈高龄化趋势。2014 年，北京市人口预期寿命超过 81.35 岁，是全国预期寿命最长的地区之一。通常，高龄老人失能半失能比例更高。作为首都的北京，理应积极应对，率先探索建立长期护理保险，既可以保障失能半失能老人的基本需求，也可以解决失能半失能老人在不必要的情况下因长期住院带来的医疗资源的占用和浪费问题。

6. 社保服务需求不断增长，对加快提升经办管理能力提出迫切要求

随着我国进入全民社保的新时代，在社保经办管理方面提出了对所有参保人"记录一生、保障一生、服务一生"的承诺，其中享受高效快捷的经办服务是其必然要求。对于北京市社保经办管理来说，面临服务需求不断增长带来的挑战。第一，社保服务对象人员结构日趋复杂。目前城乡灵活就业人员、外埠劳动力占比非常大，这些人就业的流动性很强，就业形式多样化，加上新型业态发展迅猛，自雇人员和外籍人士参保人数增加，社保经办工作将面临比以往更加复杂的人员结构。此外，"十三五"时期，北京市机关事业单位养老保险改革要实施到位，中央国家机关 90 多万工作人员将参加北京市的职工医疗保险，进一步扩大了北京市社保服务对象的范围。第二，社保经办项目和经办业务量不断增多。随着参保人员的增加以及社会保险事业的发展，社会保险业务项目和数量随之增加，比如基金收支规模扩大，基金监管业务量和难度增加；跨地区流动就业人员增多，社会保险权益转移接续和权益保护诉求增加，异地领取养老金和异地就医结算业务迅速扩大，灵活就业人员及城乡居民参保后中断参保、重复参保等问题凸显，这些将导致工作量成倍增长。特别是随着京津冀协同发展战略的实施，人员流动日益频繁，人员的流动给社会保险经办管理带来重大考验。以基本养老保险为例，由于未来的待遇与缴费年限、缴费水平直接相关，需要记录流动人员在不同时间段、不同工作地社会保险权益，如何跟踪记录这些人的权益，并使之不因流动而受到损失，需要不断提升经办管理能力。另外，对北京市一些地区的调研也直接显示，目前经办每百名流动人员或灵活就业人员的社会保险业务工作量，是相同情况下经办用人单位职工业务工作量的3倍多。以上情况对加强社保队伍建设、提升经办服务能力提出了很高要求。

7. "互联网＋"创新趋势对社会保险信息化发展带来新的契机与挑战

"十三五"时期，随着物联网、云计算等新一轮信息技术的发展，信息技术向智能化、集成化方向发展的趋势进一步显现，为社保信息化迎来了快速发展的机遇。同时，社保信息化建设本身也面临诸多的挑战。一是社保制度的不断完善以及参保人群跨区域流动的加快，对社保信息化的兼容性、及时性、高效性提出了更高的要求，而目前北京市两个社保系统的衔接和升级改造仍存在一定的问题。二是对信息化服务手段提出更高要求。随着经办服务需求的剧增，面对参保群众提出的多样化、多层次服务需求，需要不断完善信息系统，以提供更加人性化、智能化、精确化的服务。三是日益增大的社保基金的安全亟须通过信息化提供基本保障。随着基金收支规模的扩大，社保基金在征收、支付等环节面临的风险点越来越多，必须进一步加快社保信息化监控系统建设，尤其是医保信息监控系统建设，以控制医疗费用不合理增长。目前医保信息管理系统覆盖了近2000家定点医疗机构，下一步还将扩充约300家医院和600家药店，整体接入点扩容接近50%，对整个医保系统的运维和监控提出了更高的要求。四是伴随着信息化的加快和广泛应用，社保信息系统本身的安全性也面临重大的考验。

四 "十三五"时期社保发展思路、原则和目标

"十三五"时期是北京市全面建成小康社会的攻坚阶段,也是推进国家关于京津冀一体化发展战略的关键时期,对北京市社会保障体系建设提出了更高的要求。为适应形势发展对北京市社会保险体系建设的客观需要,"十三五"时期北京市在社会保险事业发展方面的指导思想及总体思路是:贯彻落实党的十八大和十八届三中、四中、五中全会精神,根据"十三五"时期我国人力资源和社会保障发展规划以及北京市委、市政府对全市经济与社会发展的总体部署和对社会保障工作的具体要求,以"全覆盖、保基本、多层次、可持续"方针为指导,以"创新、协调、共享"等发展理念为引领,以增强公平性、适应流动性、保证可持续性为重点,全面推进社会保险领域的改革与发展,继续扩大覆盖范围,稳步提高社保待遇水平,不断强化基金监管,努力提高经办管理服务能力,建立更加公平更可持续发展的社会保险制度,让广大人民群众依法公平享有社会保障,促进首都经济更好发展与社会和谐稳定。

(一)基本原则

1. 坚持社保制度的公平性

公平性是社会保险制度的本质要求。城乡社保一体化是公平性的基本体现。为此,首先要实现城乡社保制度的统一,即不分户籍,建立健全"职工+居民"的社会保险制度体系。"十三五"时期,北京市要在不断完善城镇职工社会保险制度,以及完善城乡居民养老保险制度并提高统筹层次的基础上,推进城镇居民医疗保险和新农合的整合,建立统一的城乡居民医疗保险。其次,要实现城乡社保制度之间的可衔接和可转移。"十三五"时期,北京市应不断完善城

乡居民社会保险与城镇职工社会保险制度之间以及跨地区社会保险制度之间的转移衔接政策、异地就医政策，以此构建城乡一体的、无缝转接的社会保险制度体系，保障城乡所有人在同样情况下公平享有社保权益，在城乡流动就业时，依法享有的社保权益不受损失。

2. 坚持权利与义务相对应

社会保险制度与社会福利制度之间具有本质的不同。社会福利制度通过税收筹资，对于个人来说，是国家免费提供的福利。社会保险制度则要求个人有保险意识，只有按规定承担了缴费义务，才有权利享有社会保险待遇；与此同时，长期待遇要与缴费多少适度挂钩。"十三五"时期，要继续完善权利和义务相结合的社会保险制度。为此，一是要完善缴费制度，通过合理调整费率，努力实现公平缴费，使职工的缴费水平体现其实际缴费能力，使城乡居民的缴费水平形成自然增长机制，与城乡居民可支配收入增长适度挂钩，从而避免个人定额缴费模式下，财政负担过大而使制度滑向福利化。二是要完善待遇计发办法，在为所有人提供基本保障的基础上，也要在一定程度上体现多缴多得的激励机制，从而鼓励个人多缴费，长缴费。

3. 坚持保障水平与社会经济发展水平相适应

社会保险是国民收入再分配机制，其目的是保障人民群众的基本生活，应当坚持适度保障的基本原则。过高的保障不仅因为人口老龄化而不可持续，同时也因为有损经济效率而不可持续。"十三五"时期，北京市在社会保障水平上，一方面要坚守底线，向低收入人员适度倾斜，特别是医疗保险政策要向大病和困难人群适度倾斜，从而为所有人提供基本保障，另一方面，要通过建立健全正常的待遇调整机制，为全体人民提供可持续的保障。

（二）基本目标

"十三五"时期，北京市社会保险事业发展的总体目标是：进一步健全和完善覆盖全民的社会保险制度，实现社会保险制度基本定型，保障项目齐全，体制机制更加健全，基金管理运行更加高效安全，待遇水平适度稳步提升，制度衔接更加顺畅有序，管理服务更加高效便捷，建成与首都社会经济发展水平相适应的更加公平可持续发展的社会保险制度体系，促进首都经济与社会协调发展和全面建成小康社会。

1. 制度建设目标

职工基本养老保险制度体系进一步统一、完善，机关事业单位养老保险制度改革完成，个人账户制度更加完善，老遗残保障项目完备。养老保险关系跨城乡、跨区域衔接更加顺畅有序。企业年金、职业年金普遍建立，多层次养老保障制度基本定型。城乡居民基本养老保险制度更加规范、高效。基础养老金与个人账户相结合制度模式更加完善，资金筹集和管理更加合理，缴费激励的养老金调整机制进一步完善。充分发挥家庭养老等传统保障方式的积极作用，构建多层次城乡居民养老保障体系。全面完善基本医疗保险制度，健全覆盖门诊和住院、结构完整、待遇适度的基本医疗保险制度体系。建立统一的城乡居民医保制度，提高不同基本医疗保险制度之间的协调性，使得职工医保与城乡居民医保在大部分待遇政策（除报销比例、封顶线之外）和管理政策上保持一致，并保障医疗保险关系转移的顺畅方便。明确基本医疗保险、医疗救助、补充医疗保险各自的责任范围和边界。基本医疗保险要适度，基本医保目录不能无限扩大，支付比例也不能过高。明确医疗救助对困难群体、高额个人负担的兜底责任。三层次医疗保障制度之间要功能互补。医疗救助和补充医疗保险待遇与基本医疗保险待遇之间形成互补，不重复支付和报销，补充医疗保险只能用于支付基本医疗保险政策范围内个人负担和政策范围外个人自费部分的费用。三层次医疗保障之间在制度设计和管理上要协调统一。全面完善失业保险制度，待遇标准进一步提高，支出项目更趋完善，基金管理等制度更健全，保障生活、预防失业、促进就业的制度功能得到有效发挥。全面完善工伤保险制度，建立健全涵盖工伤预防、工伤补偿和工伤康复三位一体的现代工伤保险制度。探索建立灵活就业人员等无用人单位职工的职业伤害保障制度，扩大制度覆盖范围。进一步完善工伤认定、劳动能力鉴定办法。全面完善生育保险制度，在国家生育保险制度和政策框架下，推进生育保险与医疗保险合并实施。保留生育保险险种，除生育津贴外，生育保险各个环节的经办管理与医疗保险合并实施，以进一步提高管理服务效能。开展长期护理保险制度探索。

2. 覆盖面目标

在巩固现有参保人群的基础上，推进新进劳动力参保。重点将未参保的私营小微企业及其员工、稳定就业的农民工、有雇工的个体工商户以及基于互联网的新业态从业人员纳入覆盖范围。"十三五"末，各险种参保率均达到96％以上，基本实现应保尽保。其中，基本医疗保险的覆盖面继续保持在98％以上，做到应保尽保。

3. 筹资水平目标

社会保险征缴率保持在98％以上，征缴收入稳步提高。养老保险实现资金来源多渠道。居民养老保险进一步完善现行动态筹资机制，逐步引导居民养老保险缴费随上一年度农民人均纯收入的增加而增长。城乡居民医疗保险筹资与居民收入挂钩，逐步实施按照城乡居民收入的一定比例缴费的筹资机制，同时调整财政和个人的筹资责任关系，提高个人责任比重、降低财政责任比重，逐步将财政、个人的筹资分担比例从目前的4.5：1降低到3：1。根据失业保险基金支出项目、基金收入及支出情况，合理调整北京市失业保险基金筹资水平。完善工伤保险费率政策，合理确立工伤保险总体费率和工伤保险行业基准费率标准，建立用人单位费率浮动机制，促使用人单位加强工伤预防。进一步完善生育保险的筹资政策，合理确定缴费基数。统筹考虑医疗保险和生育保险费率，确保基金收支平衡。

4. 保障水平目标

职工养老保险待遇水平与首都经济发展水平相适应，建立正常的待遇调整机制，保持适度水平并稳步提高，进一步完善居民基础养老金和福利养老金正常调整机制。职工医保住院报销比例稳定在80%左右，进一步的待遇提高主要向特殊人群倾斜，为困难职工、医疗费用负担过重的大病患者提供特殊的优惠待遇，更好地化解他们的医疗费用负担；城乡居民医保住院报销比例进一步提高到70%左右并稳定在这一水平，之后的待遇提高也主要向特殊困难人群倾斜。合理确定失业保险金水平，失业保险金替代率基本达到国际平均水平，约占缴费基数的30%—40%，形成科学的失业保险金调整机制。按照国家部署，进一步完善工伤保险待遇结构和标准，建立工伤保险待遇调整机制，保障工伤职工及工亡职工供养亲属的基本生活。逐步健全完善与北京市经济发展水平相适应的、基金可支撑的生育保险待遇保障标准和水平。继续完善各项社保待遇标准的联动调整机制，缩小不同群体之间的待遇差。

5. 基金监管目标

进一步加大专项审计、稽核和监察力度，严格社会保险基金管理制度，充分利用社保基金监控信息系统，确保基金安全、高效运行。建立社保基金中期规划制度，完善社保基金预算和决算管理，确保基金收支平衡。

6. 经办管理服务目标

完善社会保险经办管理体制，提高经办管理运行效率。"十三五"时期，北京市要立足于现有社会保险经办管理服务资源，进一步健全完善社会保险经办管理体制。在现有经办管理体制的基础上，探索成立北京市社会保险事业管理局（下称社保局）、北京市医疗保险管理局（下称医保局）和北京市社保基金监督管理局（下称基金监督局），均为副局级单位。社保局负责社会保险参保登记、保费核定及征收、基本养老保险（包括机关事业单位、企业职工和城乡居民）等业务经办；医保局主要经办医疗保险（职工医保、城乡居民医保）、工伤保险、生育保险的医疗待遇审核支付，定点机构管理等；基金监督局负责社会保险基金的监督，以及社会保险基金的投资运营，等等。同时，各区参照市级模式，健全完善社会保险经办机构和经办管理运行机制。一是建立与事权特别是服务量相匹配的人事保障机制；二是建立与经办管理服务效率相匹配的财政责任、经费保障机制；三是建立与政府、群众满意度相匹配的社会保险经办管理绩效考评激励机制。全面推行经办管理规范化和标准化。一方面，要认真贯彻落实已经出台的社会保险管理服务国家标准和行业标准，提高社保经办管理服务的标准化、规范化水平；另一方面，要在实践基础上，认真总结本地和其他地区的经验，不断推进管理服务的标准化和规范化，实现高效管理。全面完善制度、规则、标准，加快"三化"建设，创新服务模式，优化业务流程，实现高效便民安全的服务。率先在全国突破关系转接、异地就医结算和异地认证等难点，为参保人提供优质服务。加大专项审计、稽核和监察力度，严格养老保险基金管理，确保养老保险基金安全运转及长期可持续发展。进一步夯实管理基础，大力推行信息技术应用，重点解决参保人员档案的科学化、规范化管理问题。

7. 信息化建设目标

"十三五"时期，北京市要利用首都高新技术优势，借助"互联网+"模式，按照"金保工程"要求，加快社会保险信息化建设，实现社保经办管理服务全程信息化，并在此基础上做到精确化、智能化，以满足不同类型的经办管理服务需求。信息化建设应继续围绕北京市社会保险事业发展的重点方位，以全面提高社会保险行政能力和服务水平为使命，以整合信息资源、提高应用水平、满足服务需求为导向，构建全市统一高效、业务协同联动、信息安全可靠的一体化信息系统，实现社会保障一卡通，促进基本公共服务均等化；完善全市社会保险信息系统的基础建设，提高应用与服务的根本支撑能力。具体目标是：全市社会保障卡持卡人比例达到100%，逐步将社保卡业务拓展至全部社会保险项目，拓展社保卡功能和覆盖范围，扩展合作银行范围。推进京津冀社保一卡通建设。全市一体化的信息服务基本建成，网上经办服务不断扩展，城乡系统入网率100%，12333电话咨询服务实现全覆盖，并逐步扩展业务内容。开展跨地区、部门信息共享和业务协同，扩大信息共享内容和范围，增强协同能力。信息化基础设施建设不断发展，标准化、规范化和专业化水平持续提升。完善信息监管和决策手段，提升社保大数据应用水平。信息安全管理制度普遍建立，信息安全基础设施不断完善，安全可靠的软硬件产品应用不断加强，建成全市统一的网络安全信息体系。此外，要加强对大数据的分析，为宏观决策提供参考依据。北京市社会保险信息系统建立已有20多年的时间，积累了大量的数据，是一个巨大的信息宝库，"十三五"时期要充分利用信息技术，对大数据加以分析处理，以更好地支持社会保险领域的宏观决策，促进社保制度更加公平更可持续发展；同时，在进一步开发利用的基础上，为更广泛的社会经济管理提供决策服务。

五 "十三五"时期社会保险发展的对策建议

为实现"十三五"时期北京市社会保险事业发展的总体设想和主要目标，需要采取一系列政策措施，积极推进各项社保改革。主要包括以下几个方面。

（一）完善社会保险制度体系

1. 深化基本养老保险改革

（1）依法做好养老保险基础性工作，巩固和夯实基本养老保险制度。国家层面，需要加快养老保险顶层设计，为北京市完善养老保险制度提供执行依据。北京市层面，需要在巩固现行基本养老保险制度的基础上，贯彻执行好国家相关政策，结合本地实际，继续深化养老保险制度改革，完善保障项目。一是按照国家相关政策，建立遗属待遇和病残津贴制度，对参保人员因病或者非因工死亡的建立遗属待遇制度，对参保人员因病或者非因工完全丧失劳动能力的建立病残津贴制度，形成覆盖"老遗残"相结合的城镇职工养老保障体系。二是加强对特殊工种提前退休的规范管理，力争办理特殊工种提前退休的人数和比例继续双降，根据国家指导，对特殊工种政策予以完善。三是完善职工养老保险个人账户。四是为国家启动实施职工基础养老金全国统筹做好准备。

（2）做好机关事业单位养老保险改革与并轨工作。稳妥推进机关事业单位养老保险制度改革并实现常态化运行，同步建立职业年金，合理确定机关事业单位人员职业年金的筹资及待遇水平。

（3）完善转移接续政策，妥善处理制度转接过程中存在的问题。对于企业职工养老保险制度内的关系转接，建议国家层面重点做好以下几项工作：一是参保人缴纳的保险费在参保地记账封存，不随参保人跨统筹地区就业进行转移，退休时再进行账户的归集。二是明确政策解释口径，制定有关连续工龄确定标准，以及视同缴费年限确定尺度，细化操作程序。三是统一转移衔接经办流程，为参保人员提供方便快捷的服务。四是健全统一的基本养老保险信息系统，杜绝重复享受待遇，排查社保诈骗行为。五是提高部网平台利用率，实现转移衔接的规范化和电子化。六是尽快研究出台企业职工基本养老保险与机关事业单位基本养老保险关系的转移衔接办法。对于北京市层面的社保关系转移接续工作，建议做好以下几点：一是按照国家规定，结合本地实际，细化完善政策，做好解释说明，落实好政策。二是在国家组织实施基础养老金全国统筹过程中，北京市要按照国家部署积极推进，从根本上解决跨地区流动就业人员的养老保险关系转移及其权益保障问题。三是城乡居保制度与职工养老保险制度的衔接还需进一步完善，以更好地维护城乡居民的养老保障权益。四是健全和完善城乡居保与城乡低保、农村五保和优抚制度的衔接。

（4）完善多层次养老保障体系。机关事业单位养老保险制度改革实施后，将普遍建立职业年金，这与企业年金只在极少数企业建立的状况相比，形成很大反差。因此，应当大力推行企业年金，加强政策宣传和舆论引导，鼓励有条件的企业建立年金制度，加大税收优惠力度；通过建立有效的劳资双方协商机制、吸引中小企业参加集合年金计划等措施，扩大企业年金覆盖范围；对企业年金合同及合同执行情况进行有效的监管，逐步形成完善的多层次养老保险体系。此外，还应当重视和发挥家庭养老等传统保障方式的积极作用。总之，要构建多层次城乡养老保障体系，更好地保障城乡老年居民的基本生活。

2. 完善医疗保险制度体系

（1）在统一城乡医保管理体制的基础上整合城乡居民医保制度。2016年初，国务院出台了《关于整合城乡居民基本医疗保险制度的意见》（国发〔2016〕3号），北京市应尽快出台制度整合的具体政策。城乡制度整合的前提是管理体制的理顺。没有管理体制的统一，由两个理念不同、政策不同、管理方式不同的主管部门共同制定城乡居民医保制度整合的基本政策和管理办法会非常困难。因此，应由市政府加紧研究和决策，尽快将新农合移交人社部门，实现城乡医保管理的完全统一。在统一城乡医保管理体制的基础上，稳步推进新农合和城镇居民医保制度的整合，实行统一的城乡居民医保制度。一是统一参保办法和筹资水平。改变新农合以家庭整体参保的做法，城乡居民均统一实行以个人身份参保的办法；统一城乡居民的个人缴费标准，取消原有的城镇居民分人群实行不同缴费标准的做法，全体城乡居民不论年龄大小、身份差异，均采用统一的缴费标准。逐步将个人缴费方式由定额筹资转变为按城乡居民平均收入的一定比例缴费。二是统一待遇水平，统一城乡居民医保的起付线、支付比例和封顶线，以及门诊大病的病种范围和支付水平、门诊统筹的起付线、支付比例和封顶线。三是提高统筹层次，全面实行城乡居民医保的市级统筹。四是统一医保经办服务体系。一方面，加强基层街道（乡镇）社保事务所的功能，赋予其一定基层医疗服务的监管责任；另一方面，统一信息系统，统一医疗服务管理，统一费用支付办法，统一医保业务经办流程和规范，统一定点医疗机构的协议管理。

（2）进一步推进支付制度改革。进一步巩固和完善付费总额控制。继续全面实行各级各类医疗机构的付费总额控制。在充分分析现有数据的基础上，科学合理确定各级各类医疗机构的总额控制标准、监督监管指标和结余超支的共享分担比例。逐步扩大DRGs付费的试点医院范围，并实行全病种组的DRGs付费。对没有实行DRGs付费的医疗机构，以DRGs技术为基础，对医疗机构管理情况进行科学评估，促进医疗机构不断提高管理水平和医疗技术水平。逐步将北京市的付费方式转变为以总额预算管理为基础、住院以DRGs支付为主的复合式付费方式。

（3）强化医疗救助，促进补充保险发展，平衡多层次医疗保障体系。首先是明确基本医保的有限责任，强化医疗救助的功能和作用。通过大幅增加政府的救助资金投入，为更多的特殊人群（从目前的低保、低收入人群延伸到因病致贫的人群）提供更高的救助性保障，真正承担起医疗保障的托底功能。另外，还应该充分利用社会慈善资源，大力发展商业健康保险，鼓励商业保险公司创造更多符合社会需求并与基本医保相匹配的补充保险产品。

（4）协同推进医药卫生体制改革。医疗保险的健康可持续发展离不开医疗、医药领域的进一步改革，三医必须联动。因此，必须加快医疗、医药领域的改革进程，以市场机制为导向，尽快推动医疗服务提供体系和医药价格形成机制的实质性改革，为医疗保险通过市场化的购买机制激励和约束医疗服务提供方创造有利条件，从而真正形成三医改革的方向统一和协同协调。一是建立公立医院自主运行的法人治理结构，控制大型公立医院的发展，促进社会办医，逐步形成竞争性的医疗服务市场。二是保障公立基层医疗机构的运营自主权，同时鼓励民营基层医疗服务机构的发展，形成有竞争、充满活力、真正能够促进强基层的基层医疗服务市场。三是改革现有的行政定价的医药价格形成机制，明确市场导向的价格形成机制，通过利益相关方（医保、医疗机构、医药企业）的市场谈判形成价格，政府主要发挥监管作用。

3. 完善失业保险制度

（1）积极应对严峻的就业形势，继续发挥失业保险防失业、促就业功能。"十三五"时期，如果新条例出台，北京市应继续发挥失业保险防失业、促就业功能，积极应对经济下行及严峻的就业形势。其一，北京市应按照新条例规定，执行失业保险政策；其二，建议北京市将那些10年来口碑好、执行效率高的失业保险促就业项目保留下来，通过各区的财政支持，确保这些项目可以继续贯彻执行；其三，北京市应结合自身特点，积极争取中央和人社部支持，在完善失业保险制度、降低失业保险费率等方面争取一定的自主权。如果新条例不出台，北京市则应抓住这一契机，继续发挥失业保险防失业、促就业功能，积极应对，帮助企业渡过难关。

（2）建立城乡一体化的失业保险制度。这主要体现在以下三个方面：一是制度统一。打破城乡户籍限制，取消城镇或农业的人员类别划分，从参保缴费到待遇享受，不管是城镇还是农村人员，均参加城镇职工失业保险制度，并享受同等待遇。二是失业保险的促就业优惠政策统一。取消其中的城乡差别，统一享受优惠政策。三是政策普惠化。将促进城镇失业人员就业的政策继续向农村延伸，真正实现城乡一体。

（3）改革失业保险待遇计发办法。将失业待遇与失业前收入挂钩，根据失业人员失业前的工资收入确定失业保险水平，建立失业待遇的正常调整机制，这样的待遇计发办法更公平，更能体现"权利与义务对等"的理念，更能激发参保积极性。从国际上看，失业保险待遇水平的替代率一般占失业前缴费水平的40%—50%。考虑我国目前的经济发展水平和当前的就业矛盾，建议将失业保险按照失业前缴费工资的30%—40%这一比例确定。这一比例高于失业保险现有待遇水平，与最低工资水平大概持平。为避免失业保险金支付金额提高带来的就业积极性下降问题，建议建立阶梯式失业领金模式，按照领金时间，逐步递减失业保险金金额，提高失业领金人员就业紧迫性。

（4）进一步完善失业保险基金与就业专项基金相关制度。建议按照"统筹安排、突出重点、各有侧重"的原则，进一步明确以下几点：一是失业保险基金安排的促进就业资金重点用于支持企业稳定岗位、促进失业人员和就业困难人员就业以及就业困难地区帮扶等方面的优惠政策支出。二是财政预算安排的就业专项资金主要用于区县结合区域就业状况自行出台的各项促进就业政策、公共就业服务体系建设、小额贷款担保基金、扶持公共就业服务等。三是在就业、再就业资金安排过程中，充分考虑资金结余，合理安排资金。当失业保险基金结余过大时，优先使用失业保险基金，充分发挥失业保险预防失业的作用，稳定就业局势，维护社会稳定。

（5）进一步完善和发挥失业保险的促就业功能。一是实现失业保险促就业政策的城乡统一。进一步完善现行的用人单位招用本市农村劳动力与城镇失业人员享受同等的单位招用政策；鼓励农村转移劳动力自谋职业、灵活就业政策；鼓励农村转移劳动力跨地区就业政策；等等。二是提供多元化的培训方式，并完善培训补贴方式。三是强化促进就业功能，加大对促进就业方面的投入，扩大基金支持范围，完善失业保险与促进就业的联动机制。

（6）探索增强失业保险的预防失业功能。一是建立预防失业长效机制。对受经济机构调整、经济波动或突发事件影响较大的行业、企业，给予特定时期的补贴政策。二是研究搭建预防失业政策体系框架。加快预防失业政策体系研究，借鉴国内外失业治理预案的经验，研究搭建预防失业政策体系框架，制定特定情况下的预防失业预案。三是探索出台大龄职工稳定岗位补贴政策。鼓励用人单位与距退休不足 5 年的大龄职工签订无固定期限合同或长期合同，提高大龄职工就业稳定性。四是加大用人单位稳定就业岗位补贴力度。

4. 完善工伤保险制度

（1）探索工伤预防费使用管理办法，加快建立工伤预防制度。建立适合北京市特点的科学、规范、高效的工伤预防费使用管理模式，实行项目管理制，通过政府采购方式，向社会公开招标工伤预防项目和培训项目，加强对项目实施过程的监督和实施效果的评估。充分利用传统媒体和微信等新媒体宣传平台，广泛开展工伤预防宣传，重点加强对高危行业职工的工伤预防与培训。在工作机制上，成立由人社、安监、卫生、工会和用人单位等为成员的工伤预防小组，定期召开联席会议，分析评估工伤事故发生原因，深入企业开展工伤预防检查；对于不重视工伤预防的企业，通过上浮费率，给予一定的惩戒。

（2）完善医疗康复，开展职业康复。根据国家要求，规范工伤康复管理制度。积极推动相关部门出台政策，制定和完善工伤康复项目及收费标准。探索建立功能互补、相互衔接的多层级工伤康复服务体系，满足不同阶段的工伤康复需求。加大工伤康复宣传力度。建立健全医疗康复"早期介入"机制和"先康复、后评残"工作机制；在条件成熟的情况下，可以考虑将部分指征明显的工伤病种列入必须康复项目，从而减少中间申请环节。积极开展职业康复，使工伤致残职工尽可能恢复职业能力，充分利用现有的促进就业政策，使其重返工作岗位。

（3）根据行业特点制定工伤保险参保政策，探索建立灵活就业人员职业伤害保障制度，促进职业人员全覆盖。落实国家关于建筑业企业职工参保政策，对建筑工地用工人员实行一次性趸交、全员参保、动态管理模式。对类似流动性比较大的行业，探索建立适合行业特点的参保方式。根据国家统一要求，在学习借鉴部分地方经验的基础上，探索建立灵活就业人员等无用人单位劳动者职业伤害保障制度，从而将所有职业人群纳入工伤保险保障范围。

（4）完善工伤管理服务流程，提高管理服务效率。进一步规范工伤认定流程，针对工伤认定重点、难点问题，定期召开工伤认定典型案例研讨会，通过典型案例研讨通报等形式，努力提高各区工伤认定工作水平和质量。对区工伤认定案件调查率进行考核，以提高认定工作的合理性和准确性。全面提升认定、劳动能力鉴定工作和档案管理的标准化、信息化程度，提高工伤认定受理、劳动能力鉴定申请、医疗费用结算、待遇领取等方面的便捷性。开展京津冀工伤保险政策、管理的协同发展。

5. 完善生育保险制度

（1）制定生育保险与医疗保险合并实施政策。将生育保险的参保缴费、费率确定、就医管理结算等与医疗保险合并实施，实现医疗费用据实结算、生育津贴依法发放。选择一两个区进行试点，在此基础上形成适合北京市的生育保险与医疗保险合并实施办法。同时，对医疗机构的信息系统进行适当调整，以适应政策的实施。

（2）适度提高生育保险待遇水平。逐步建立生育保险待遇水平与社会发展水平和医疗服务水平相适应的保障机制，适度提高生育保险待遇水平，特别是产前检查等医疗费的支付标准，切实保障女职工在生育期间的基本生活。

（3）进一步提升生育保险管理服务水平。一是实行门诊医疗费即时结算，进一步提高生育保险管理效率。研究生育保险门诊即时结算的方式，加快推进生育保险门诊即时结算，进一步规范生育保险门诊的医疗行为，提高门诊管理服务效率。二是进一步规范生育医疗服务行为，做到生育保险精细化管理。规范生育医疗机构的医疗行为，减少生育保险项目规定以外不合理的检查和用药，减轻生育女职工个人的经济负担。积极倡导生育女职工自然生产，降低剖宫产率，保护母婴健康。三是实现生育医疗行为全程监管。社会保险经办机构应当及时核查用人单位申报、缴纳生育保险费信息，监督用人单位依法参加生育保险。对申请享受生育保险待遇的有关材料，经办机构应依法审核，必要时还应对有关情况进行实地核查。加强对各医疗机构生育女职工孕产期所有医疗费用的全程监管，通过数据分析，对高额医疗费用的检查和药品支出项目进行重点审核，依法处罚违规行为。

6. 探索建立长期护理保险制度

根据党的十八届五中全会提出的关于探索建立长期护理保险制度的精神，加紧研究在北京市建立长期护理保险制度的可行性以及实施方案。建议采取分两步走的发展战略：第一步，可在现行基本医疗保险制度框架内，将医疗护理的相关费用纳入政策允许的报销范围，促进医疗护理服务向基层社区医疗服务机构和居家护理转移，以降低失能老年人长期住院带来的医疗资源和医保基金的浪费。第二步，单独建立具有社会保险性质的长期护理保险制度，成为一个新险种，实行强制参保、单独筹资，覆盖目前所有的城镇职工、城乡居民医保参保人群。所需资金主要来自个人缴费、财政补贴、医保基金适当划转、社会捐助等。长期护理保险主要为失能半失能老人（可逐步扩大到所有年龄的失能半失能人口）提供医疗护理和日常生活照护服务的费用保障，并与居家护理、社区护理以及专业机构护理等护理产业发展相辅相成。

（二）实现人群全覆盖

1. 继续扩大覆盖范围

巩固现有扩面成果，加强新增就业人员参保工作。以私营小微企业及其员工、稳定就业的农民工、有雇工的个体工商户以及基于互联网的新业态从业人员为重点，进一步扩大社会保险覆盖面，实现法定参保人群全覆盖。

2. 依法征缴

依法加强对从业人数和缴费基数的稽核，防止少报漏报，做到应保尽保，应缴尽缴。在精算平衡基础上，合理确定各项社会保险费，适度减轻企业负担。对于部分经营困难的企业，允许其在一定时期内缓缴社会保险费，不征收滞纳金。

3. 全面实施全民参保计划，实行参保人员动态管理

对法律法规和政策规定范围内的所有用人单位和个人进行参加社会保险登记，核查比对相关基本信息。对信息缺失、错误的单位和人员，以基层社保经办机构和街道（乡镇）、社区（村）劳动就业社保平台为主，通过逐个单位排查、重点入户调查以及向社会组织购买服务等方式，对其进行基本信息采集和补录，完成后确认参保登记，通过全民参保计划，摸清底数，明确扩面对象，有针对性地采取扩面措施，提高参保率。

（三）建立合理的筹资机制和待遇调整机制

1. 完善居民保险筹资机制

一是完善城乡居民养老保险筹资机制。建立城乡居民缴费激励机制，鼓励城乡居民多缴费、长缴费。逐步提高个人缴费在居民养老保险中的筹资比重，优化筹资结构，提高个人账户养老金占比。

二是完善城乡居民医保筹资机制，建立与收入水平和财政能力相匹配、动态调整、责任合理分担的筹资机制。一方面，将目前按固定金额缴费的城乡居民医疗保险筹资方式转变为按收入（缴费基数）的一定比例缴费，使得缴费随经济发展、收入增长而自然增长，与医疗费用随经济增长而自然增长、医疗保险基金支出自然增长相适应。具体来说，在目前还无法获取每个人真实经济收入的情况下，可将本市的城镇居民家庭人均收入作为城镇居民医保的缴费基数，将本市农村人均纯收入作为新农合的缴费基数。至于具体的缴费比例，初始阶段可依据目前的定额缴费金额除以人均收入得出的比例来确定，此后缴费比例保持相对稳定，缴费金额随着收入增长而自然增长。另一方面，调整个人与财政补贴的责任关系，逐步增加个人缴费在居民医保筹资中的比重。可参照职工医保中单位和个人缴费的比例，逐步将城乡居民医保财政筹资与个人筹资比例调整到3∶1，并就此固定下来。

2. 适度调整职工社会保险费率

在实行职工基本养老保险全国统筹以及明确财政对国有企业和机关事业单位人员视同缴费年限补贴的基础上，合理确定职工养老保险费率。

按照"以支定收、略有结余"的原则，调整北京市失业保险、工伤保险、生育保险费率。具体来说，根据北京市失业保险"保生活、防失业、促就业"功能发挥及基金支出情况，合理调整失业保险费率。鉴于北京市目前失业保险基金累计结余较多，建议继续降低失业保险费率。比照国家对行业工伤风险等级的划分标准，测算本市相关行业工伤保险基准费率，拉开不同行业之间的费率差别，适度降低总体费率。根据生育保险基金结余和计划生育二孩政策放开后的基金支出情况，合理确定生育保险费率。

3. 建立正常的待遇调整机制

一是统筹建立退休人员基本养老金正常调整机制。根据国家统一规定，以完善企业退休人员基本养老金正常调整机制为基础，逐步建立覆盖机关、事业单位、企业的统一的城镇职工基本养老金正常调整机制。基本养老金调整主要依据物价变动情况和职工工资增长情况进行，调整的幅度应综合考虑工资增长率和物价指数，并兼顾基本养老保险基金、财政负担能力确定，要与首都经济发展水平相适应。在基本养老金调整时应注重社会公平，并完善多缴多得的激励机制，突出缴费年限、缴费水平等因素。

二是适当控制最低养老金调整增幅。将其保持在适度水平，使养老保险多缴多得、长缴多得的激励机制得以充分发挥，促进养老保险制度长期可持续发展。

三是继续完善社保待遇联动调整机制。随着职工养老金正常调整机制的建立，应同步完善城乡居民基础养老金、工伤保险定期待遇（三项）、失业保险金、最低工资、最低养老金等长期待遇调整机制，以形成合理有序的增长机制。

（四）加强基金管理和监督

1. 完善和提高基金统筹层次

通过继续加大对各区社保征缴、资格审核、待遇支付等工作的考核力度，完善职工五项保险市级统筹。按照《社会保险法》和国务院相关文件要求，提高城乡居民养老保险统筹层次，在基金管理上，实现市级统筹；在待遇计发上，逐步统一补贴标准。

2. 加大基金收支管理

一是强化基金征缴。完善社会保险扩面征缴联动机制，依法足额征缴社会保险费；进一步加强社保稽核，对未足额缴纳保险费的单位和个人及时采取有效措施，努力实现应收尽收；有针对性地加大对欠缴大户和重点户的催缴力度，确保基金足额征缴到位。二是堵塞基金漏洞，反欺诈、防冒领。充分发挥现代科技在基金监控中的作用，继续完善各项基金监督系统、完善数据比对机制、提高现代化监管水平，严厉打击诈骗社会保险基金等行为。通过健全基金监督管理办法、加强内控监督等措施，把基金监督贯穿到业务运行的各个环节，做到用制度管人、管事、管钱；加强重点稽核与日常稽核相结合，充分发挥稽核工作预防性和主动性的特点，建立事前指导、事中监督、事后处罚的稽核机制；完善社会保险基金信息披露制度，完善单位和个人欺诈违法信息记录和应用机制，建立欺诈"黑名单"制度，广泛开展社会监督，形成有效的社会保险诚信守法机制；总结待遇资格认证工作的经验，提高资格认证时效性和准确性，利用信息比对等多种手段，严把支付关，研究建立有效、畅通的反欺诈工作衔接机制。三是加强对基金的日常监督检查。继续做好社会保险基金专项审计工作，按照市政府和人社部部署和要求，开展基金专项检查。尤其是要充分利用互联网监督系统优势，发挥科技防控作用，按照监督系统设计规划，进一步完善社会保险监督系统功能。将监督检查的范围由经办机构业务逐步扩大到养老保险退休审批、工伤认定、劳动能力鉴定、失业待遇核定、定点机构服务行为等业务，力求实现对社保经办、行政审批、待遇核准等业务的全方位监督。深入挖掘医疗审核监督系统预警数据的应用。

3. 建立专门监督执法机构，进一步加强医疗保险监督执法

北京市医保经办机构医疗服务监督管理力量严重不足，同时承

担服务购买和服务监督功能也不合理，另外，综合性的劳动保障监督执法队伍由于专业化不足，也无力开展专业性较强的医疗服务监督。为加强医疗保险监督，控制不合理医疗费用支出，防范欺诈骗保，有必要学习借鉴天津、上海等地的做法，建立独立的医疗保险监督执法机构——医疗保险监督检查所，专门承担专业化较强的医疗保险监督执法职能，开展对参保人、参保单位、定点医药机构以及医疗保险经办机构等医疗保险利益相关方的监督执法活动。另外，相关法律法规也要进一步完善，为针对医疗保险的欺诈骗保等违法行为的从严惩处提供强有力的法律保障。

4. 加强社会保险基金预决算管理

完善社会保险基金预决算制度，通过实施预算管理，增强基金管理使用的透明度和约束力。继续健全养老保险财政投入制度，进一步明确政府的养老保障责任，更好地发挥公共财政在民生保障中的作用。按照国家要求，开展社会保险基金中期规划编制工作。强化基金运行趋势分析，建立养老保险基金和医疗保险基金的预测预警系统和基金精算系统。

5. 开展养老保险基金投资运营

根据国家制定的基本养老保险基金投资运营政策规定，在确保基金安全前提下，积极稳妥地推进北京市基本养老保险基金市场化、专业化、多元化投资运营，实现基金保值增值。健全和完善企业年金、职业年金的相关政策以及运营机制，改进企业年金治理结构，进一步规范企业年金管理合同审核备案工作。完善基金投资运营信息披露制度，严格规范市场秩序。

（五）提升社会保险经办管理服务能力

1. 整合经办资源，创新服务模式，优化业务流程，提供综合服务

（1）全面整合资源，创新服务模式。将市级现有的经办机构、

办公设施、服务场地、人力资源、信息系统等按照改革目标重新进行配置。

在服务模式上，要打破按城乡、按险种、按身份提供服务的方式，全面推行"城乡一体、多险合一"服务模式。机构整合是切入点，但不能满足于机构合并，不能停留在物理变化，只有优化服务模式和业务流程，才是整合中的化学聚合，才能真正发挥机构整合的优势。如果继续按照城乡、险种分开的服务模式经办，容易造成多头参保、重复参保、漏保和重复领取待遇等管理漏洞，不利于参保工作问责制的实施，不利于全民参保目标的实现和经办服务质量的提高。逐步将网上社保作为经办服务主阵地。逐步创造条件实施自助社保业务、手机智能服务等新型办事方式，充实经办服务体系。

（2）优化业务流程。按照社会保险服务的专业特征，进一步优化业务流程。围绕基金"收、支、管"，按社保法和其他法规要求，梳理经办业务环节，按业务环节重新设计流程。比如按参保登记、申报、缴费、记录权益、受理待遇申请、核实、支付发放待遇、稽核等业务经办环节以及内控需要，全面优化经办业务流程，做到不论参保人身份、参保险种、经办何种业务，均可实现一站式服务。

（3）全面推行综合柜员制。参保人对经办服务的评价主要来自窗口。要提高办事效率，缩短等候时间，窗口设置应合理科学。专管员制存在业务覆盖面窄、业务量不易均衡、需要更多窗口和人员配置、难以满足参保人一站式服务的需求等弊端。综合柜员制与之相反，服务范围宽，各窗口的业务量自动平衡，能提高窗口工作饱和度，是实现窗口、人员和业务量之间最佳配置的有效途径。应当全面推行综合柜员制，把简便送给群众，把复杂留给经办机构，让有限的窗口和人员发挥最大服务效能。

（4）完善人员保障、经费保障和绩效考核机制。一是建立符合政府职能要求、与事权和服务量相匹配的社会保险经办管理人力资源保障机制。整合机构，压缩管理、后勤人员，充实一线，向体制改革要人。健全网上社保、自助社保，向信息化建设要人。总结政府购买服务经验，制定政府购买社会保险服务项目清单，规范政府购买服务行为，加强监督，为发挥市场机制作用拓展更大空间，向委托购买服务要人。积极实施社保经办人才培训计划，向提高人员素质要人。二是建立与事权和管理服务效率相匹配的经费保障机制。三是建立与服务绩效挂钩的考核激励机制，鼓励优者多得，勤者多得。

2. 全面推进"三化"建设，提升社保管理能力和服务水平

提升社保管理能力和服务水平的核心环节是加快社保管理服务体系规范化、标准化、信息化建设，这是体现法治政府、透明政府、智慧政府内在要求的具体举措。

（1）全面推进全市社保经办规范化。为此，北京市应采取以下三项措施：一是全面推行规范化经办。对照法律法规进行梳理，法律法规对社保经办权限明确的，可以形成规范化意见。法律法规对社保经办权限尚不明确的，要先形成实施意见，在实施细则的基础上逐步形成规范化操作流程。二是进一步完善各项操作规程。根据社保体制和经办模式的定位，按管理服务的部门分工，采用合并同类项的方法，形成与部门职责权力对应的操作规程。比如，柜面受理和处理规范、网上受理和处理规范、参保登记和变更规范、社保费收缴管理规范、缴费记录管理规范、待遇审核支付规范、社保业务稽核规范等。各险种的业务环节要求一致的适用同一规范，各险种的业务环节要求不一致的形成分别的规范，并采用简约化的方法，使规范可操作、可检查。三是管控和约束微权力。逐步确立无规范不可操作的行为规范，坚持按规范要求开发计算机软件，坚持任何操作都留下可追溯、可检查的操作轨迹，坚持受理、审核业务操作分开，坚持业务、财务操作联动制约，确保正确行使各项操作权力。

（2）以优质高效为目标，充分发挥标准化在管理服务中的作用。社保服务作为公共品，要求服务的同质化、均等化。"十三五"时期，北京市应实现社保管理全面标准化，为此需要采取以下主要措施：一是夯实基础标准。重点是数据标准，包括数据采集标准、数据鉴别标准、数据清理标准、数据传递和交换标准、数据保管标准、数据分析和使用标准、数据验证和修改标准等。二是大力推进标准化。将社保的各项业务细分到最小单元环节，并对每个环节定出标准，并将各个环节尽可能嵌入计算机软件系统中，使操作环节实现自动化，减少人工干预。将复杂的社保政策通过一系列标准控制提高效率，增加透明度。通过标准化的操作，使老百姓增强对社保工作的信任感。社保业务的重复性很强，适用同一作业标准的有成万上亿件业务，要根据实践积累常规业务的作业时间数据，进而研究业务量与人员的配置标准，科学安排人力资源。根据业务特点，用标准化思路，将业务分解成若干个业务包，为更合理地配置资源打好基础。三是建立安全控制标准。在标准化建设中把基金安全控制标准放在重要位置。从信息采集、录入、信息更改、基金收缴、基金归集、基金存储、待遇申领、待遇支付等各个环节寻找风险点，将风险点作为控制点，形成风险的事先防范、事中控制和事后追溯机制。

3. 加强队伍建设，提升社保管理服务的专业化水准

面对社保经办任务越来越繁重、人员编制受限的局面，要把社保管理服务搞好，应继续双管齐下。一方面，按照社保管理服务的要求，配齐配强最基本的人力，加强队伍建设，提高全市社保经办队伍的专业化水平，把管理服务的主体任务承担起来。另一方面，进一步发展服务外包，选定合适的项目，包给有资质、有条件、有能力的机构和社会组织，在管理服务主体框架不变的情况下，承担辅助型、配套性的任务，使资源得到合理配置，工作开展得更为有效。着力培养既懂标准又懂计算机技术，既懂社保业务又懂服务（业务）外

包的人才，既懂社保业务又懂大数据原理和运行规则的人才，为充分发挥社会组织和商业机构在经办社保业务中的作用、合理配置经办资源以及充分利用大数据提升经办能力提供人力资源基础。

（六）加强信息化建设

1. 建设统一的社会保险基础数据库

在整合信息资源、提高信息化管理水平方面应采取以下措施：一是建立统一的社会保险基础数据库。在现有社保数据库基础上，建设统一的基础数据库。在全市范围内实现参保人员"同人、同市、同库"。二是探索开展基础数据的标准化、规范化建设。在国家层面标准化、规范化建设滞后的情况下，为提升信息化水平，建议在此方面通过借鉴兄弟省市的做法，在全市范围内开展社保基础数据标准化、规范化建设。三是合理划分部门工作职责。现阶段，将业务应用系统的规划建设与运维工作交由业务职能部门负责，信息化管理部门重点做整体信息化建设规划与评估，制定信息化管理与安全制度、规范和标准，充分发挥业务职能部门的积极性与主动性，充分发挥信息化部门的管理、监督职能，理顺职能，提高工作效率。待全市社保基础数据实现统一以后，逐步将基础数据的管理、系统升级改造、运行维护等由信息管理部门负责；业务部门则负责提供信息化建设需求，并将精力投入提升社保服务质量和水平方面。四是加强对各级信息部门的技术与安全培训。在基础数据统一管理以后，需合理增加信息化管理部门的人员编制，引进或培养既懂业务又懂技术的复合型人才，提高信息化管理人员的素质和能力。创造好的用人环境，建立健全工作制度。加强与相关业务部门的沟通协调。建立培训和考核机制，加强对社保信息人员的培训工作，提高信息化管理队伍的素质能力。

2. 拓展社会保障卡应用功能

"十三五"时期将继续推广使用社会保障卡，加大发卡力度，确保实现社保卡人手一张，进一步增强社保卡使用功能。一是根据社会保障卡便民惠民的要求，加快建设持卡人员信息库，实现基础信息的集中、统一管理，加强与业务系统的衔接，为下一步"一卡通"奠定基础。二是加快各业务领域中社会保障卡的应用，同步实现业务系统对社保卡功能的全面支持，实现社会保障卡在面向个人办理人力资源社会保障事务中的应用，并逐步拓展在政府其他公共服务领域的应用。三是推进京津冀社保一卡通建设。健全京津冀社保跨区域转移接续制度，建立部门协作机制和信息交换平台；推动京津冀医疗保险定点机构互认，推动建立京津冀就医跨区域结算体系。四是加快推进社保卡等系统的升级扩容。针对社保卡系统目前存在的设备陈旧、故障率上升等问题，相关部门应积极协调，申请资金，连同相关业务系统和业务数据库等一同进行升级改造，以满足不断扩大的业务需求。

3. 加快信息化公共服务平台建设

"十三五"时期，要在以下几个方面加快推进社保信息化建设：一是推进公共服务平台的统一建设。以数据共享和业务协同作为基本要求，形成以网上办事为主体的多渠道公共服务体系，实现覆盖行政权力事项办理、网上查询及网上经办功能，提供咨询服务和主动推送服务等多种服务模式，构建覆盖全市的社会保障信息公共服务体系。二是优化基于社区基层服务的统一基层服务信息平台。实现服务逐步向基层延伸，满足公众便捷服务的要求，提升基层服务水平和业务经办效率。三是推进"互联网＋社保经办服务"建设。继续开展网上经办大厅建设，推进网上自助服务。依托门户网站平台，推进企业和个人各项社保网上查询、缴费等业务的办理。以移动互联网为支撑，开展个性化服务，通过互联网、手机、自助服务终端等各类服务渠道提供全方位服务。逐步实现网上办理、自助办理和移动平台办理相结合的服务模式。四是加快社保档案信息化建设。建立市社保档案管理信息系统，并将档案管理信息系统嵌入社保业务经办管理系统，使档案信息在系统之间实现无障碍传递，为业务信息提供支撑。

4. 健全信息监管和决策体系

"十三五"时期，要进一步强化社保信息监管，开发大数据应用，提升社保决策能力。一是优化信息资源分布格局。推进社会保障领域各项信息资源的集中整合，构建大数据分布格局，探索开展基于大数据的社会保障业务监督、信息分析及决策支持应用。二是扩大社会保障联网监测范围。完善社保联网监测系统，健全社保数据采集、整理、清洗机制，不断提升社保数据质量，推进社保数据的分析利用。三是健全社保业务监管模式。完善社保基金监督系统、医疗行为监控系统，探索建立信息化业务监管模式，逐步扩大业务应用范围，提升各项社保工作的监督管理水平。建立覆盖医疗服务全过程的实时、智能、精确的医保监控信息系统，借鉴天津、上海等地经验，将系统社保端程序监管触角进一步从事后向事前、事中转移，增强对医疗费用、医疗服务行为的监控能力。四是研究开发社保大数据应用，提升社保决策支持能力。建立全市统一的社保基础信息数据库，并在当前业务数据基础上，推进业务数据的整合共享，应用大数据分析，完善社保决策分析系统，实现数据资源的充分利用和数据资源的深入挖掘，全面推进"智慧人社"的建设。

5. 完善社保信息安全制度，提升安全防护能力

强化落实信息安全等级保护制度，深入建设信息安全体系，完善社保信息安全的检查、事件通报、应急响应机制。继续开展信息系统的定级及整改工作，并按要求定期进行测评和完善，确保核心系统达到信息安全等级保护标准。建设系统与网络安全监控中心，开展安全体系建设，确保系统和网络的安全可靠，提升

网络安全防护能力，保障系统与网络运行。加强信息安全基础防护系统的建设，有效保证系统和网络的安全与畅通。健全人力资源社会保障电子认证体系、灾难恢复体系等建设，确保系统和数据安全。

北京市职工养老保险发展评估研究报告*

养老保险是社会保障制度中最重要的险种之一，也是我国从计划经济体制转向社会主义市场经济体制过程中最早进行改革的社会保险项目。经过30多年的改革发展，北京市职工社会养老保险制度不断完善，制度体系逐步健全，覆盖范围不断扩大，实现了由制度全覆盖向人群全覆盖转移，待遇水平稳步提高，越来越多的人享有基本保障。特别是近10年，职工养老保险发展迅速，更加注重公平性、流动性和可持续性，初步形成城乡统一的职工养老保险制度体系，制度建设取得了显著成效，积累了宝贵的经验，为"十三五"时期乃至未来更长一段时间的制度发展打下了坚实的基础。

本报告按照党的十八大及十八届三中、四中、五中全会提出的建立更加公平可持续的社会保障制度和依法治国的改革总体部署和要求，总结北京市职工养老保险发展历程与现状，分析"十三五"时期和未来更长一段时间面临的主要形势和问题，结合海淀、顺义等区调研情况，以及国民经济和社会发展"十三五"规划建议，确定北京市未来职工养老保险发展思路和举措，以实现北京市职工养老保险制度长期可持续发展。

* 执笔：赵巍巍。赵巍巍，人社部社会保障研究所养老保险室助理研究员，电子邮箱：zhaoww5@126.com。

一 职工养老保险制度发展历程与现状

（一）发展脉络

北京市社会养老保险制度改革起步于 20 世纪 80 年代，至今已经有 30 年的历史，纵观北京市职工基本养老保险的发展历程，可以看到，北京市紧跟国家养老保障制度改革发展步伐，密切结合北京市经济社会发展实际，不断调整和完善制度，稳扎稳打，探索出了具有首都特色的职工养老保险制度体系。

1. 企业职工基本养老保险发展历程

企业职工基本养老保险制度的发展大致可以划分为三个阶段：一是社会统筹制度建立阶段；二是统账结合制度的确立及全面运行阶段；三是制度深化改革阶段（见表 1）。

表 1　北京市职工基本养老保险改革发展的几个标志性政策文件

年份	政策文件	主要特点
1986 年	《北京市国营企业职工退休基金统筹试行办法》（京政发〔1986〕117 号）（已废止）	由企业运作的职工退休制度向社会统筹的养老保险制度转变
1992 年	《关于企业职工个人缴纳基本养老保险费有关问题的通知》（京劳险发字〔1992〕703 号）	实施职工养老保险个人缴费制度，建立职工养老保险个人账户，初步确立了社会统筹与个人账户相结合的制度模式
1996 年	《北京市企业城镇劳动者养老保险规定》（北京市人民政府令第 1 号）（已废止）	开始全面运行养老保险社会统筹与个人账户相结合的新机制
1998 年	《北京市企业城镇劳动者养老保险规定》（北京市人民政府令，1998 年第 2 号）（已废止）	统一了企业和职工缴纳基本养老保险费的比例和基数
2006 年	《北京市基本养老保险规定》（北京市人民政府令第 183 号）	改革职工基本养老金计发办法，建立了参保缴费的激励约束机制

（1）第一阶段：社会统筹制度建立阶段（1986—1991年）。1986年7月，国务院发布《国营企业实行劳动合同制暂行规定》（已废止），规定了劳动合同制职工养老保险办法，明确了退休养老保险基金由国家、企业和个人三方负担的原则。1988年，国务院发布《中华人民共和国私营企业暂行条例》（国务院令第4号），规定有条件的私营企业应当为职工办理社会保险，把城镇养老保险制度的覆盖范围从国有企业、集体企业职工扩展到了多种所有制企业的从业人员。

在国家制度改革的大背景下，1986年8月11日，北京市人民政府颁布《北京市国营企业职工退休基金统筹试行办法》（京政发〔1986〕117号，已废止），开始实施企业职工养老社会统筹，规定国营企业按全市统一规定的统筹项目各项费目占工资总额的比例，以本企业工资总额为基数计算，并向退休基金统筹管理机构缴纳统筹基金，统筹管理机构按各企业应支付的列入统筹项目的职工退休基金数额拨给企业，由企业发给退休、退职职工。随后，覆盖范围扩大到集体企业、外商投资企业及其职工。这标志着由企业运作的职工退休制度向社会统筹的养老保险制度转变。

这一阶段的改革，为此后北京市社会养老保险制度的改革积累了有益的经验，对解除企业职工的后顾之忧、推进劳动合同制起到了积极作用。虽然当时的覆盖范围比较小，但标志着职工养老由退休制度向真正意义上的社会养老保险制度过渡。

（2）第二阶段：统账结合制度的确立及全面运行阶段（1992—2005年）。为配合经济体制改革和国有企业改革，国务院在总结全国各地养老保险制度改革经验的基础上，颁布《关于企业职工养老保险制度改革的决定》（国发〔1991〕33号，简称33号文），在全国范围重新实行养老保险的社会统筹，明确职工个人也要缴费，迈出了企业养老保险制度改革的实质一步，此文件成为我国养老保险制度改革的重要指导性文件。为贯彻落实国家33号文的规定，1992年

11 月，北京市劳动局发布《关于企业职工个人缴纳基本养老保险费有关问题的通知》（京劳险发字〔1992〕703 号），实施职工养老保险个人缴费制度，规定固定职工和劳动合同制工人暂按职工个人上一年平均工资总额（按提取退休统筹基金的工资总额口径）的 2% 按月缴纳基本养老保险费，被录用的具有城镇户口的临时工按本人月工资总额的 3% 按月缴纳基本养老保险费。同年，北京市劳动局发布《北京市建立健全城镇集体企业职工退休养老制度和退休养老基金实行全市统筹的暂行办法》（京劳险发字〔1992〕106 号），规定退休养老基金实行全市统筹，这为今后的基金管理奠定了很好的基础。北京市是较早实现基金省级统筹管理的省份之一。

1994 年，国务院发布《关于调整企业离退休人员离退休金有关问题的通知》（国办发〔1994〕62 号），要求各地区和有关部门认真贯彻，并作为维护社会稳定的一项重要工作。为贯彻落实 62 号文件精神，北京市政府发布《贯彻国务院关于调整企业离退休人员离退休金文件的通知》（京政发〔1994〕29 号），明确了企业离退休人员离退休金的增加标准，要求建立企业离退休人员基本养老金定期调整制度。随后，北京市劳动局发布《关于北京市城镇企业离退休人员 1994 年调整基本养老金的通知》（京劳险发字〔1994〕487 号），明确 1993 年 12 月 31 日前离退休人员从 1994 年 10 月 1 日起调整基本离退休金，当时的调整标准是根据北京市 1994 年经济发展情况和 1993 年全市职工平均工资增长率以及退休统筹基金的承受能力，退休人员每人每月增加养老金 30 元。由此，自 1994 年起，北京市正式建立了企业离退休人员基本养老金正常调整制度。

1995 年，国务院印发《关于深化企业职工养老保险制度改革的通知》（国发〔1995〕6 号），对实行社会统筹与个人账户相结合提出两种实施办法，由各地选择进行试点。据此，1996 年北京市政府颁布《北京市企业城镇劳动者养老保险规定》（北京市人民政府令，

1996 年第 1 号）（已废止），北京市劳动局配套发布《关于贯彻实施〈北京市企业城镇劳动者养老保险规定〉有关问题的通知》（京劳险发〔1996〕87 号），两个文件规定基本养老保险实行社会统筹和个人账户相结合模式，企业按上一年全部被保险人月平均工资总额的 19% 缴纳基本养老保险费，参保人按本人上一年月平均工资的 5% 缴纳基本养老保险费，个人缴纳的基本养老保险费全部记入个人账户。这标志着养老保险社会统筹与个人账户相结合的新机制开始全面运行，并将覆盖范围扩大到了本市行政区域内各类企业和与之形成劳动关系的本市城镇劳动者。1996 年，北京市建立了职工养老保险个人账户，确立了社会统筹与个人账户相结合的制度模式，标志着北京市由社会统筹制度模式向社会统筹与个人账户相结合（简称"统账结合"）的现行制度模式转变。与之前不同的是，制度的覆盖范围大大扩展。

1997 年，中共中央和国务院针对社会保险制度改革召开了一系列会议，颁布了《国务院关于建立统一的企业职工基本养老保险制度的决定》（国发〔1997〕26 号），对"统账结合"的规模、结构和养老金计发办法进行了明确规定，标志着统一的社会统筹与个人账户相结合的城镇职工基本养老保险制度在全国范围内全面实施。相应地，北京市的养老保险制度改革也进入了一个新的阶段。1998 年 4 月 6 日，北京市人民政府发布《北京市企业城镇劳动者养老保险规定》（北京市人民政府令，1998 年第 2 号）（已废止），北京市劳动局配套发布《关于贯彻实施〈北京市企业城镇劳动者养老保险规定〉有关问题的处理办法》（京劳险发〔1998〕69 号）。按照"三统一、一加强"的原则，北京市养老保险工作进一步完善：统一了企业和职工缴纳基本养老保险费的比例和基数，统一建立了 11% 的个人账户规模（以后企业缴费划入比例逐步降低，直至 3%，个人缴费逐步达到 8%），统一了基本养老金的计发办法；加强了养老保险基金管理，把基本养老保险基金纳入了财政专户，并将企业外埠城镇职工纳入制度覆盖范围。同年，为贯彻落实国家规定，北京市养老保险行业统筹移交地方管理如期实现，按期完成了中央所属 11 个行业、15 个系统 67 万名在职职工和离退休人员基本养老保险统筹移交地方管理的工作，为加强养老保险统一管理奠定了基础。

从 1999 年到 2003 年，统账结合的基本养老保险制度日趋成熟，"收支两条线"的制度设计发挥出良好的效应，制度覆盖范围进一步扩大，缴费比例进一步调整。1999 年，为适应就业形势的多样化，北京市发布《关于北京市个体劳动者、自由职业人员参加养老保险有关问题的通知》（京社保发〔1999〕8 号），开辟了本市城镇个体劳动者和自由职业人员以个人身份参保的新渠道。2001 年，在实行了养老保险基金从差额缴拨转到全额缴拨的同时，百分之百地实现了退休人员基本养老金的社会化发放，养老保险覆盖范围不断扩大。2001 年，中央及市属科研院所等转制单位纳入了企业养老保险体系，完善了外来务工人员养老保险政策和存档人员参加养老保险的办法。在统一了企业与个人缴费比例的基础上，2002 年北京市发布《关于调整北京市养老保险缴费比例有关操作问题的通知》（京社保发〔2002〕75 号），2003 年发布《北京市劳动和社会保障局关于 2003 年调整原行业统筹单位缴纳基本养老保险费比例的通知》（京劳社养发〔2003〕28 号），进一步统一了缴费比例。28 号文件规定：从 2003 年 1 月 1 日起，企业缴费比例由之前的 19% 调整到 20%，个人缴费比例由 7% 调整到 8%，总体费率为 28%；个体劳动者、自由职业人员的缴费比例为 22%。

2004 年后，扩大养老保险覆盖面的改革政策逐步发力。2004 年，为贯彻落实《关于职工在机关事业单位与企业之间流动时社会保险关系处理意见的通知》（劳社部发〔2001〕13 号），北京市劳动和社会保障局发布《关于职工在机关事业单位与企业之间流动时养老保险关系处理办法的通知》（京劳社养发〔2004〕161号），对职工在机关事业单位与企业之间流动时养老保险有关问题处理办法做出了规定，包括一次性补贴的人员范围、补贴计算口径、计入办法等。

随着城市化进程的加快，为了解决好城市化进程中农民的社会保障问题，2004年，北京市出台了《建设征地补偿安置办法》（市政府令148号），将劳动年龄内的农转非人员全部纳入城镇职工社会保险体系，享受与城镇职工同等的社会保险待遇，实现了高水平保障。随后又陆续出台《北京市建设征地农转工自谋职业人员参加社会保险补助资金管理办法》（京财社〔2004〕1395号）等文件，将历史遗留的建设征地农转工自谋职业人员纳入城镇职工社会保险覆盖范围，进一步扩大了覆盖范围。

总体来看，这一阶段北京市养老保险制度的改革主要是配合国有企业改革和计划经济体制向市场经济体制过渡，严格落实国家有关政策规定，建立并全面实行了"统账结合"的养老保险制度。随着不断调整和完善，制度模式基本定型，制度开放性增强，覆盖范围逐步扩大，参保人数显著上升，越来越多的人享受到职工基本养老保障。

（3）第三阶段：制度深化改革阶段（2006年至今）。随着人口老龄化、就业方式多样化和城市化进程加快，当时实行的企业职工基本养老保险制度显现出一些与经济社会发展不相适应的问题。2005年12月，国务院发布《关于完善企业职工基本养老保险制度的决定》（国发〔2005〕38号，简称38号文），在完善企业职工基本养老保险制度的指导思想、扩大基本养老保险覆盖范围、做实个人账户、提高统筹层次和改革基本养老金计发办法等方面做出规定，要求城镇个体工商户和灵活就业人员都要参加基本养老保险，建立"多工作、多缴费、多得养老金"的激励约束机制，并采取"新人新制度、老人老办法、中人逐步过渡"的改革方式。

为贯彻落实38号文的规定，顺应新形势的需要，2006年12月，北京市人民政府颁布《北京市基本养老保险规定》（北京市人民政府令第183号，简称183号文），改革职工基本养老金计发办法，建立了参保缴费的激励约束机制，将职工个人账户规模从11%调整为8%，个人缴费8%全部计入个人账户；城镇个体工商户和灵活就业人员可以按照本市上一年度职工月平均工资的100%、60%、40%任选一档作为缴费基数，以20%的比例缴纳基本养老保险费，其中8%计入个人账户。183号文的颁布实施，标志着改革和完善基本养老保险制度开始进入新的阶段。

2009年，北京市劳动和社会保障局出台《关于本市转移就业的农村劳动力参加养老保险有关问题的通知》（京劳社养发〔2009〕24号），规定本市行政区域内企业招用的本市农村劳动力参加基本养老保险，按月缴纳基本养老保险费，在全国率先实现了本市农民工和城镇职工同样的缴费标准和待遇水平，打破了身份和户籍的限制；同时允许本市农民以个人身份参加职工养老保险。2010年，北京市人力资源和社会保障局发布《关于城镇职工补缴基本养老保险费有关问题的通知》（京人社养发〔2010〕239号），规范基本养老保险补缴行为，明确了补缴办法，推进制度覆盖向人群覆盖转移，实现"人人享受社会保障"的目标。

2011年《社会保险法》的实施，推动了制度的加速发展，参保人数逐渐增加。当年，为配合城市建设需要，在前期试点的基础上，北京市政府发布《关于城乡结合部地区50个重点村整建制农转居有关工作的意见》（京政发〔2011〕55号）等文件，将整建制农转居劳动力纳入城镇职工社会保险覆盖范围，进一步扩大了覆盖范围。

更加注重跨统筹地区流动就业人员的养老保险权益。2011年，为了贯彻落实《社会保险法》和国务院办公厅《关于转发人力资源社会保障部财政部城镇企业职工基本养老保险关系转移接续暂行办法的通知》（国办发〔2009〕66号），北京市人力资源和社会保障局发布《关于印发北京市基本养老保险关系转移接续几个具体问题处理意见的通知》（京人社养发〔2011〕120号），对基本养老保险关系转移接续中遇到的几个具体问题提出了相应处理意见。

党的十八大报告提出，"坚持全覆盖、保基本、多层次、可持续方针，以增强公平性、适应流动性、保证可持续性为重点，全面建成覆盖城乡居民的社会保障体系"。党的十八届三中全会通过的《中共中央关于全面深化改革若干重大问题的决定》提出，"建立更加公平可持续的社会保障制度"。这些阐述旗帜鲜明地提出了社会保障的基本方针和工作要求，也为北京市企业职工养老保险制度的发展指明了发展方向，为全面推进和不断完善覆盖全体城乡居民的基本养老保险制度提出了更高的要求。2014年，北京市在全国率先制定了城乡居民与城镇职工基本养老保险关系的转移衔接政策，出台了《关于贯彻国务院统一城乡居民基本养老保险制度暨实施城乡养老保险制度衔接有关问题的通知》（京人社居发〔2014〕77号），明确了城乡养老保险制度转移衔接的办法，打破了制度壁垒。

总体来看，这一阶段，企业职工基本养老保险制度进入了深化改革阶段。北京市在全国率先建立了覆盖职工和居民的基本养老保险制度体系，改革了基本养老金计发办法，建立了参保缴费激励约束机制，自2005年起连续11年提高基本养老金水平，解决了跨统筹地区及跨城乡流动就业人员养老保险关系的转移衔接问题，更加注重制度的公平性、流动性，重视推动职工养老保险制度可持续发展。

2. 机关事业单位基本养老保险发展历程

在全国统一的机关事业单位养老保险制度改革之前，北京市机关公务员和全额、差额拨款的事业单位员工一直实行全额财政保障和差额补助的退休养老制度。2003年，将自收自支事业单位及其职工纳入企业职工养老保险制度，执行企业计发办法和调整制度。2015年，国家出台了机关事业单位养老保险制度改革办法，北京市制定了具体的实施办法，实现了向社会养老保险制度转变。

纵观北京市事业单位基本养老保险制度改革，可以分为初期试点、原试点政策与企业基本养老保险政策部分并轨、自收自支事业单位试点政策与企业基本养老保险政策全部并轨三个阶段。

（1）第一阶段：初期试点阶段（开始于1996年）。早期的事业单位养老保险制度改革分为市、区、县人才服务中心存档人员改革试点和自收自支事业单位改革试点两部分，由北京市人事局负责，分别依据北京市人事局《关于在市、区、县人才服务中心管理人事关系、存放人事档案人员中试行养老保险制度改革的暂行办法》（京人险〔1996〕379号）和《关于在北京市事业单位进行养老保险制度改革试点的暂行办法》（京人发〔1997〕45号）的规定进行。

市、区、县人才服务中心的试点启动于1996年7月1日，除房山、门头沟、大兴、平谷区外，其他区、县人才服务中心均进行了试点工作；自收自支事业单位的试点启动于1998年2月，经批准的市属自收自支事业单位和朝阳、宣武、崇文、海淀区、密云县的自收自支事业单位参加了试点工作。

两部分试点工作除启动时间不同外，遵循的基本原则和政策规定完全一致，即：建立单位和个人缴费制度、建立基本养老保险个人账户、暂时执行事业单位退休待遇计算办法、退休人员的基本退休待遇由统筹基金支付。

（2）第二阶段：原试点政策与企业基本养老保险政策部分并轨阶段（开始于1999年下半年）。北京市的社会保障工作机构和职能归并后，事业单位养老保险制度改革工作移交市劳动保障局。本着承认历史、平稳过渡、逐步统一的原则，市劳动保障局下发了《关于调整事业单位养老保险制度改革试行办法的通知》（京劳社养发〔2000〕64号）和《关于调整市、区、县人才服务中心存档人员试行养老保险制度改革办法的通知》（京劳社养发〔2000〕67号）两个文件。

通过对原试点政策的调整，实现了基本养老保险缴费基数和缴费比例、个人账户记账规模两项政策的统一，实现了人才中心存档人员基本养老金计算办法与企业基本养老金计算办法的并轨，同时将原来试点单位基本养老保险基金市、区、县分级管理的体制，调整为市级统筹、属地化管理，试点基金并入北京市基本养老保险社会统筹基金，但暂时实行单独记账。

（3）第三阶段：自收自支事业单位基本养老保险试点政策与企业基本养老保险政策全面并轨阶段（开始于 2003 年）。为进一步推进事业单位养老保险制度改革，根据《国务院关于印发完善城镇社会保障体系试点方案的通知》（国发〔2000〕42 号）和《北京市人民政府印发关于完善本市城镇社会保障体系意见的通知》（京政发〔2001〕16 号）精神，北京市劳动和社会保障局会同市人事局、市财政局在调查研究、反复测算的基础上，2003 年共同拟定并经市政府批准，以北京市政府办公厅名义发布《北京市自收自支事业单位基本养老保险制度改革暂行办法》（京政办发〔2003〕60 号），随后市劳动和社会保障局发布《关于贯彻〈北京市自收自支事业单位基本养老保险制度改革暂行办法〉有关问题的通知》（京劳社养发〔2003〕37 号），规定自收自支事业单位及其工作人员参加基本养老保险社会统筹，实行统一的基本养老保险制度，并对机关事业单位转制或流动到企业及中断缴费人员出台了衔接办法。

遵循基本养老保险公平与效率相结合、权利与义务相对应的原则，上述文件实现了事业单位养老保险制度改革与北京市基本养老保险政策的五个统一，即：统一基本养老保险缴费基数和缴费比例；统一个人账户的记账规模；统一基本养老金计算办法；统一基本养老金调整制度；统一实行基本养老保险基金市级统筹。其中，统一基本养老金计算办法和基本养老金调整制度在自收自支事业单位养老保险制度改革进程中是具有突破性的进展。

2015 年 1 月，国务院发布《机关事业单位工作人员养老保险制度改革的决定》（国发〔2015〕2 号），要求改革现行机关事业单位工作人员退休保障制度，实行社会统筹与个人账户相结合的基本养老保险制度。目前，北京市根据国家规定，已经制定了具体实施办法，正在积极推进机关事业单位养老保险制度改革工作。

3. 企业年金发展历程

企业年金制度正式建立以前，北京市就已经探索在部分机构试点建立补充养老保险。2004 年，根据国务院确定的企业年金市场化运作原则，劳动和社会保障部先后颁布《企业年金试行办法》（劳动和社会保障部令第 20 号）和《企业年金基金管理试行办法》（劳动和社会保障部令第 23 号），要求各地建立企业年金制度，明确了企业年金的条件、程序和待遇计发办法。为贯彻落实国家相关规定，北京市 2006 年正式建立企业年金制度，发布《关于贯彻实施〈企业年金试行办法〉有关问题的通知》（京劳社养发〔2006〕39 号），规定对建立年金的企业，单位缴费 4% 以内的部分给予税前列支，鼓励企业通过建立年金提高职工养老保障水平，增强自身的凝聚力。同年，北京市发布《关于企业年金方案和基金管理合同备案有关问题的通知》（京劳社养发〔2006〕98 号），对企业年金方案和基金管理合同备案的报送和所需材料等方面提出明确要求。

（二）制度现状

1. 企业职工基本养老保险

（1）覆盖范围。按照北京市 183 号令规定，本市行政区域内的企业和与之形成劳动关系的城镇职工，应当按照本规定参加基本养老保险。城镇个体工商户和灵活就业人员，参照本规定执行。

目前，已经覆盖到以下人群：与本市行政区域内各类企业形成劳动关系的本市城镇职工；农民工；自收自支事业单位职工；行政机关、全额/差额事业单位劳动合同制工人和编制外签订劳动合同人员；城镇个体工商户、灵活就业人员（本市城镇户籍和农村户籍）；建设征地农转工人员和整建制农转居人员；在京就业的外国人；等等。

截至 2014 年底，全市职工基本养老保险参保人数为 1392.6 万人，养老金领取人数为 228.9 万人。

（2）缴费基数和缴费比例。北京市各级社保经办机构负责征缴企业职工基本养老保险费。企业及个体工商户雇主以全部城镇职工缴费工资基数之和作为企业缴费工资基数，按照 20% 的比例缴纳基本养老保险费；城镇职工及个体工商户雇工以本人上一年度月平均工资作为缴费工资基数，按照 8% 的比例缴纳基本养老保险费，全额计入个人账户。缴费工资基数低于本市上一年度职工月平均工资 40% 的，以本市上一年度职工月平均工资的 40% 作为缴费工资基数；超过本市上一年度职工月平均工资 300% 的部分，不计入缴费工资基数，不作为计发基本养老金的基数。

本市城镇个体工商户和灵活就业人员（含本市农村劳动力）可以按照本市上一年度职工月平均工资的 100%、60%、40% 任选一档作为缴费基数，以 20% 的比例缴纳基本养老保险费，其中 8% 计入个人账户。

达到法定退休年龄时延期缴费规定。一是《社会保险法》实施以前，在国家规定的劳动年龄内具有本市城镇户籍的参保人员，参保人男年满 60 周岁、女年满 50 周岁时，累计缴纳基本养老保险费不满 15 年的，本人自愿，可以按规定继续缴纳基本养老保险费。参保人员继续缴费至男年满 65 周岁、女年满 55 周岁时，仍不满足规定缴费年限的，依本人自愿，可以按个体工商户、灵活就业人员当年缴费标准，一次性补缴不足 15 年差额年限的基本养老保险费。二是《社会保险法》实施以后，对于 2011 年 7 月 1 日后新参保人员，在达到领取年龄后延期并逐年缴费，直至满足按月领取待遇条件。

（3）待遇领取条件。待遇领取地确定为北京的参保人员，需要达到国家规定的退休条件并办理相关手续，按规定缴纳基本养老保险费累计缴费年限满15年。

（4）待遇标准。基本养老金由基础养老金和个人账户养老金组成。基础养老金月标准以本市上一年度职工月平均工资和本人指数化月平均缴费工资的平均值为基数，缴费每满1年发给1%。个人账户养老金月标准为个人账户储存额除以国家规定的计发月数。个人账户累计储存额支付完毕时，由基本养老保险基金继续支付，至被保险人死亡时止。

1998年6月30日以前参加工作，2006年1月1日以后符合按月领取基本养老金条件的被保险人，除按月领取基础养老金和个人账户养老金外，再发给过渡性养老金。183号令实施后，不符合按月领取基本养老金条件的被保险人，除个人账户储存额一次性支付给本人外，同时加发一次性养老补偿金，并终止基本养老保险关系。一次性养老补偿金标准为：按被保险人的全部缴费年限（含视同缴费年限），缴费每满一年，发给2个月本人指数化月平均缴费工资（缴费年限计算到月，保留两位小数）。

（5）待遇调整。基本养老金实行正常调整制度，原则上按缴费年限和绝对额普遍上调，并注重向退休时间早、待遇水平偏低的退休人员倾斜。北京市规定了基本养老金最低标准，最低标准随本市经济发展和居民消费价格指数变动情况适时调整。被保险人领取的基本养老金低于最低标准的，按照基本养老金最低标准发。

2015年，企业退休人员月人均基本养老金调整后的水平为3355元/月，比2014年月人均增加了305元。调整后的基本养老金最低标准为1609元/月。

（6）统筹层次。北京市实行市级统筹，实现了基金的统收统支管理，各区征缴的基金直接归集到市级统一管理，并由市级统一实行社会化发放。

2. 企业年金

企业年金是企业及其职工在依法参加基本养老保险的基础上，自愿建立的补充养老保险。企业年金基金由企业缴费、职工个人缴费和企业年金基金投资运营收益三部分组成。企业为职工提供的年金，可由企业按年、按季或按月缴纳。职工个人缴纳的费用，由企业代扣。职工达到国家法定退休年龄并办理退休手续后，可以一次或分年逐月领取企业年金个人账户储存额。企业年金实行个人账户管理，采用信托管理模式控制基金运营风险。

在税收方面，根据《关于企业年金 职业年金个人所得税有关问题的通知》（财税〔2013〕103 号），单位缴费部分在计入个人账户时，个人暂不缴纳个人所得税；个人根据国家有关政策规定缴付的年金个人缴费部分，在不超过本人缴费工资计税基数的 4% 标准内的部分，暂从个人当期的应纳税所得额中扣除。年金基金投资运营收益分配计入个人账户时，个人暂不缴纳个人所得税。个人达到国家规定的退休年龄，在通知实施之后领取的年金，计征个人所得税。

在基金管理方面，单位选择企业年金基金管理机构，应在劳动和社会保障部会同中国银监会、中国证监会、中国保监会共同认定并公告取得管理资格的在京企业年金基金管理机构范围内，选择法人受托机构、账户管理人、投资管理人和托管人。

2014 年，本市建立企业年金的企业数量约 600 家。

二　取得的成就、基本经验及存在的问题

自 20 世纪 80 年代中期社会养老保险制度建立以来，北京市人社局在市委市政府的领导下，按照国务院统一部署，紧随国家社会保障改革完善的步伐，稳中求进，密切结合北京市各个时期人口、经

济、城市发展建设特点和需要，充分发挥资源、财力上的优势，出台了一系列养老保险改革政策措施，在养老保险领域取得了出色的成就，在市级统筹、统筹城乡协调发展、实现城乡养老制度一体化方面走在全国前列，为全国养老保险制度改革积累了宝贵的经验。

特别是近 10 年以来，基本养老保险快速发展，制度逐步完善，机关事业单位养老保险制度改革启动实施，体制机制不断创新，率先实现制度全覆盖，依法推进人群全覆盖；基金运行良好、基金规模稳步扩大，抗风险能力显著增强；基金监管不断加强，确保了基金安全；退休人员的保障水平大幅提高，人均养老金水平位居全国前列；制度内及制度间的转移衔接更加畅通，保障了劳动者流动就业过程中的养老保险权益。总体来看，基本养老保险制度更加注重公平性、流动性和可持续性，有力地推动了首都经济发展，维护了首都社会的和谐稳定，为"十三五"时期乃至未来更长一段时间的制度发展打下了坚实的基础。

（一）发展成就

1. 率先建立了城乡统一的职工基本养老保险制度体系，各项政策逐步完善

北京市自 1986 年开始实行社会统筹，到 1992 年引入职工个人缴费制度、实行社会统筹与个人账户相结合的制度模式，再到 2006 年建立参保缴费的激励约束机制，认真落实国家养老保险政策措施，经过 30 年的改革发展，职工养老保险制度不断完善，确立了社会统筹与个人账户相结合的城乡统一的制度模式，改革基本养老金计发办法，建立了参保缴费的激励约束机制，实现了市级统筹，建立并实施了养老金调整机制，各保障项目逐步健全，构建起城乡统一的职工基本养老保险制度体系。

特别是进入新世纪以来，北京市更加注重保障公平，更加注重

统筹城乡发展，制度的开放性增强，覆盖范围逐步扩大，制度由分散到统一，适应了首都经济社会发展。进一步完善被征地农民等群体养老保障政策，农民工、被征地农民、自收自支事业单位人员全部纳入职工养老保险制度体系；实现养老保险制度的整合和衔接，积极推动本市与外省市养老保险的转移接续，实施企业职工基本养老保险和城乡居民基本养老保险关系转移衔接制度；建立了科学、合理的养老保险预算制度和财政投入增长机制，建立了养老保险基金风险防范机制；制定税收优惠政策，鼓励和指导有条件的单位建立企业年金制度；启动实施机关事业单位养老保险改革，将机关事业单位人员纳入社会养老保险制度，实行与企业职工同样的制度模式。总体来看，制度建设不断加强，覆盖面逐步扩大，资金筹措顺利，制度运行稳定，构建起惠及首都市民的社会安全网。

2. 率先实现基本养老保险制度全覆盖，形成开放型参保格局

基本养老保险覆盖范围不断适应首都经济社会发展，逐步由国有企业、集体企业扩大到各类企业，从城镇扩大到农村，从单位职工扩大到灵活就业人员和本市农村居民，从本市人员扩大到在京就业的外国人，率先实现制度全覆盖，覆盖在京全体职业劳动者①和适龄城乡居民，形成了开放型的参保格局。具体来看，1998 年，将外埠城镇职工纳入制度覆盖范围；1999 年，为适应就业形式的多样化，开辟了本市城镇个体劳动者和自由职业人员以个人身份参保的新渠道，比较符合当时的实际情况；2003 年，规定自收自支事业单位及其工作人员参加基本养老保险社会统筹，实行统一的基本养老保险制度，实现了中央和本市事业转企业单位与企业养老保险制度的合理衔接；2004 年以来，将城镇职工养老保险政策向农村延伸，使城市化改造中的失地农民、历史遗留的建设征地农转工自谋职业人员、整建制农转居劳动力可以享受城镇职工延期缴费政策或灵活就业人员参保

---

① 不包含部队军人和武警人员。

政策，解决了城市化进程中农民的养老保障问题；2009年，将灵活就业的本市农村劳动力纳入职工社会养老保险范围，突破性地实现了城乡灵活就业人员参保政策的统一；2011年，北京市进一步打破职工身份、户籍、地域界限，制定了农民工养老保险缴费和待遇计发的衔接办法，实现了城乡职工"同工、同险、同待遇"，将在京就业的外国人纳入职工养老保险覆盖范围，实现了全民参保机会的公平；2014年，将机关事业单位及其人员纳入统一的社会养老保险制度。

3. 创新思路，率先推进人群全覆盖

随着制度覆盖面不断扩大，北京市结合本市实际情况，创新思路，采取专项政策措施，健全养老保险扩面征缴机制，依法推进制度全覆盖向相应的人群全覆盖转移，越来越多的人享有社会基本保障。一是妥善解决特殊群体的参保问题。陆续出台政策，解决了10万余名建设征地农转工自谋职业人员、10526名"五七工"和"家属工"等群体的参保问题；统一城乡职工缴费标准和养老金计发办法，将农民纳入职工养老保险制度范围，维护了农民工的合法权益，为农民工融入城镇提供了制度保障和平等机会，扩大了覆盖面。二是落实了间断缴费职工补缴基本养老保险费问题；研究制定了退休时延期缴费政策，使得达到国家规定的退休年龄、缴纳养老保险费累计不满15年的人员，通过延期缴费，也能享受退休后按月领取基本养老金待遇。三是积极推进扩面征缴工作。依托市、区县、街道（乡镇）三级构成的扩面征缴工作平台，持续开展养老保险扩面征缴工作；加强与相关部门联动与配合，实现了参保人员加快增长。四是开辟了个人参保缴费的新渠道。本市农村灵活就业的劳动力可以到户籍所在地的社保所参保缴费，同时，无档案的自由职业人员也可以到社保所参保缴费，方便了参保人员，提高了人员参保的积极性。全市参加职工养老保险社会统筹人员由1986年底的185.7万人增加到2014年底的1392.6万人（见图1），人数增加了

6.5 倍，参保率达到 97% 以上，基本实现了老有所养、应保尽保的目标。从近 10 年来看，参保人员中，在职人员增加较多，年均增长率保持在 11%，增长幅度较大；离退休人员增加较少，年均增长率保持在 4%，增幅较小。北京市城镇基本养老保险制度内赡养比由 2005 年的 2∶1 增加到 2014 年的 5∶1，也就是 2005 年 2 个在职人员养活 1 个退休职工发展到 2014 年 5 个在职人员养活 1 个退休职工，这与近年来扩大制度覆盖面、推进人群参保密切相关，越来越多的人享有基本养老保障。近 10 年的参保率也始终在 91% 以上，"十二五"时期的参保率更是保持在 97% 以上，取得了较好的成效，基本实现了相应人群的全覆盖。

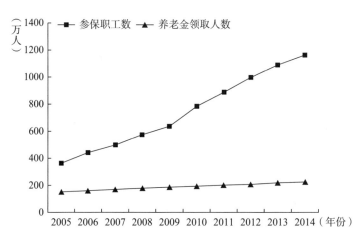

图1 近 10 年北京市职工基本养老保险参保职工数及养老金领取人数

4. 加强政策衔接，强化对参保人员流动就业中的权益保障

针对人力资源市场流动性增强的现实情况，为保护包括农民工在内的流动就业人员的社保权益，增强制度公平性，贯彻落实国家政策，北京市先后出台《关于印发北京市基本养老保险关系转移接续几个具体问题处理意见的通知》（京人社养发〔2011〕120 号）和《关于贯彻落实国务院统一城乡居民基本养老保险制度暨实施城乡养老保险制度衔接有关问题的通知》（京人社居发〔2014〕177 号），

为跨地区流动就业人员及跨城乡人员的基本养老保险关系的转移接续提供了政策依据，及时为参保人员办理基本养老保险转移接续业务，开展符合条件外埠人员的视同缴费年限认定工作。这些衔接政策的出台，维护了包括农民工在内的劳动者流动时的养老保险权益，维护了社会养老保险制度的公平性。特别是早期职工养老保险市级统筹制度的建立，方便了本市城乡流动就业人员养老保险关系的转接，推进了城乡养老保险制度的统筹发展。

从实施效果看，自企业职工基本养老保险转移接续制度实施以来，养老保险关系转移人数逐年增加，其中转入人数增长迅速，转出人数增长相对平稳，这与北京市养老保险待遇水平较高相关。2011—2014年，基本养老保险跨省转入人数累计9.3万人，转出人数14.8万人。2014年全市共办理养老保险跨省转入34264人，涉及转入养老保险基金为11.7亿元；转出48008人，涉及转出养老保险基金为11亿元（见图2）。2010—2014年，海淀区基本养老保险跨省转入人数累计2.1万人，转出人数3.9万人，转出人数大于转入人数，转入基金64480万元，转出资金68000万元。顺义区跨省转入、转出人数总量不多，但是2010—2014年呈现转入、转出人数逐年增加的趋势。

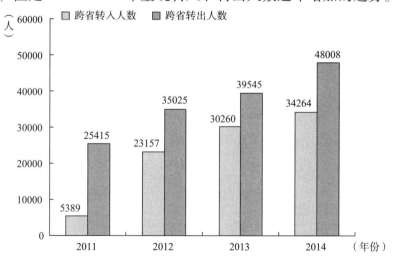

图2　2011—2014年北京市养老保险关系转移接续情况

退役军人基本养老保险转移接续工作全面开展，保障了退役军人的社会保障权益。

5. 基金运行平稳，基金规模稳步扩大，抗风险能力显著增强

目前，北京市基本养老保险基金运行良好，收支结余均有上涨，基金收入大于基金支出，收入全部来自参保单位和职工缴费，未出现基金缺口，没有依靠财政投入。近10年来，随着制度覆盖面的扩大、参保缴费人员的增多、健全养老保险扩面征缴机制，以及社平工资增长较快等因素，基金规模显著扩大，基金收入由2005年的241.4亿元增加到2014年的1331.3亿元，增加了4.5倍，养老保险基金征缴率达到99%以上；基金结余由2005年的45.6亿元增加到2014年的489.6亿元，增加了9.7倍（见图3）。基金支出增幅较小，基金收入额大于基金支出额，基金收入增长率基本大于支出增长率，基金结余不断增长，抗风险能力显著增强，保证了养老保险制度平稳运行，确保了养老保险待遇按时足额发放，制度的可持续性增强，为未来应对人口老龄化积累了资金。

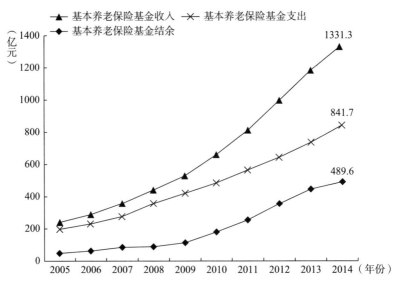

图3 近10年北京市基本养老保险基金收支情况

6. 养老保险基金监管不断加强，较早实现基金市级统筹，确保了基金安全有效运行

北京市较早实行了市级统筹，实现了基金的统收统支管理，确保了基金的安全，并建立了区县扩面征缴考核标准，增强了区县扩面征缴的积极性，在基金省级管理方面做出了表率。

在市级统筹的基础上，利用多种方式，加强基金监督管理，促进基金监督工作规范化。在基金征缴上，通过不断健全完善与工商、民政、财政等部门的扩面征缴工作协调联动机制，实现对应参保单位的动态管理，建立信息共享机制和企业诚信体系，通过与区县政府签订责任书、列入政府绩效考核等方式，有力地促进了参保覆盖面和基金规模的稳步扩大；开展日常稽核，利用企业申报新年度缴费基数的时机开展事前稽核，取得明显成效。在基金支出上，合理确定养老保险待遇标准，控制不合理支出；采取信息比对等手段，通过实时认证和集中认证相结合的方式，开展领取待遇人员资格认证工作，落实异地常住领取待遇人员认证和境外认证工作，优化认证手段，开通网上认证工作，堵塞基金支出漏洞。2014 年度异地资格认证率达到 98.13%。在基金监管上，规范制度，创新思路，加大专项审计、稽核和监察力度，严格养老保险基金管理，加大对存在少缴、漏缴、欠缴等违规行为单位的监督和处罚力度，建立了行政监督、内控监督和社会监督相结合的监督机制，确保了养老保险基金的安全运转；严格审核外埠城镇人员补缴；推进社会保险基金预算制度改革，加强对养老保险近、中、长期的基金收支情况的精算预测；加强对企业年金方案、基金管理合同备案的规范化管理，完善备案制度。海淀区在区人社局层面率先引入 ISO9001 质量管理体系，全面、全员实施质量标准要求，围绕基金运行管理，制定了基金监督、业务档案管理、廉政风险防控等 16 项管理制度，基金管理成效显著。

总体来看，市级统筹的较早实现，养老保险基金监管的不断加强，保障了养老保险基金安全，保证了养老保险制度正常运行，较好地维护了人民群众参加和享受养老保险待遇的权益，制度可持续发展能力不断提升。

7. 创新经办管理服务模式，方便人员参保缴费及待遇领取

北京市基本养老保险的社会化管理水平不断提高。推动以各级社会保险经办机构为主干、以银行及各类定点服务机构为依托、以社区劳动保障工作平台为基础的社会保障管理服务组织体系和服务网络建设，实现了市社保中心、区社保中心及街道（乡镇）社保所的三级业务网络互联，实现了121个街道社保所经办业务下沉，为200多万企业退休人员提供了就近、方便的社会化管理服务；全市养老金代发银行由原有的4家扩大到14家（见表2），使退休人员可在全市3300多家银行网点中自由选择代发银行，同时解决了居住外埠的离退休人员领取养老金收取手续费的问题；企业社会保险缴费网点由社会保险经办机构扩大到13家银行的1000多个对公业务网点，缴费方式更加便捷，提高了养老保险征缴效率，为参保个人和单位提供了方便快捷的服务。

表2 北京市离退休人员养老金领取银行

长期居住本市的离退休人员	长期居住外埠的领取待遇人员
工商银行、邮政储蓄银行、华夏银行、广东发展银行、北京农商银行、北京银行、光大银行、建设银行、交通银行、民生银行、农业银行、招商银行、中国银行、中信银行	工商银行、光大银行、华夏银行、建设银行、交通银行、民生银行、农业银行、邮政储蓄银行、招商银行、中国银行、中信银行

同时，大力推进电子托收工作，推广网上申报，实现批量扣款、银行柜台缴费、网银缴费等多种方式；加快信息化建设，进一步拓展和推广社保网上经办和权益查询，全市2/3以上的社保经办业务实现了网上办理；养老保险关系转移接续办理实现了全过程信息化；

通过积极推进经办业务向社保所延伸，本市农村灵活就业的劳动力可以到户籍所在地的社保所参保缴费；通过北京市社会保险网上服务平台、自主查询终端、到经办机构、拨打12333服务热线、手机微信等多种方式，可以查询参保个人权益记录，满足不同参保人群多元化的查询需求。加大政策宣传力度，利用北京市人社局网站、大厅屏幕、短信告知、咨询电话、业务窗口等载体开展多层次、多形式、全方位的宣传，组织参保单位开展多层次的培训，加强指导，提高了参保单位和群众自觉参保意识；加强内部工作人员的岗位培训，提升业务经办能力和素质。海淀区实行档案电子化管理，利用档案电子系统将业务材料数据与信息系统数据进行对比，实现档案资料无纸化调阅，检查效果和工作效率显著提高。

近10年来，全市各级社保部门经办管理能力不断增强，服务水平持续上升，为单位和群众提供了更加便捷优质的服务。

8. 退休人员的保障水平大幅提高，实现了改革发展成果共享

为不断提高企业退休人员生活水平，自1994年起建立了基本养老金调整制度，并始终坚持普遍调整与适度倾斜相结合的原则，在普调的基础上，坚持向退休时间早、退休费偏低人员适度倾斜的政策。从1994年至2015年的22年中，北京市对基本养老金待遇先后进行了23次调整，向符合条件的人员按时足额支付了待遇，退休职工待遇水平逐年提高，平均养老金由1996年的月人均387元提高到2015年的月人均3355元（见图4），增长了近7.7倍，特别是近10年，基本养老金年增长幅度均在10%左右（见表3），养老金水平大幅度提升，人均养老金水平位居全国前列。建立了最低养老金制度，2015年，北京市退休人员、退职人员、退养人员的基本养老金最低标准分别增长到每人每月1609元、1463元、1331元。退休人员养老金水平稳步提高，每月都能按时足额领取养老金，增强了参保人员参保的信心，城镇职工的满意度相对较高，吸引了更多的人参保缴费，越来越多的参保人员分享到改革发展的成果，维护了首都的和谐稳定。海淀区企业退休人员基本养老金待遇由 2005 年的人均 1145 元/月提高到 2015 年的 3316 元/月，增长了 1.9 倍。顺义区企业退休人员基本养老金待遇由 2004 年的 904 元/月提高到 2014 年的 2594 元/月，同样增长了近 1.9 倍。

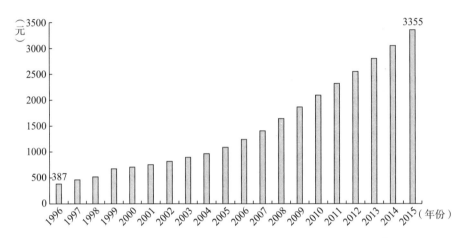

图 4　近 20 年北京市退休人员养老金月人均水平变化情况

表 3　近 10 年北京市退休职工基本养老金水平

年份	人均养老金调整后水平（元/月）	人均养老金实际增加额（元/月）	年均增长率（%）	最低养老金水平（元/月）
2006	1245	159	14.6	620
2007	1411	166	13.3	675
2008	1651	240	17.0	775
2009	1870	219	13.3	900
2010	2098	228	12.2	1000
2011	2322	224	10.7	1100
2012	2560	238	10.3	1210
2013	2807	247	9.6	1330
2014	3050	243	8.7	1463
2015	3355	305	10.0	1609

（二）基本经验及主要特点

1. 基本经验

一是市委、市政府高度重视，人社部门精心谋划、积极落实，是推动养老保险事业发展的根本保证。北京市各级党委、政府高度重视民生保障工作，高度关注群众生活水平，把社会保障作为经济社会发展的一个必不可少的环节同步推进，及时解决养老保险工作中的困难和问题，抓制度完善、抓改革创新、抓待遇调整，采取有力措施推动社会养老工作，扎扎实实把这项惠及民生的大事抓好、抓出成效。正是由于各级政府的大力支持，各有关部门的密切配合，北京市养老保险工作才得以顺利推进，并取得显著成效，基本实现了制度全覆盖和人群全覆盖，做到了人人享有基本养老保障，服务更加便捷高效，基金运行平稳，离退休人员养老金水平显著提高。可以说，没有各级党委、政府的高度重视和支持，就没有养老保险事业的重大进展。

二是坚持以人为本、着力改善民生，积极回应群众关切，是做好基本养老保险工作的出发点和落脚点。北京市养老保险制度设计立足首都发展实际，坚持以人为本，从城乡群众最直接、最现实、最迫切的需求出发，注重服务细节，充分保障劳动者的权益。不仅注重农民、被征地农民及农民工的养老保险问题，而且积极推动农民工在制度上与城镇职工完全平等；本市灵活就业农村居民在经济条件允许的条件下，可以选择参加职工养老保险，在制度源头上保障了本市农民的选择权，在全国率先实现了统筹城乡的职工养老保险制度。经办业务下沉到社保所，使得参保人员可以就近参保，大大地方便了参保人员，人民群众对养老保险的满意度不断提高。对于居住在本市的年老体弱且行动不便的待遇领取人，本人或其亲属提出上门认证申请的，其居住地社保所可提供上门认证服务，服务更加人性化。为了规范认证工作并减轻用人单位及领取待遇人员的负担,自 2013 年起,由北京市社会保险基金管理中心统一为领取待遇人员邮寄《异地认证表》,在邮寄的《异地认证表》的信封中装有由北京市社会保险基金管理中心统一印制的专用回邮信封(信封上印有邮票、回邮地址),服务更加注重细节。顺义区对参保职工多、业务量大且复杂的 18 家大户参保单位开通"绿色通道",缓解了窗口的业务压力,为企业办理社保业务带来了方便,提高了工作效率;自 2004 年 6 月以来,针对新入职员工、企业劳资人员,坚持每月 10 日免费开展社保政策业务培训会,讲解社保政策、业务操作、软件使用以及社保征缴经办流程,并下发相关培训资料;通过社保服务 QQ 群,及时解答社保咨询,帮助参保人员理解政策。

三是以创新理念完善制度、拓展服务,是养老保险事业顺利推进的驱动力。北京市人力资源和社会保障系统的各级领导和业务工作人员在严格执行国家政策的基础上,积极探索创新,完善制度。打破劳动者身份、户籍、地域界限,不断扩大统筹范围,大力推进养老保险由制度全覆盖向人群全覆盖转移,制定退休时继续缴纳基本养老保险费的政策,使达到国家法定退休年龄但是缴费年限不足 15 年的人员也能享受到按月领取基本养老金的待遇,确保其有一份长期的基本保障;创新管理服务模式,服务下沉到社保所,社保关系转移接续办理实现了全过程信息化,全面推广银行缴费、网上申报业务,开通率达 95% 以上,实现了养老保险精细化管理,缩短了参保单位及个人的办事时间,提高了办事效率。

海淀区持续深化社保经办模式改革,不断拓展社保经办服务渠道,改进服务方式,创新性地引入了 ISO9001 质量管理体系,加强标准化建设,全方位打造管理精细、经办规范、办事高效、服务有序的标准型社保经办机构;养老保险登记、征缴、支付、财务收款实现一窗式办理;对外日常业务下沉至街镇经办网点,逐步形成区、街镇两级经办业务同步办理、有效衔接的新格局；完善综合柜员制管理模式，开通单项快捷业务窗口，提供全天不间断服务，提升工作效率；实行档案电子化管理，方便查询和管理。

四是注重制度的公平性和流动性，是养老保险制度可持续性发展的基础保障。针对城镇化进程中劳动力跨城乡、跨统筹地区流动以及农转非过程中的养老保险权益保障问题，采取有效措施，包括统一城乡职工缴费标准和养老金计发办法，率先实现了农民工与城镇职工养老保险制度的并轨；打破地域身份和户籍限制，将灵活就业的本市农村劳动力纳入职工养老保险范围，率先实现了城乡灵活就业人员参保政策的统一；率先将建设征地农转工人员、建设征地农转工自谋职业人员、整建制农转居人员纳入城镇养老保险制度体系，增强了制度公平性，用统一的制度解决了不同人群的养老保障问题。落实养老保险关系转移接续政策，打通了居民养老保险和职工养老保险之间的转换路径，适应了流动性，保障了劳动者在流动就业过程中养老保险权益可积累不丢失，促进了劳动力的自由流动。建立了养老保险制度激励约束机制，强化基金监管，保证了可持续性。

2. 主要特点

北京市经济社会发展水平较高，就业率较高；常住人口中，城镇人口较多，占到86%以上，城镇化率相当高；外来人口较多，占到近40%，非京籍就业人口贡献率较高。这也使得北京市职工养老保险制度的改革发展具有比较鲜明的特点。

一是率先实现统筹城乡协调发展。经济增长及城镇化加快发展推动了首都职工养老保险制度的改革完善。北京市职工养老保险制度改革从人口结构、城乡结构正在发生显著变化的实际出发，从首都城镇化率较高的客观现实入手，注重统筹城乡发展，与城乡经济及城镇化状况协同推进，将覆盖范围由城镇企业职工扩大到城镇个体劳动者和自由职业人员再扩大到农村居民,无论本市城镇户口还是农村户口,都可以平等地参加城镇职工基本养老保险制度,享受同样的待遇,在完善农村养老保障政策体系的同时,尽可能让更多农民享受保障水平相对较高的城镇职工养老保障,在全国率先实现了真正意义上的养老保障水平城乡一体化,较好地顺应了首都统筹城乡经济发展的需要,反过来也推动了首都新型城镇化和城乡一体化发展。

二是制度改革突出稳中求进。作为首都,政治稳定是第一位的,这也决定了北京市在养老保险制度改革方面"自由发挥"的余地非常有限。纵观北京市职工养老保险制度的发展历程,都是紧跟国务院统一部署,严格执行国家政策。同时,充分发挥资源、财力上的优势,坚持稳扎稳打、稳中求进、稳中有为、稳中提质,保持政策基本稳定。扎实推进养老保险制度的改革和完善,推进由制度全覆盖向人群全覆盖转移,提高养老保险基金征缴率,加强养老基金抗风险能力,养老保险各项指标平稳较快发展,实现了参保率高、征缴率高、待遇水平高的"三高"特点,人均养老金水平位居全国前列,维护了首都的和谐稳定。

三是完善体制机制以适应首都特点。在国家政策指导下,北京市注重体制机制的创新完善,改进原有制度设计,形成了适应首都特点的思路与机制,推进了养老保险制度的可持续发展。养老保险业务人员自身精湛的业务能力和对养老保险内在规律较强的认知和把握能力,为体制机制创新提供了基础保障。北京市职工养老保险较早实现了市级统筹制度,确保了基金统筹管理,为其他省份的省级统筹乃至全国统筹积累了宝贵经验;制定了全国领先的被征地农民参保政策,实现了先保后征;统一了企业职工养老保险制度,将农民工、本市农民、自收自支事业单位人员等分散的群体并入职工养老保险制度体系;将灵活就业人员缴费基数下限降至社平工资的40%,对当前形势下促进低收入的灵活就业人员参保缴费发挥了积极作用。

（三）发展中面临的问题

尽管北京市职工养老保险取得显著成就，但是由于养老保险制度建设时间跨度大、历史沿革长、区域经济发展不平衡、大城市吸附效应、保障人群类型复杂、参保群体利益诉求多元化等因素，在改革过程中，仍面临一些问题亟待解决。这些问题包括：扩面征缴工作难度进一步加大；企业年金发展滞后，多层次养老保险体系建设进展缓慢；北京市作为国家控制人口规模的特大城市和待遇高地，出现竞相转入北京享受待遇的情况，未来养老保险基金的平衡面临挑战；制度内及制度之间的转移衔接仍面临很多具体问题有待解决；等等。这些问题中，既有历史遗留问题，也有发展中面临的新问题；既有北京市自身发展面临的问题，也有全国养老保险需要统筹解决的共性问题。

1．扩面征缴工作难度进一步加大

目前，随着城乡一体化的养老保险体系建设的加快，北京市整体参保征缴率已经很高，基本实现了相应参保人群的全覆盖，进一步扩面的空间非常有限，参保人员呈现缓慢增长态势。受经济形势增速放缓及京津冀协同发展、产业结构转移等外部因素影响，新增从业人员增速下降，未来会面临很多不确定的因素，加上扩面征缴缺乏激励机制，少报、漏报缴费基数的现象仍然存在，征缴工作难度加大，中断缴费或无力缴费的情况将会进一步增多。北京市2010年职工养老保险参保人数年均增长率为18.7%，到2014年下降至6.2%，下降幅度明显；参保单位年均增长率由2010年的16.9%下降至2014年的1.98%，新增参保单位的空间极为有限。作为北京市经济发展较好的城区之一，海淀区的参保人数年均增长率也由2010年的18.61%下降至2014年的8.25%（见图5），增长速度呈放缓趋势，扩面征缴的潜力和空间缩小。顺义区以个体身份参保人员占总参保人员的 14% 左右, 增长率也呈现逐年下降趋势。

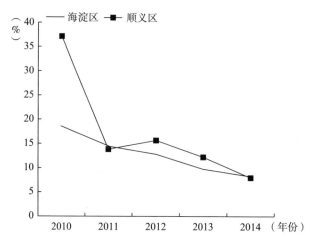

图5 海淀区、顺义区基本养老保险参保人数年均增长率情况

此外, 仍有一部分群体因各种原因至今未能参保, 主要是农民工、个体工商户和灵活就业人员, 扩面征缴工作难度进一步加大, 扩面难的主要原因包括以下四个方面: 一是由于这部分人群分散、流动性大, 劳动关系相对不稳定, 参保意识不强, 给扩面造成很大困难。二是收入水平普遍偏低, 缴纳养老保险费的承受能力较弱。随着北京市社平工资水平不断提高 (见图6), 缴费基数不断增长, 个

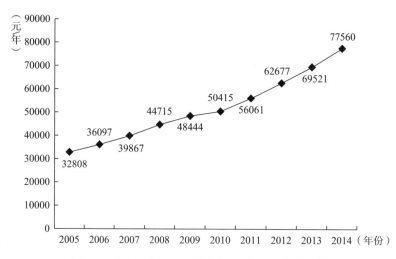

图6 近10年全市职工社会平均工资增长情况

人缴费负担加重，有的不愿意参保，有的虽然想缴费，但确实无力缴费。三是参保意识不强。利润低的中小微企业为了降低用工成本，不愿意为员工参保缴费，想方设法逃避缴纳社会保险费的责任；在目前劳动力供大于求的情况下，相当一部分职工为保住现有就业岗位，在工资收入有保障的前提下，要求企业为其缴纳养老保险的主张不强烈。四是应参保人数难确定，无法准确了解哪些人还未参保，无法有针对性地采取扩面措施。

2. 养老保险的体制机制还不健全

企业养老保险制度没有完全形成与物价、工资和收入水平等指标紧密联系的一整套养老金待遇确定和调整机制，连续11年的待遇调整在提高退休人员待遇的同时也引发了很多问题。比如，出现退休金与职工工资"倒挂"现象、早退休比晚退休拿的养老金更多等问题。最低养老金制度是把"双刃剑"，在政治上可以促进首都稳定，在制度上有利于保障低收入退休人员的基本生活，鼓励劳动者参加职工基本养老保险，但是因为目前标准过高，每年都在上调，容易逆向引导参保人员选择低标准缴费，并且缴够15年不再缴费，没有体现多缴多得、长缴多得的制度激励机制，不利于制度的长期可持续性发展；企业职工养老保险参保缴费激励机制不足，漏保及中断缴费现象较多；企业职工养老保险制度缴费标准较高，很多中小企业及低收入人员难以负担；《社会保险法》配套政策措施出台滞后，病残津贴和抚恤金尚未建立，在职人员的丧葬补助金和抚恤金由企业根据经营情况自行支付，"老遗残"的养老保险体系尚未形成。特殊工种及其相应的退休政策相对滞后，原有政策在执行当中逐渐暴露出不少问题，比如，特殊工种岗位设定、年限规定、统计管理、对养老保险制度的影响等问题，迫切需要研究解决。机关事业单位基本养老保险制度改革刚刚启动，尚有一些执行中的问题需要研究解决，包括职业年金的建立、待遇水平的确定、制度之间的衔接等。有些政策在执行过程中会遇到一些具体问题，不同经办机构人员对政策的理解存在偏差，亟须细化政策，做出统一的解释或说明。

此外，企业年金发展缓慢，参保人数少，受益面较窄，激励机制不足，没有起到补充养老保险的作用，多层次养老保障体系尚未有效形成，基本保障制度压力大。基本养老金缴费率偏高、替代率较高，很多利润低的企业缴纳了五项保险后，已经无力再缴纳企业年金；更多的人对基本养老金和国家保障形成了长期依赖性，挤占了企业年金的发展空间，导致个人保障意识不足。

3. 基金长期收支平衡的压力日益增大，基金监管仍需加强

一方面，尽管目前基金收支平衡，征缴收入大于支出，积累较好，不需要财政出资，但是纵观近 4 年的人口变化情况，北京常住人口中，60 岁及以上人口正以平均每年 15 万人的规模和年均 6% 的速度增长，预计 2020 年老年人口将超过 400 万人。随着人口老龄化加剧、外埠退休人员增加、参保人员增长率下降，加上养老金水平具有刚性增长的特点以及实行最低养老金制度等因素，长期来看，北京市养老保险基金收支平衡的压力将进一步增大。征地拆迁速度放缓，农转非人数下降，都会导致社保基金征缴收入受到一定影响，而未来基金支出将会持续增加。同时，结余基金保值增值渠道有限，受通货膨胀等因素的影响，基金贬值的风险也将对养老保险基金产生较大影响。

此外，北京市是国家控制人口规模的特大城市和待遇高地，实行最低养老金制度，社平工资水平较高，出现竞相转入北京享受待遇的情况，对北京市未来养老保险基金的平衡带来很大的挑战。

另一方面，缴费单位虚报缴费基数，少缴或漏缴社会保险费、欺诈冒领养老金的现象依然存在，不法中介办理非法补缴、捏造工龄等情况时有发生，这些都给养老保险基金的安全带来了挑战，基

金监管工作仍需加强。

4. 制度内及制度之间的转移衔接仍面临很多有待解决的问题

尽管国家已经出台了跨地区及跨城乡养老保险关系衔接政策，适应了流动性并增强了制度的公平性和互济性，但是在执行过程中，仍存在政策规定不够细化、经办管理效率不高等问题，导致养老保险关系转移衔接不顺畅，跨地区流动就业时无法及时接续保险关系，影响了人们参保的积极性。

一方面，职工基本养老保险制度内转移衔接政策在执行中存在一些问题。①外埠人员档案管理不规范、认定难度大。国家转移接续政策实施以来，外埠人员档案管理的不规范给退休核准工作带来了新考验，在实践中，本市行政区域内的档案管理机构在接受外埠人员档案时仍存在未按机要交换渠道接受档案、档案流转过程不规范、外埠人员视同缴费年限认定难点多和风险大等问题。在关系转接时，在我国参保的外国人实际档案认定难度大。②现行转接程序复杂，成本高，频繁转接造成浪费。按照目前转移接续基本流程的规定，跨省转移接续业务需参保人、两地社保经办机构三方历经3个以上的环节方能完成，每个步骤均要通过信函形式来转递，不仅时间冗长、成本高，而且极易发生丢失或损坏情况，延误转移接续手续的办理。随着参保人员跨省流动就业频度加大，较易出现大量尚未办理完毕转移接续手续的参保人员再次申请参保的情况，过于频繁的转移接续操作会造成公共资源浪费。③人社部转移接续网络平台使用率较低，各地统筹层次和电子化水平、系统建设情况不尽相同，部分地区上传部网信息与邮寄纸质信息不一致，临时账户信息不完整，加之参保人员流动就业频繁，导致北京市办理业务更多，问题业务量也大大增加，影响办理效率。④全国统一的社会保险系统还未建立，无法进行参保信息比对，人员跨统筹地区流动就业频繁的情况下，容易形成在多地缴纳养老保险费，并在多地享受基本养老保险待遇的问题。由于目前灵活就业人员参保缴费政策不一致，存在按年缴费的现象，当参保人跨省流动就业后，也容易造成重复缴费。⑤政策缺乏更细化的解释或说明。在执行《关于规范本市户籍超龄人员社会保险关系转移接续有关问题的通知》（京社保发〔2012〕37号）中，面临一些操作层面的问题，如规定的超龄人员指具有本市户籍，在本市没有社会保险缴费记录，未办理领取社会保险待遇，符合社会保险关系转移接续条件，其中"本市户籍"未能明确指出是在达到法定退休年龄前还是之后取得的本市户籍，易引起纠纷。

另一方面，城镇职工与城乡居民基本养老保险关系转移接续刚刚实施，许多执行层面的问题还不确定。机关事业单位基本养老保险制度改革刚刚启动，还面临许多衔接问题。

5. 养老保险社会化管理服务水平有待进一步提升

近10年来，养老保险制度改革和发展迅速，养老保险工作不断深化，新政策频繁出台，参保对象逐步扩大，业务量成倍增加，给养老保险经办工作提出了更高的要求，社会化管理水平仍有待提升。部分经办业务流程和操作尚未实现全市统一，经办的标准化、规范化问题亟待解决。现有的部分业务流程在实际操作中存在一些问题，有待改进和优化。本报告课题组在调研时了解到：①养老保险业务系统由市统一开发，所有区经办的数据均保存在市局，各区无法及时获取本区经办业务的数据统计，仅能通过单位或个人逐一查询和检索。②各级社保经办机构特别是基层服务平台的人员编制及经费没有相应增加，人员配备与经办业务缺乏标准化设计，影响了养老保险公共服务的效率和质量。

三　面临的新形势和新要求

宏观经济层面会直接或间接对养老保险产生影响。北京市已进入发展方式转变的攻坚时期、城市建设管理精细化阶段、高度重视人与自然和谐发展的阶段。在经济形势更趋复杂多变、国际国内市场需求乏力、经济发展面临较大下行压力、人口老龄化日益加剧的新形势下，不断提高民生保障水平，促进首都经济持续健康发展，着力解决发展中的突出问题，对养老保险工作提出了更多的新要求和新任务。

（一）产业转移和经济结构调整对参保扩面及养老保险收支平衡带来挑战

第一，北京市面临经济转型升级和产业结构调整的挑战。京津冀协同发展已上升为国家战略，这项战略的实施，对于北京市经济结构调整、产业升级改造、人口疏解将起到积极的推动作用，对本市养老保险制度的发展，特别是扩面征缴工作将产生一定影响。北京市常住人口中，外来人口占到近40%，非京籍就业人口参保缴费的贡献率较大，稳定就业的农民工参加基本养老保险的人数已超过200万人，随着产业外向转移至周边地区，将会有一部分外来劳动力随之转移，并且随着北京市对人口规模的控制，进入北京的外来人口增长率可能会下降，持续若干年后，北京市就业及参保人数可能会下降，导致养老保险基金缴费减少，而随着人口老龄化的加剧，享受养老保险待遇的人数增加及待遇水平的刚性增长，基金收支可能会面临不平衡的问题。

第二，经济下行压力依然存在。国际上，世界经济复苏的步伐趋缓，全球经济步入低速增长期；在国内，经济进入新常态发展阶段，受产业结构调整、产业和消费结构升级、市场需求平淡的影响，北京市的GDP增速已经明显放缓，对投资和就业的拉动作用减弱，中小企业盈利能力下降，第三产业增加值下降，低端劳动力失业人数增加，新增就业增速放缓，势必会减缓养老保险扩面基数的增长幅度，甚至会直接减少养老保险缴费人数，影响基金的征缴；企业特别是中小企业由于受经济下行、原材料价格上涨、劳动力成本上升等因素的影响而出现经营困难的情况，缴纳社保费用更加困难，会直接导致断保或无力参保的现象发生。这些新变化，要求养老保险不能片面追求外延式扩张，要提升人员参保缴费的积极性，提高参保缴费质量，增加参保的有效性，稳步提高基金收入水平。

第三，就业方式多样化对养老保险制度及管理方式提出新的要求。就业结构调整，就业灵活性和多样性增加，区域间人口流动更趋活跃，养老保险将面对更复杂的本地居民与外来居民、稳定就业人员与灵活就业人员、城市居民与农村居民的结构性问题。一方面，要提高养老保险政策弹性，对那些缴费能力弱、时断时缴的人员，需要建立更加灵活的缴费方式。另一方面，要进一步完善现行转移衔接政策，为城乡养老保险制度之间、区域养老保险制度之间的顺畅转接提供政策及经办环境。

（二）人口结构变化及人口老龄化进程加快使养老保险长期可持续发展面临严峻考验

一方面，北京市常住人口增速放缓，劳动年龄人口面临下降趋势，给养老保险制度带来压力。北京市人口结构的显著特点是城镇人口、外来人口占多数，外来人口为职工基本养老保险参保扩面及基金平衡做出了巨大贡献。根据北京市 2014 年国民经济和社会发展统计公报，2014 年全市常住人口 2151.6 万人，比上一年增加 36.8 万人，增幅 1.7%，人口增速放缓。其中，常住外来人口占全市常住人口的比例为 38.1%，有小幅增加的趋势；城镇人口占全市常住人口的比例为 86.4%，有小幅增加的趋势（见表 4）。常住人口出生率呈现下降趋势。人口增速放缓，带来养老保险缴费人口总量和比例的下降，给养老保险基金增长带来挑战，对经办管理服务水平提出了更高的要求。尽管常住外来人口小幅增长，但是如果随着京津冀产业结构调整，今后外来就业人口可能会随之减少，也会对缴费人口总量产生影响。

表4　2011—2014 年北京市人口发展概况

年份（年）	全市常住人口（万人）	常住外来人口（万人）	占常住人口比例（%）	城镇人口（万人）	占常住人口比例（%）	60 岁及以上人口（万人）	占常住人口比例（%）
2011	2018.6	742.2	36.8	1740.7	86.2	268.5	13.3
2012	2069.3	773.8	37.4	1783.7	86.2	286.8	13.9
2013	2114.8	802.7	38.0	1825.1	86.3	292.9	13.9
2014	2151.6	818.7	38.1	1859.0	86.4	321.6	14.9

资料来源：2011—2014 年北京市国民经济和社会发展统计公报。

另一方面，受过去计划生育政策的影响和医疗卫生保健水平的提高，北京市少儿人口比重降低，老年人口持续增长，人口预期寿命延长，死亡率和生育率降低，人口老龄化增速较快，高龄化趋势进一步加剧。从户籍人口老龄化程度看，根据北京市国民经济和社会发展统计公报、统计年鉴，截至 2013 年底，全市户籍总人口为 1316.3 万人。其中，本市 60 岁及以上户籍老年人口已达 283.2 万人（见图 7），比上年增加 17 万人，增幅达 6.4%，占总户籍人口的 21.52%，增长势头迅猛。老年人口中，80 岁及以上户籍老年人口为 51.3 万人，比上年增加 5.5 万人，占总人口的 3.9%，80 岁及以上的高龄老年人占总人口的比重将伴随着老龄化程度的加深呈不断上升趋势。按 15—59 岁劳动年龄户籍人口抚养 15 岁以下、60 岁及以上户籍人口计算，北京市总抚养系数为 46.6%，其中老年抚养系数为 31.5%，比上年增加 2.1 个百分点，这也是北京市老年人口抚养系数首次突破 30%。近年来，虽有大量年龄结构相对年轻的外来人口流入北京，加上 2015 年出台了二孩政策，一定程度上稀释了北京市老年人口的比重，但是北京市人口老龄化发展趋势依然迅猛，呈现老龄化程度高、速度快、高龄化的发展态势。养老保险是年轻的一代人养活年老的一代人，从赡养比看，人口老龄化意味着缴费人数减少，领取养老金人数增多；从基金收支角度看，表现为基金当期收入小于支出，更严重的话，历年累计结余不足以支付当期需要。尽管北京市目前制度赡养比很大（2014年为5∶1），基金收支比较平衡且收大于支，但是，基金收入增长率呈现下降的趋势，"十五"期间，基本养老保险基金收入平均递增20.1%，到"十一五"时期，基金收入平均递增22.3%，到"十二五"期间的前三年，基金收入平均递增下降到21.5%，2013年基金收入增长率比2012年低3.7个百分点。可见，人口结构变化已经是必然趋势，需要未雨绸缪，及早采取应对措施，确保人口老龄化高峰期经济社会的平稳运行和养老保险制度的可持续发展。

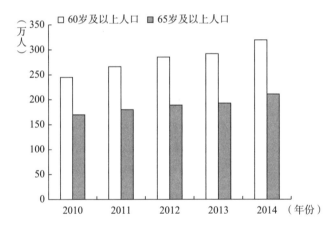

图7　北京市常住人口中60岁及以上人口与65岁及以上人口数量

资料来源：2012—2014年北京市国民经济和社会发展统计公报，2011—2012年统计年鉴。

（三）参保人员增多、公众利益诉求的多元化对完善养老保障体系和提高经办服务水平提出更高的要求

一方面，北京已进入建设世界城市的新阶段，城镇化加快发展，人员流动加快，公众利益诉求多元化，既要满足本地居民的发展需

求，还要满足全球化背景下人才流动的发展需求，这对北京市养老保险制度的开放性和适应性提出了新的要求，需要形成包容各类人群、可进可出、有序流动的养老保险制度体系。

另一方面，随着政策的广泛宣传及媒体的迅速发展，劳动者法律意识增强，更多的人不满足于是否"已上保险"，而是关注单位是否"上足保险"。参保人员对社会保障经办服务的要求提高，希望更加清晰地了解政策，获得更加方便快捷的服务，对经办管理能力和水平提出更高的要求。

四　"十三五"时期的发展思路、目标及对策措施

（一）总体发展思路

"十三五"时期，应该围绕落实《社会保险法》，围绕全面建成小康社会的总体目标，按照中央有关精神和国家养老保险顶层设计的要求，结合北京市经济社会人口发展趋势，坚持"全覆盖、保基本、多层次、可持续"的方针，以增强公平性、适应流动性、保证可持续性为重点，以全面深化改革和完善制度为主线，以促进人群全覆盖、稳步提高保障水平为重点，以确保基金平衡和安全为支撑，以提升管理水平和服务质量为基础，坚持制度建设与服务管理并重，健全覆盖城乡的养老保险制度，推动首都养老保险制度更加公平更可持续。

（二）发展目标

制度建设目标：适应首都经济社会发展、人口老龄化的需要，职工基本养老保险制度体系进一步统一和完善，保障项目基本完备，制度衔接顺畅有序，更加注重体制机制创新。企业年金、职业年金制度普遍建立，多层次养老保障制度基本定型。

覆盖面目标：职工养老保险基本实现应保尽保，在巩固现有参保人群的基础上，推进新进劳动力参保，覆盖机关事业单位在职人员，重点将未参保的中小微企业及其人员、个体工商户、灵活就业人员纳入覆盖范围，参保人数稳步扩大，参保率保持在97%以上，巩固全覆盖成效。

筹资水平目标：养老保险基金征缴率保持在98%以上，征缴收入稳步提高；实现资金来源多渠道，促进退休收入来源多元化。

保障水平目标：待遇水平与首都经济发展水平相适应，保持适度水平并稳步提高。

基金管理目标：加大专项审计、稽核和监察力度，严格养老保险基金管理，确保养老保险基金安全运转及长期可持续发展。

（三）对策措施

完善职工养老保险制度的对策措施，既需要国家层面统筹推进，也需要北京市自身改革、贯彻执行，边探索边推进。北京市要利用好"十三五"首都经济社会发展的重要战略机遇期，以国家养老保险顶层设计和全面深化改革为契机，在全面推进养老保险制度发展和完善上取得新突破、新成就。

1. 巩固和完善基本养老保险制度，建立多层次养老保险制度体系

国家层面，需要加快养老保险顶层设计，尽快制定《社会保险法》有关配套政策措施，为北京市完善养老保险制度提供执行依据，使《社会保险法》能真正落实到实处。北京市层面，需要在巩固现行基本养老保险制度的基础上，贯彻执行好国家相关政策，结合本地实际，继续深化养老保险制度改革。

一是将城镇各类就业人员并入统一的职工基本养老保险制度。根据中央要求，认真贯彻《国务院关于机关事业单位工作人员养老保险制度改革的决定》（国发〔2015〕2号）精神，稳妥推进机关

事业单位养老保险制度改革并实现常态化运行，实行与企业相同的统账结合的基本养老保险制度，同步建立职业年金，合理确定机关事业单位人员职业年金水平。机关事业单位基本养老保险基金单独建账，与企业职工分别管理使用，做好新退休人员的待遇计发工作，切实保障退休人员的基本生活。加强机关事业单位养老保险制度改革实施中的问题研究，妥善处理机关事业单位养老保险改革中的遗留问题，积极推进，顺利实施，平稳过渡。继续做好城市化进程中农村劳动力纳入企业职工的养老保险工作，推进制度的整合与衔接。

二是依法做好养老保险基础性工作，巩固和夯实基本养老保险制度。完善保障项目，按照国家相关政策，建立遗属待遇和病残津贴制度，对参保人员因病或者非因工死亡的建立遗属待遇制度，对参保人员因病或者非因工完全丧失劳动能力的建立病残津贴制度，形成覆盖"老遗残"的城镇职工养老保障待遇项目体系。加强对特殊工种提前退休的规范管理，力争办理特殊工种提前退休的人数和比例继续双降，根据国家指导对特殊工种政策予以完善。在国家政策指导下，结合本市实际，完善职工养老保险个人账户，以应对人口老龄化风险，推动职工基本养老保险事业的长远发展。巩固和夯实基本养老保险制度，为国家启动实施职工基础养老金全国统筹做好准备工作，落实国家基础养老金全国统筹和渐进式延迟退休年龄政策。

三是完善多层次养老保障体系。大力推动企业年金，加大宣传力度，积极引导并鼓励有条件的企业建立年金制度，加大税收优惠力度；建立有效的劳资双方协商机制，吸引中小企业参加集合年金计划，扩大企业年金覆盖范围；对企业年金合同及合同执行情况进行有效的监管，逐步形成完善的多层次养老保险体系。国家层面，需要从多层次制度发展的角度，为企业年金的发展创造有利的政策空间。推行个人养老保险储蓄，提高自我保障意识。

2. 依法推进养老保险人群全覆盖，实现由量到质的转变

一是继续扩大覆盖面。巩固基本养老保险现有扩面成果，加强新增就业人员参保，将符合条件的各类人员纳入制度范畴，实现应保尽保；以稳定就业的农民工、个体工商户、灵活就业人员、在京就业外国人等群体为重点，进一步完善参保缴费激励机制，做到应缴尽缴；推动被征地农村劳动力参加职工养老保险制度，实行先保后征，扩大职工基本养老保险覆盖面。

二是依法征缴，提高征缴额度。进一步加大征缴力度，依法加强对从业人数和缴费基数的稽核，防止漏保漏缴，做到应保尽保，应缴尽缴；创新思路，允许区县政府根据自身条件和经济发展特色，提升职工就业率和参保率，对于长期全员参保缴费的单位，给予一定的优惠政策，鼓励企业多招工、高缴费，稳定参保人群。科学下达扩面指标，北京市参保扩面的空间已经非常有限，并且受宏观经济形势及就业的影响很大，建议实事求是，不再下达参保人数指标，仅下达基金征缴指标，以便提高基金征缴质量，应缴尽缴。

三是全面实施全民参保登记制度，实行参保人员动态管理。对法律法规和政策规定范围内的所有用人单位和个人进行参加基本社会保险登记，核查比对相关基本信息。对信息缺失、错误的单位和人员，以基层社保经办机构和街道（乡镇）、社区劳动就业社保平台为主，通过逐个单位排查、重点入户调查以及向社会组织购买服务等方式，进行基本信息采集和补录，摸清底数，明确扩面对象，有针对性地采取扩面措施，提高养老保险参保率。

3. 建立完善与首都经济发展水平相适应的筹资和保障机制

建立完善与首都经济发展水平相适应的筹资水平，征缴收入稳步提高；适应首都经济发展需要，适时适度降低单位缴费比例，促进中小企业参保缴费，为企业年金的发展创造空间；创新手段，实现资金来源多渠道，促进退休收入来源多元化。健全养老保险财政投入制度，明确市、区两级财政责任，探索适当降低养老保险费率的可行性。

统筹建立退休人员基本养老金正常调整机制，坚持适度保障的原则。以完善企业退休人员基本养老金正常调整机制为基础，逐步建立覆盖机关、事业、企业的统一的城镇职工基本养老金正常调整机制。基本养老金调整主要依据物价变动情况和职工工资增长情况进行，调整的幅度综合考虑工资增长率和物价指数，并兼顾基本养老保险基金、财政负担能力，与首都经济发展水平相适应。在基本养老金调整时应注重社会公平，并建立多缴多得的激励机制，突出缴费年限、缴费水平等因素。加强对最低养老金制度的研究，规范最低养老金制度，控制最低养老金的增幅，使其保持在适度水平，使养老保险多缴多得、长缴多得的激励机制得以发挥，促进养老保险制度的长期可持续发展。

4. 加强养老保险基金监督管理，确保基金安全稳健运行

养老保险基金是老百姓的养命钱，确保基金安全是首要任务，也是长期工作。一是强化基金征缴。完善养老保险扩面征缴联动机制，依法足额征缴养老保险基金；进一步加强社保稽核，对未足额缴纳养老保险费的单位和个人，查明原因，及时采取有效措施，努力实现应收尽收；有针对性地加大对欠缴大户和重点户的催缴力度，确保基金足额征缴到位。二是堵塞基金漏洞，反欺诈、防冒领。充分发挥现代科技在基金监控中的作用，继续完善各项基金监督系统、完善数据比对机制、提高现代化监管水平，严厉打击诈骗养老保险基金等行为。通过健全基金监督管理办法、加强内控监督等措施，把基金监督贯穿到业务运行的各个环节，做到用制度管人、管事、管钱；加强重点稽核与日常稽核相结合，充分发挥稽核工作预防性和主动性的特点，建立事前指导、事中监督、事后处罚的稽核机制；建立养老保险工作和基金信息披露制度，完善单位和个人欺诈违法信息记录机制，建立欺诈"黑名单"制度，广泛开展社会监督，形成有效的社会保险诚信守法机制；总结待遇资格认证工作的经验，进一步推动资格认证工作，提高时效性和准确性，利用信息比对等多种手段，严把支付关，研究建立有效、畅通的养老保险反欺诈工作衔接机制。在国家政策指导下，研究行政监督制度，探索年金监督办法，促进基金监督工作规范化。三是按照国家要求，完善基金预决算制度，通过实施预算管理，增强养老保险基金管理使用的透明度和约束力。健全养老保险财政投入制度，进一步明确政府的养老保障责任，更好地发挥公共财政在民生保障中的作用。强化基金运行趋势分析，建立养老保险基金预测预警系统和基金精算系统。四是按照国家基金管理运营的有关规定实施基金投资运营，确保基金安全前提下实现保值增值。

5. 完善转移接续政策，妥善处理制度转接过程中存在的问题

对于企业职工养老保险制度内的关系转接，建议国家完善现行政策，重点做好以下工作：一是参保人缴纳的保险费在参保地记账封存，不随参保人跨统筹地区就业进行转移，退休时再进行账户的归集。二是明确政策解释口径，制定全国统一的连续工龄确定标准，以及视同缴费年限确定尺度，细化操作程序。三是加快统一转移衔接的经办流程，健全全国统一的基本养老保险信息系统，杜绝重复享受待遇，排查社保诈骗行为，为参保人员提供方便快捷的服务。四是提高部网平台利用率，实现转移衔接的规范化和电子化。建议按照国家完善转接政策的规定，结合本地实际情况，细化政策，做好解释说明，落实好政策。

落实并完善城乡居民养老保险与职工养老保险制度衔接办法，做好制度衔接工作，更好地维护城乡居民的养老保障权益。配合国

家相关部门，稳步推进基础养老金全国统筹，从根本上解决跨地区流动就业人员的养老保险关系转移及其权益保障问题。

尽快研究出台企业职工基本养老保险与机关事业单位基本养老保险关系的转移衔接办法，方便人员流动时的社保权益不受损失。

北京市城乡居民养老保险发展
评估研究报告[*]

2014 年，北京市常住人口 2151.6 万人，其中农村人口 292.6 万人，60 岁以上人口占 14.9%，65 岁及以上人口占 9.9%，均高于全国平均水平，老龄化严重。2014 年底全市城镇居民人均可支配收入为 43910 元，农村居民人均纯收入达到 20226 元，均高于全国水平。2009 年初北京市建立了城镇和农村居民统一的城乡居民养老保险制度，比国家统一安排早 6 年，为国家开展城乡居保实践积累了宝贵的经验。截至 2015 年底，全市城乡居民养老保险制度覆盖人群达276.8 万人，其中参保缴费人数为 187.6 万人，43.1 万名城乡老年居民享受基本养老金，46.1 万无社会保障老年居民享受福利养老金待遇。

"十三五"时期是实现全面建设小康社会奋斗目标的关键时期，也是社会保障领域深化改革和在关键环节上实现突破的重要时期。党的十八大把建立覆盖城乡居民的社会保障体系作为全面建成小康社会的重要目标之一，要求坚持全覆盖、保基本、多层次、可持续的发展方针，以增强公平性、适应流动性、保证可持续性为重点。北京市作为中国首都，是政治、文化及国际交流中心，对城乡居保

---

* 执笔：李红岚。李红岚，人社部社会保障研究所农保室主任、研究员，电子邮箱：13651003303@163.com。

工作提出了更高的要求。本报告拟在海淀区、顺义区实地调研的基础上，全面评估居保制度建立以来取得的成效与不足，展望"十三五"发展目标，促进城乡居保制度健康、持续发展。

一 城乡居民养老保险制度发展历程与现状

（一）北京市城乡居民养老制度的发展历程

北京市农村居民的养老制度建立于20世纪90年代，从1993年开始试点，历经以下三个发展阶段。

1. 第一阶段（1993—2007年），"老农保"制度试点

1992年民政部印发了《关于〈县级农村社会养老保险基本方案（试行）〉的通知》（民办发〔1992〕2号），要求在全国范围内进行县级农村社会养老保险试点（简称"老农保"）。北京市从1993年开始进行"老农保"试点，建立了政府引导，农民自愿参加，以个人缴费为主，集体补助为辅，国家政策扶持的缴费模式。1995年《国务院办公厅转发民政部关于进一步做好农村社会养老保险工作意见的通知》、《北京市人民政府办公厅关于加快建立农村社会养老保险制度的通知》标志着北京市农村养老保险工作从试点转向全面推开。1998年底，北京市14个郊区县90%以上的乡镇、80%以上的村都建立了农村社会养老保险制度。1998年，随着亚洲金融危机的蔓延，我国金融安全受到威胁。1999年7月，国务院决定对民政系统原来开展的"老农保"进行全面清理整顿。

党的十六大提出有条件的地区积极探索建立农村社会养老保险制度。2002—2004年，北京市先后在大兴、怀柔、密云等区县分别进行了"新农保"改革试点、失地农民参加社会养老保险的试点和农村社会养老保险制度全面改革完善的试点。2005年12月8日，北京市政府下发《北京市农村社会养老保险制度建设指导意见》。2006

年，依据《北京市农村社会养老保险制度建设指导意见》，市政府相关职能部门联合下发《关于实施北京市农村社会养老保险制度建设指导意见的具体办法》等一系列配套文件。截止到2007年底，北京市共有49万人参保，参保率达37%，领取养老金人数为3.5万人，平均待遇水平每月为100元左右。

2. 第二阶段（2008年），老年保障福利养老金制度与"新农保"制度相结合

尽管北京市初步建立了农村养老保险制度，但尚有70万城乡老年人（城镇19万，农村51万）没有制度覆盖，且由于财政补贴有限，个人缴费标准较高，待遇水平较低，农民整体参保积极性不高，迫切需要进一步完善现行养老保险制度。于是，市政府制定并出台了《城乡无社会保障老年居民养老保障办法》和《北京市新型农村社会养老保险试行办法》以及政策的实施细则。2008年对于北京市城乡居保制度建立与发展具有里程碑的意义。一是在全市城镇和农村针对无老年保障的居民[1]建立了老年福利养老金制度，参保居民每人每月享受200元老年保障福利养老金，费用全部由财政负担；二是创立了"个人账户＋基础养老金"的新型农村社会养老保险制度，养老金由基础养老金和个人账户养老金组成，基础养老金为280元，并将"老农保"参保人员全部纳入新农保制度；三是城乡同步建立老年保障和居民保险制度，实现了城乡居民养老保障制度的全覆盖。

3. 第三阶段（2009年至今），建立了统一的城乡居民养老保险制度

2009年，北京市在新农保的基础上建立了城乡居民养老保险制度，率先在全国实现了养老保障制度城乡一体化，打破了户籍的限制，城乡居民可自由选择养老保险制度参保。2011年，建立了城乡

---

① 男性60周岁以上、女性55周岁以上人员。

居民养老保险待遇正常调整机制，加入北京市社会保障六项联动机制①。2014 年下半年，按国务院建立全国统一的城乡居民基本养老保险制度的总体要求，出台了相关政策，进一步完善了北京市现行城乡基本养老保险制度。

（二）主要政策及其内容

1.《北京市城乡无社会保障老年居民养老保障办法》（京政发〔2007〕35 号）

覆盖范围：凡具有北京市户籍、年满 60 周岁，且不享受其他社会养老保障待遇的人员。

待遇水平：每人每月享受 200 元的老年保障待遇。待遇水平根据北京市经济发展水平和财政承受能力适时调整。

资金来源：由市、区（县）财政部门共同筹集，市财政资金根据区（县）功能定位，向远郊山区（县）适度倾斜。老年保障待遇资金列入年度财政预算。

2.《北京市新型农村社会养老保险试行办法》（京政发〔2007〕34 号）

覆盖范围：本市农业户籍，男年满 16 周岁未满 60 周岁、女年满 16 周岁未满 55 周岁的人员。

制度模式：个人账户和基础养老金相结合，采取个人缴费、集体补助、财政补贴相结合的筹资方式。

缴费基数：最低缴费标准为本区（县）上一年度农村居民人均纯收入的 10%，最低缴费标准以上部分由参保人员根据承受能力自愿选择，第一年为 960 元。

---

① 目前为止，社会保障六项联动机制包括企业退休职工基本养老金、城乡居民基础养老金和福利养老金、工伤职工伤残津贴、最低工资、失业保险金等六项制度的待遇水平调整。

待遇领取条件：一是缴纳农村社会养老保险费累计缴费年限满15年的；二是本办法施行之日，男已年满45周岁、女已年满40周岁的人员（不含本办法施行之后外埠迁入本市户籍的人员），按年缴纳保险费的，在男年满60周岁、女年满55周岁的次月起，可按月享受新型农村社会养老保险待遇。达到领取年龄但缴费不足15年的，可继续按年缴纳保险费，最长延长缴费时间为5年，延长5年缴费时间后缴费年限仍不满15年的，按照相应年度本区（县）农村居民人均纯收入的10%，一次性补足差额年限保险费，许可享受养老待遇。

待遇支付：养老金由基础养老金和个人账户养老金组成，基础养老金全市统一标准为每人每月280元，个人账户养老金由个人账户存储额除以国家规定的城镇基本养老保险个人账户养老金计发月数得出。

3. 《北京市城乡居民养老保险办法》（京政发〔2008〕49号）

覆盖范围：具有本市户籍，男年满16周岁未满60周岁、女年满16周岁未满55周岁（不含在校生），未纳入行政事业单位编制管理或不符合参加本市基本养老保险条件的城乡居民。

制度模式：实行个人账户与基础养老金相结合，个人缴费、集体补助与政府补贴相结合的制度模式。

缴费基数：按年缴费，最低缴费标准为上一年度农村居民人均纯收入的9%，最高缴费标准为上一年度城镇居民人均可支配收入的30%。第一年为960—7420元。

领取待遇条件：一是累计缴费年限满15年的；二是本办法施行之日，男已年满45周岁、女已年满40周岁的人员（不含本办法施行之后外埠迁入本市户籍的人员），按年缴纳保险费的，在男年满60周岁、女年满55周岁的次月起，可按月领取养老金。缴费年限不足15年的，可继续按年缴纳保险费，最长延长缴费时间5年，在延长缴费期内达到规定的，按月享受城乡居民养老保险待遇，延长5年缴费时间后仍不符合规定的，可按照上一年度最低缴费标准，一次性补足差额年限保险费，按月享受城乡居民养老保险待遇。

待遇支付：养老金由基础养老金和个人账户养老金组成，基础养老金全市统一标准为每人每月 280 元，个人账户养老金由个人账户存储额除以国家规定的城镇基本养老保险个人账户养老金计发月数得出。

制度衔接：已参加新型农村社会养老保险还未达到领取年龄的人员，应参加城乡居民养老保险并继续缴费，其新型农村社会养老保险个人账户资金并入城乡居民养老保险个人账户，新型农村社会养老保险的缴费年限计为城乡居民养老保险缴费年限。符合领取条件的享受相应待遇。

4. 《关于贯彻落实国务院统一城乡居民基本养老保险制度暨实施城乡养老保险制度衔接有关问题的通知》（京人社居发〔2014〕177 号）

覆盖范围：本市户籍人员年满 16 周岁（不含在校学生），非国家机关和事业单位工作人员及不属于职工基本养老保险制度覆盖范围的城乡居民，可以参加城乡居民基本养老保险。

缴费基数：最低缴费档次保持不变，最高缴费档次标准原则上不超过本市灵活就业人员参加职工基本养老保险的年缴费额。最低为 1000 元，最高为 7420 元。参加城乡居民基本养老保险人员仍按照《关于对参加城乡居民养老保险的人员给予缴费补贴的通知》（京人社居发〔2009〕191 号）享受缴费补贴，对选择最低缴费至 2000 元以下（不含 2000 元）标准的，每人每年补贴 60 元；选择 2000 元至最高缴费标准的，每人每年补贴 90 元。

待遇领取的变化：2014 年 12 月 31 日以前已经参加本市城乡居民基本养老保险的本市户籍参保人，仍按照《北京市城乡居民养老保险办法》（京政发〔2008〕49 号，以下简称 49 号文件）规定的领取条件享受城乡居民基本养老保险待遇；2015 年 1 月 1 日以后新参加城乡居民基本养老保险的本市户籍人员，年满 60 周岁、累计缴费满 15 年，且未领取国家规定的基本养老保障待遇的，可以按月领取城乡居民基本养老保险待遇。

制度衔接：一是本市户籍参保人符合职工养老保险待遇领取条件时，可以申请将居民养老保险转入职工养老保险，按照职工养老保险办法计发相应待遇。居民养老保险个人账户全部储存额并入职工养老保险个人账户，其中 2014 年 12 月 31 日以前的居民养老保险缴费可按 49 号文件执行。二是本市户籍参保人达到职工养老保险法定退休年龄时，职工养老保险缴费不满 15 年的，可以申请从职工养老保险转入居民养老保险，待其达到居民养老保险规定的领取条件时，按照居民养老保险办法计发相应待遇。职工养老保险缴费年限合并计算为居民养老保险缴费年限，职工养老保险个人账户全部储存额并入居民养老保险个人账户，其中 2014 年 6 月 30 日之前的缴费按照 49 号文件执行。三是本市户籍参保人将居民养老保险关系转入外省（区、市）的，其衔接办法按照转入地规定执行。四是参加本市职工养老保险的外埠户籍人员，需办理制度衔接手续的，先按职工养老保险有关规定确定待遇领取地，并将职工养老保险关系归集到待遇领取地，再办理两种制度衔接手续。职工养老保险待遇领取地确定为本市的，可以申请将居民养老保险转入职工养老保险，按照职工养老保险办法计发相应待遇。居民养老保险个人账户全部储存额并入职工养老保险个人账户，居民养老保险缴费年限不合并或折算为职工养老保险缴费年限。

（三）制度发展现状

1. 参保及享受待遇人数

通过观察历史数据的变化（详见表 1），能直观看出北京市城乡居民养老保险制度建立与发展的全过程。在制度建立之初，由于历史原因，参保规模始终没能扩大，2007 年以前参保人员一直维持在

50 万人以下，到了 2008 年以后，老年保障福利养老金制度与新型城乡居保制度的建立与快速推开，打开了北京市城乡居民养老保险的新局面。参保居民由 2007 年的 49.1 万人升至 2008 年的 127.5 万人，增长了 1.6 倍，以后几年，随着扩面的加速，参保人员逐年增长，截至 2015 年 12 月底，北京市城乡居民养老保险制度总覆盖人数达 276.8 万人，其中参保人员 187.6 万人（城镇居民 13.7 万人，农村居民 173.9 万人）；领取养老待遇人数 89.2 万人，其中 43.1 万人领取基本养老金（城镇居民 3.5 万人，农村居民 39.6 万人），46.1 万城乡无社会保障老年居民享受福利养老金（城镇居民 12 万人，农村居民 34.1 万人）。

表 1　1996—2015 年北京市城乡居民养老保险情况

年份	参加城乡居民养老保险人数（万人）	增长（%）	农村居民领取城乡居民养老保险金人数（万人）	增长（%）
1996	29.15	—	—	—
1997	37.35	28.1	0.18	—
1998	41.22	10.4	0.34	88.9
1999	34.40	−16.5	0.45	32.4
2000	38.50	11.9	1.02	126.7
2001	34.68	−9.9	0.78	−23.5
2002	31.98	−7.8	0.98	25.6
2003	33.65	5.2	1.38	40.8
2004	36.84	9.5	1.85	34.1
2005	40.60	10.2	2.34	26.5
2006	44.80	10.3	2.93	25.2
2007	49.10	9.6	3.50	19.5
2008	127.50	159.7	7.10	102.9
2009	153.90	20.7	12.30	73.2
2010	159.30	3.5	16.80	36.6

年份	参加城乡居民养老保险人数（万人）	增长（%）	农村居民领取城乡居民养老保险金人数（万人）	增长（%）
2011	163.70	2.8	21.20	26.2
2012	167.00	2.0	26.15	23.3
2013	168.68	1.0	30.47	16.5
2014	186.30	10.4	34.80	14.2
2015	187.60	0.7	39.60	13.8

注：全市农村社会养老保险1992年试点，1996年在全市正式实施；城乡居民养老保险自2009年1月1日起实施，4月1日开始缴费。

2. 待遇水平及调整情况

2008年北京市建立老年保障福利养老金制度与新型农村养老保险制度，北京市城乡无保障居民终于有了自己的制度保障。2011年又建立了城乡居民养老保险待遇正常调整机制，随着北京市经济的发展，以及物价水平的增长，城乡居民养老待遇不断提高。城乡无社会保障老年人福利养老金由2008年的200元提高至2015年的385元，提高了92.5%；城乡居民基础养老金由2009年的280元提高至2015年的470元，增长67.9%（详见表2）。从养老金整体水平来看，2010—2014年北京城乡居民待遇水平稳步增长，人均养老金水平由330.55元增至483.48元，年均增长9.97%（详见表3）。

表2 2008—2015年北京市城乡居民养老保险待遇标准

年份	基础养老金（元）	增长（%）	城乡无社会保障老年人福利养老金（元）	增长（%）
2008	—	—	200	0
2009	280	—	200	0
2010	280	0	200	0
2011	310（1月1日） 330（7月1日）		230（1月1日） 250（7月1日）	

年份	基础养老金 （元）	增长 （％）	城乡无社会保障 老年人福利养老金（元）	增长 （％）
2012	357.5	8.3	277.5	11.0
2013	390	9.1	310	11.7
2014	430	10.3	350	12.9
2015	470	9.3	385	10.0

表 3　2010—2014 年北京市城乡居保待遇水平

指标＼年份	2010	2011	2012	2013	2014
人均养老金水平（元）	330.55	368.81	407.10	441.37	483.48
其中：基础养老金（人均财政补助）	280	320	357.50	390	430
个人账户养老金	50.55	48.81	49.60	51.37	53.48
老年福利养老金（元）	200	240	277.50	310	350

3. 基金收支状况

2010—2014 年北京市城乡居保基金收入稳步提高，由 2010 年的 21.3 亿元增至 2014 年的 36.66 亿元，年均增长 14.5%，其中主要增长为财政补助额和其他收入，年均分别增长了 26.48% 和 63.28%，征缴收入却出现了下降的趋势，主要原因是参保人数下降，被征地农民按政策转入了城镇企业职工养老保险。基金支出逐年增加，其中养老金支出增长幅度最大，2014 年比 2010 年增长了两倍多（详见表4）。

表 4　2010—2014 年北京市城乡居保基金

指标＼年份	2010	2011	2012	2013	2014
基金收入（万元）	213024.80	230185.81	268464.99	298861.61	366563.06
其中：缴费收入	127298.42	124132.30	118638.59	115457.78	111053.96

指标　　　年份	2010	2011	2012	2013	2014
财政补助额	77789.80	94048.91	131955.24	161500.14	199100.69
其他收入	7936.58	12004.60	17871.16	21903.69	56408.41
基金支出（万元）	70437.67	101624.78	135476.71	171356.03	212919.37

（四）被征地农民社会保障制度及运行情况

在推进城乡一体化社会保障体系建设的过程中，北京市先后将征地转非、整建制农转居、转移就业和灵活就业的农村劳动力纳入了职工养老保险体系，从制度上保障了被征地农民与城镇职工享有相同的养老保险待遇。

2004年，北京市出台的《北京市建设征地补偿安置办法》（北京市人民政府令第148号）规定：2004年7月1日以后，新批准征地的，转非劳动力应当按照国家和本市规定参加各项社会保险，并按规定缴纳社会保险费，补缴费用由征地单位从征地补偿费中直接拨付到其所在区、县社会保险经办机构。在该办法出台前征地的老被征地人员，社保补缴费用由各区县财政负担。

二　城乡居民养老保险发展评估

2008年北京市建立福利养老金和新农保制度，2009年建立城乡居保制度，覆盖人数从少到多，基金规模从小到大，待遇标准稳步提高，历史遗留问题逐步得到解决，制度运行总体良好，对保障和改善北京市城乡低收入居民生活、促进社会和谐稳定发挥了积极作用。2009年，国家新农保试点刚刚开始，北京市就已经建立了覆盖城乡全体居民的城乡居保制度，是全国最早建立城乡居保制度的地区之一，为国家建立统一的城乡居保工作积累了丰富的经验，做出了突出的贡献。

（一）取得的主要成效

1. 初步建成多层次养老保障体系，城乡居保实现全覆盖

2008 年，北京市创建了城乡标准一致的福利养老金制度，结束了城乡无保障老人无制度保障的历史。同年，建立了以"个人账户＋基础养老金"为特征的新型农村养老保险制度。2009 年，北京市在新农保的基础上，又率先在全国构建了城乡一体化的养老保障体系，在制度模式、缴费标准、衔接办法、保险待遇、基金管理、收缴发放等方面实现了城乡统一，打破了户籍的限制，城乡居民可自由选择养老保险制度参保。2014 年下半年，按国务院建立全国统一的城乡居民基本养老保险制度的总体要求，出台了相关政策，进一步完善了北京市现行城乡基本养老保险制度。

制度建立以来，北京市城乡居保稳步发展，参保人数由 2010 年的 168.5 万人，增至 2014 年的 186.22 万人，年均增长 2.53%。2011—2014 年城乡居民参保率和续保率一直维持在 90% 以上。

2. 城乡居保基础养老金正常调整机制初步建成，保障水平进一步提高

2011 年北京市建立了城乡居保基础养老金正常调整机制，并将城乡居民养老保险待遇正常调整机制加入北京市社会保障六项联动机制，确保了城乡居民分享社会发展成果，养老金水平的适度增长，保证了居民生活水平不随物价上涨而下降。每年在物价指数、社会平均工资增长幅度、社会保障各相关标准增长平衡及国家宏观指导意见的基础上，根据财政承受能力及今后的可持续发展能力综合研究制定调整标准。

截至 2015 年，北京市已连续多年调整了基础养老金和福利养老

金水平，目前城乡居民基础养老金已由 2009 年的每人每月 280 元增长至 2015 年的 470 元，年均增长 9.02%；老年福利养老金由 2009 年的每人每月 200 元增长至 2015 年的 385 元，年均增长 11.53%。

经济实力较好的区，根据自身的财力，在市局统一调整的基础上进一步提高了养老金水平。如顺义区在 2009 年区政府第 12 次常务会议上决定，从 2010 年起，全区享受城乡居民养老保险基础养老金待遇人员及老年保障待遇人员每人每月增加 60 元财政补贴。

3. 城乡居保制度进一步完善，制度可持续性不断加强

2014 年，为贯彻《国务院关于建立统一的城乡居民基本养老保险制度的意见》（国发〔2014〕8 号）和《城乡养老保险制度衔接暂行办法》（人社部发〔2014〕17 号）精神，北京市在充分考虑现行政策连续性及国家政策统一性的基础上，制定了相应的完善政策，主要包括以下三个方面：一是做好前后政策不一致的过渡，例如，待遇享受年龄与国家政策不一致时，采取"新人新办法、老人老办法"的过渡性措施，如女性领取待遇比国家政策少 5 岁，政策出台前参保的女性，按以前北京市规定的 55 岁领取待遇，政策出台后参保的女性，则按国家规定的 60 岁领取待遇，提前 5 年领取的待遇由各区县财政负担；二是进一步完善定额缴费机制，建立健全了缴费激励机制；三是制定和出台了城乡居民养老保险与城乡低保、农村五保和优抚制度的衔接政策。

4. 促进特殊群体参保，财政支持力度持续加大

北京市城乡居保制度从建立之初，就对重度残疾人群实行代缴城乡居民养老保险费的政策，一些区加大了对困难群体的倾斜力度，对享受农村低保的人员给予全部或部分缴费减免的照顾政策。

海淀区经济在全市排名第三，为了减轻参保人员负担，扩大城乡居民养老保险覆盖率，提高参保人员养老保险待遇水平，制定了对符合城乡居民养老保险参保条件人员实行缴费和领取双补贴的优惠政策①。缴费方面对符合享受补贴条件的农村户籍和城乡低保人员分别按照最低缴费标准给予50%和90%的缴费补贴,2012年起,对一般残疾人员也实行了和重残人员一样的按照最低缴费标准给予100%缴费补贴。当基础养老金低于本区城乡居民最低生活保障标准时,区政府对领取城乡居民养老保险基础养老金的人员,按本区城乡居民最低生活补贴标准与基础养老金之间的差额给予补贴。基础养老金补贴标准与本区城乡居民最低生活保障标准同时调整。

2009年,顺义区出台了《关于低保对象等特殊群体参加城乡居民养老保险补贴办法》。对本区户籍,享受本区低保、五保、重残人员,男年满45周岁未满60周岁、女年满40周岁未满55周岁人员缴纳城乡居民养老保险,保险费由区财政按照北京市城乡居民养老保险最低缴费标准给予补贴,以帮助他们参加城乡居保。

5. 统筹规范支付项目,将丧葬补助费纳入城乡居保支付范围

近年来,北京市进一步完善政策,将丧葬补助金制度纳入城乡居保体系。2014年,北京市人社局与民政局、财政局联合印发的《关于丧葬补助金纳入城乡居民基本养老保险支出项目的通知》(京人社居发〔2014〕203号)规定:自2015年1月1日起,本市参加城乡居民基本养老保险人员(含领取老年保障福利养老金人员)的丧葬补助金,纳入城乡居民基本养老保险基金支出项目,不再列入《北京市城乡无丧葬补助居民丧葬补贴办法》(京民殡发〔2009〕107号)规定的补贴范围。丧葬补助金由区县财政足额安排,纳入区县社会保障基金财政专户城乡居民基本养老保险基金账户。目前人均丧葬补助金的标准是5000元,该项规定的出台,有效地减少农村参保居民死亡瞒报、长期领取养老金的现象,对基层参保人员的管理有着积极的作用。

---

① 2009年制定《北京市海淀区人民政府关于印发本区落实〈北京市城乡居民养老保险办法〉实施办法的通知》(海行规发〔2009〕19号)。

（二）北京市城乡居保制度的创新点

1. 普惠型养老福利制度与缴费型新型城乡居保制度共存

2008 年，北京市较国家先行出台了全市统一的城乡福利养老金制度，以及"个人账户＋基础养老金"相结合的新型农村养老保险制度。全市 60 岁及以上无社会保障的老年人不用缴费，可直接领取福利养老金，每人每月 200 元，制度建立当年城乡共有 56 万老年居民受益，其中城镇享受待遇居民 14.3 万人，占 25%，农村居民41.97 万人，占 75%。2009 年享受福利养老金人数最多，为 64.19 万人（见表 5）。随后几年，人数逐年下降，到 2015 年底，享受福利养老金人数为 46.1 万人，比 2009 年少了 18 万人，这主要是老年人口自然减员造成的。

表 5　2008—2014 年北京市城乡无社会保障老年人领取福利养老金情况

年份（年）	城乡无社会保障老年人享受福利养老金人数（万人）	增长（%）	城镇户籍人数（万人）	增长（%）	农村户籍人数	增长（%）	发放城乡无社会保障老年人福利养老金金额（万元）
2008	56.27	—	14.3	—	41.97	—	137096
2009	64.19	14.1	16.48	15.2	47.71	13.7	157767
2010	61.25	−4.6	15.81	−4.1	45.44	−4.8	150074
2011	58.31	−4.8	14.99	−5.2	43.32	−4.7	175284
2012	55.15	−5.4	14.02	−6.5	41.13	−5.1	190698
2013	52.09	−5.6	13.18	−6.0	38.91	−5.4	199404
2014	48.90	−6.1	12.50	−5.2	36.40	−6.5	170900

2. 制度上建立动态调整的筹资机制

北京市城乡居保制度建立之初，将城乡居民最低缴费基数定为农村居民上年人均纯收入的 9%，即 960 元；最高为城镇居民上年可支配收入的 30%，即 7420 元。由于北京市农村居民收入贫富悬殊，如房山区某地农民人均纯收入仅为富裕地区的 1/4，所以 2013 年北京市将最低缴费基数提高至 1000 元，上限 7420 元没有调整，尽管绝大多数参保居民选择了最低缴费档次缴费且缴费年限较短，但因为其起步较高，所以近五年来，城乡居民个人账户养老金水平保持在50 元/月左右，明显高于全国平均水平。

3. 初步建立了基础养老金和福利养老金调整机制

2011 年，北京市建立了城乡居民养老保险待遇正常调整机制，纳入北京市社会保障六项联动机制，根据物价、城镇低保标准等指标对居民养老保险待遇等六个项目进行联动调整。截至 2014 年，已连续四年五次调整了基础养老金和福利养老金水平，目前城乡居民基础养老金已达到每人每月 430 元，福利养老金达每人每月 350 元。2014 年下半年，按照国务院建立全国统一的城乡居民基本养老保险制度的总体要求，北京市出台了相关政策，进一步完善了北京市现行城乡基本养老保险制度。

4. 全市制度统一，局部创新探索

对于经济实力较强的区，北京市认可在考虑其实际情况及财力的基础上，进行适度创新探索。如海淀区实行城乡居民养老保险缴费和领取双补贴政策。在缴费方面，对符合政策的农村户籍和城乡低保人员分别按照最低缴费标准给予 50% 和 90% 的缴费补贴，对残疾人员实行 100% 的缴费补贴；在基础养老金补贴方面，基础养老金补贴标准与本区城乡居民最低生活保障标准同时调整。2015 年，海淀区基础养老金达到 737.5 元，高出北京市 267.5 元，位居全市第一。

（三）北京市城乡居保制度的主要经验

北京市城乡居保制度建立以来，制度发展平稳，取得了较好的成效，主要表现在增强公平性、适应流动性、保证可持续性三方面，

着力推进了城乡一体化的社会保障制度建设，主要经验体现在以下几方面。

1. 探索建立了城乡无社会保障老年居民养老保险制度，解决了无保障老人的养老保险问题

2008年，为解决近50万老年居民无养老保障问题，北京市建立了全市城乡统一、标准一致的老年保障制度，为全市60岁及以上无养老保障的老年居民每人每月发放200元福利养老金，财政负担全部费用。

2. 率先建立了"个人账户＋基础养老金"模式的新型农村养老保险制度，为国家开展新农保试点积累了宝贵经验

2008年，北京市在创建统筹城乡、标准一致的福利养老金制度的基础上，解决了全市无保障老人养老问题，同年又建立了"个人账户＋基础养老金"模式的新型农村养老保险制度，将农村居民全部纳入了社会保障制度，为日后国家新农保试点积累了经验。

3. 率先建立了城乡统一的居民养老保险制度，全面保障了城乡居民的养老权益

2009年，在新农保制度的基础上，北京市建立了城乡居民保险制度，将城镇职工养老保险制度、老年保障制度、机关事业单位退休制度以外的所有居民统一纳入城乡居民养老保险制度中，在制度模式、缴费标准、衔接办法、保险待遇、基金管理、收缴发放等方面实现了城乡统一，率先在全国实现了养老保障制度城乡一体化，打破了城乡户籍限制，城乡居民可自由选择养老保险制度参保。

4. 注重城乡居民养老保险制度间的衔接，率先实现了制度全覆盖

在制度设计上，统筹考虑了城乡社会保障制度，在基本养老保险制度设计上，形成了"职工"和"居民"两大体系，建立了城乡居保制度，完善了制度间的衔接政策，实现了城乡制度间互联互通，确保城乡居民流动时社保关系不中断。

5. 加大公共财政投入，保证制度可持续发展

北京市不断强化政府责任，加大财政投入力度，将公共财政投入向城乡最困难群体倾斜。一是建立了城乡居保基础养老金正常调整机制；二是全部或部分代缴困难群体的养老保险费；三是2014年将丧葬补助金纳入城乡居保支出项目。各级财政对城乡居保的补助从2010年的9.4亿元升至2014年的19.9亿元。

（四）目前存在的问题

尽管北京在制度建设方面取得了显著的成绩，不论在制度建立还是在征缴发放方面，在全国均处于领先地位，但也存在不足之处，需要进一步完善。

1. 基金管理统筹层次低，未实现市级统筹

北京市城乡居民养老保险在基金管理上目前还是区级统筹，未实现市级统筹，基金收缴、发放均由各区的北京市农村商业银行和北京银行代发代管，收缴的基金存放在区财政专户中，资金存放比较分散，且利率低，不仅不能保证基金的保值增值，而且存在贬值的风险。

2. 筹资机制不完善，财政补助负担加重

以2014年为例，城乡居保参保人员人均养老金为483.5元，基础养老金占比高达89%，个人账户养老金仅为11%。基础养老金支出来源于财政补助，且大部分是区财政补助，各区根据本区的实际情况制定相应的补助政策。由于各区财力不等，补助水平差距较大，造成全市参保人员缴费补贴和领取待遇水平差距较大，容易形成各区人员相互攀比，对社会稳定不利。另外，随着北京市城乡居保缴费补助与待遇水平的逐年提高，保障水平已居全国前列，由于养老金的刚性特征，区财政给予的财政补贴也将持续增长，但随着我国经济发展的逐渐放缓，财政资金的不断投入与不断增长的社会消费水平将会对财政资金形成较大的压力。

三 "十三五"时期发展形势分析

"十三五"时期是全面建成小康社会和全面深化改革的关键时期,北京市城乡居保制度发展将面临深化改革、城镇化提速、人口老龄化加剧、城乡居民保障需求与政府财政供给能力均衡的矛盾,居保工作将面临前所未有的挑战和冲击。经济逐步发展、财力不断提高是城乡居保发展的可靠保证和坚强后盾,"十三五"时期北京市经济前景良好的预期保障了城乡居保制度的可持续发展,对于进一步完善制度创造了良好的机遇,可以说"十三五"时期既有巨大的机遇,也有严峻的考验,机遇与挑战并存。

(一) 未来财政负担将日趋严重

未来财政负担加重,主要源于两方面的压力。一是城乡居保参保人群老龄化日趋严峻,领取养老金的人数逐年增长,财政用于基础养老金的支出必然增长。目前北京市城乡居保制度中已达领取养老金年龄的人员占比为23%,青年人大量进城务工,将会以农民工身份参加城职保而退出城居保,所以未来城居保制度中留下的人员多为已到或接近领取养老金的人员。二是随着物价的上涨,北京市已经连续几年上调城乡居民基本养老保险待遇,由于养老金的刚性特征,未来养老金还会增长,财政补贴资金也会不断增加。因此,养老金的调整以及领取待遇人数的增加,将直接导致未来各级财政负担逐年加重。

(二) 制度内参保人数可能呈下降趋势

尽管近5年北京市城乡居保总参保人数由2010年的188.4万人增至2015年的276.8万人,但随着近几年城镇化的提速,一些区参保人数已呈现下降趋势。以海淀区为例，由于城镇化的加速，城乡居保参保人数呈逐年下降的趋势，由 2009 年的 6.9 万人降至 2014 年的 5.3 万人，减少了 1.6 万人，2015 年又将迎来城镇化高峰，东升和四季青两乡将整建制城镇化，估计涉及农村居民 3 万—4 万人，长此下去，已参保的人数逐步下降，应参保但未参保人员不愿参保的矛盾将逐渐显现。

（三）较低的统筹层次加大了基金管理风险

北京市现行城乡居民养老保险基金实行区级管理的制度模式，可能带来诸多弊端：一是存在贬值风险。由于基金收缴、发放均由各区的北京市农村商业银行和北京银行代发代管，资金存放分散且利率低，难以保证基金的保值增值。二是统筹层次低、基金调剂力度小，加上各区之间政策不统一、管理信息系统操作平台滞后，都可能加大基金管理的风险。

四 城乡居民养老保险发展思路

（一）基本思路

以党的十八大和十八届二中、三中、四中、五中全会精神为指导，按照全面深化改革的总体要求，围绕全面建成小康社会的总体目标，坚持全覆盖、保基本、有弹性、可持续的十二字方针，以增强公平性、适应流动性、缩小差异性、保障可持续性为重点，全面推进和不断完善覆盖全体城乡居民的基本养老保险制度，充分发挥社会保险对保障人民基本生活、调节社会收入分配、促进城乡经济社会协调发展的重要作用。

一是扩大覆盖面，做到应保尽保。全民参保是实现人人享有社会保障的基础，着力解决制度设计的不足，要向贫困等弱势群体倾斜，将所有弱势群体纳入城乡居保制度中，实现应保尽保。

二是完善制度，进一步完善基础养老金正常调整机制。适度提高养老保险待遇水平，保障低收入人群的基本生活需要，对于收入较高人群，从制度设计角度鼓励、引导参加城镇企业职工养老保险。

三是鼓励经办创新，全面提高基层经办机构的管理能力。三分政策，七分管理。养老保险政策能不能落实到位，关键看经办执行。在完善政策体系的同时，重点加强制度运行管理和经办机构能力建设，提升管理层次和质量，建立健全长效机制，提升经办能力和信息化水平。

（二）基本原则

一是坚持以人为本，统筹发展。以保障和改善民生作为工作的出发点和落脚点，推进全民覆盖，实现应保尽保。努力提升保障水平，使城乡参保居民更好地分享经济社会发展成果。充分认识养老保险事业发展规律，主动适应改革发展的新要求，创新思维观念、完善体制机制、改进管理方式，在重要领域实现改革的新突破。

二是坚持公平和效率相结合。充分发挥国民收入再分配的功能，各级财政按照制度规定的基本责任增加投入，中央财政保住底线，地方财政做补充，以保障城乡弱势群体的基本生活。同时，努力调动参保人员缴费积极性，将个人的缴费责任与财政补贴责任有机结合，共同提高保障水平。

三是坚持权利与义务相对应。城乡居保制度的基础养老金全部由财政负担，体现了制度设计的公平，个人账户养老金主要由个人缴费确定，多缴多得、长缴多得，突出了参保人员应尽的义务。符合条件的参保城乡居民，有领取养老待遇的权利，同时，也应依法履行参保缴费的义务，实现激励与约束相结合。

四是坚持保障水平和经济发展水平相适应。完善城乡居民基础养老金正常调整机制。国家将根据经济发展和物价变动等情况，适时调整全国基础养老金最低标准；地方政府应根据实际情况适当提高地方基础养老金标准，保障参保居民共享社会发展成果。坚持适度保障，防范过度福利化。

（三）发展目标

到 2020 年，北京市城乡居民养老保险发展目标是：实现城乡居民养老保险制度成熟定型，从制度全覆盖向人员全覆盖发展，强化长缴多得、多缴多得激励机制，完善动态筹资机制、基础养老金正常调整机制，健全信息化管理服务网络，提高基层经办管理水平，为参保居民提供方便快捷的服务。

制度建设目标：到 2020 年，在全市范围内进一步完善统一、规范的城乡居民基本养老保险制度和福利养老金制度，实现城乡居民养老保险制度基本定型。全面坚持和完善基础养老金与个人账户相结合的制度模式，巩固和完善个人缴费、集体补助、政府补贴相结合的资金筹集渠道，不断强化长缴多得、多缴多得的激励机制，建立基础养老金正常调整机制，基本建立起管理科学、运转规范、便民高效的城乡居民基本养老保险制度，与社会救助、社会福利等社会保障政策相配套，充分发挥家庭养老等传统保障方式的积极作用，构建多层次城乡养老保障体系，更好地保障参保城乡老年居民的基本生活。

覆盖面目标：城乡居民养老保险基本实现应保尽保，续保率达 96% 以上。

筹资水平目标：进一步完善现行动态筹资机制，逐步引导参保缴费随收入的增加而增长，调整财政和个人的筹资责任关系，提高个人责任比重、降低财政责任比重，逐步将财政、个人的筹资分担比例从目前的 4.5∶1 降低到 3∶1。对于生活困难的群体，一方面通过财政补助进行倾斜照顾，另一方面鼓励参保人员多缴费。

保障水平目标：进一步完善基础养老金正常调整机制，保证城乡参保群众分享社会发展成果，不随物价上涨而降低生活水平。根据国家总体要求，适时适度提高养老保险待遇。

经办管理能力目标：健全服务网络，提高管理水平，经办服务能力显著增强，满足参保居民的基本需求。城职保和城居保制度转移衔接正常有序，信息化水平明显提高，基本实现基金市级管理，投资运营，保值增值，巩固和完善"制度名称统一、政策标准统一、管理服务统一、信息系统统一"的管理服务体系。

五　政策建议

未来，北京市城乡居民养老保险工作应顺应新形势的要求，坚持全覆盖、保基本、有弹性、可持续的方针，以增强公平性、适应流动性、保证可持续性为重点，不断完善城乡居民的养老保障体系，发挥北京市各方面优势，创建具有北京特色的城乡居保制度。

（一）不断扩大覆盖面，巩固全覆盖工作成果

一是保质保量完成全民参保登记工作。配合国家统一部署，完成全市全民参保登记工作，在此基础上，摸清底数，发现问题，找出尚未参保人员，通过新闻媒体、广播和入户发放宣传材料，定期宣传城乡居保政策，使未参保人员了解政策，尽快参保缴费。

二是北京市作为首都，城镇化进程整体较快，特别是一些区（如海淀）城乡居保参保人数已出现逐年下降的趋势，部分农村居民通过被征地农民养老保险政策或个人以灵活就业人员身份加入城职保。未来城乡居保工作重点应放在属于本制度范围内的人员，通过政策的导向以及经办人员的宣传，让已参保人员明确自己的权益与义务，根据自己的经济条件与能力，多缴费、长缴费，以便退休时

获得更多的养老待遇。

（二）构建多层次城乡居民养老保障体系，保证参保人员晚年生活

北京市城乡居保制度建立以来，实际领取养老金人数占总参保人数的比例持续增长，由 2010 年的 10.4% 升至 2014 年的 19.3%，反映制度内老龄化逐年加重。领取待遇人数越多，意味着未来财政负担越重。一方面，人口平均寿命增加，领取待遇年限相应增长；另一方面，待遇水平不断调整的刚性需求，也增大了未来财政支出的压力。城乡居保覆盖人群主要是农村居民，有其特殊性，居保制度只是政府保障城乡居民基本生活的托底制度，所以不能完全依赖其养老，需发挥家庭、土地养老的辅助作用。因此，构建多层次养老保障体系十分必要，即以城乡居保制度为主，土地保障养老和家庭养老为辅，全方位保障参保居民的老年生活。

（三）完善城乡居保动态筹资机制，增加个人缴费意识

城乡居保制度的养老金由基础养老金与个人账户养老金组成，个人缴费的多少，直接影响其个人账户养老金水平。虽然北京市在全国是最早建立筹资机制的地区之一，但实际调整只有 2013 年一次，近几年北京市城乡居民人均收入水平大幅度提高，为动态提高缴费档次提供了良好条件。结合北京市的实际情况，可适时随上一年度农民人均纯收入的增长而相应提高城乡居保的最低缴费档次，考虑少数困难群体的实际需要，可保留现行最低缴费档次 1000 元不变，或加大财政对困难群体的缴费补助。

（四）建立缴费激励机制，鼓励参保人员多缴费、长缴费

经济减速、经济结构调整、财政收入增速下降，是未来经济发

展新常态，城乡居保是依赖于财政补助的保障制度，2010—2014年北京市各级财政补助逐年增长，2014年是2010年的2.6倍。财政补助主要用于基础养老金支出，2014年参保人员人均养老金为483.5元，基础养老金占比高达89%，个人账户养老金仅占11%。未来，随着财政状况趋紧，各级财政用于城乡居保的补助额增速可能出现下滑，所以逐步引导参保人员选择较高档次缴费，增大个人账户养老金在养老金总额中的比重是重点。通过建立城乡居民的缴费激励机制，鼓励城乡居民多缴费、长缴费，以提高个人缴费额的比重，优化城乡居保的筹资结构，最终提高参保居民个人账户养老金水平。

（五）完善基础养老金正常调整机制，增加制度可持续性

完善基础养老金正常调整机制，是城乡居保制度可持续发展的需要。依据北京市经济发展状况，科学调整基础养老金水平，适时调整城乡居民基础养老金标准，以保证城乡居民基本生活，使其分享社会经济发展成果，保证城乡居民的实际购买力不因物价上涨而下降。

尽管北京已初步建立了基础养老金正常调整机制，但还需要进一步完善和规范。一是在财力允许的范围内，每年适度提高待遇水平，防范过度福利化倾向，避免引发参保人员逆向选择；二是全市范围内制定统一调整机制和调整标准，减少各区参保人员的攀比，以免引发新的社会矛盾。

（六）完善不同制度之间的衔接政策，促进人员流动

全面贯彻落实基本养老保险关系转移接续办法，促进人员合理流动。做好城镇职工基本养老保险与城乡居民养老保险的转移接续工作，密切跟踪制度衔接过程中出现的各种问题，及时解决难点，确保参保人员养老保险关系顺畅转接。北京市人社局应当与市民政、

财政部门共同研究制定"十三五"时期城乡居民养老制度与低保、五保、优抚等政策的衔接办法，积极引导和支持低保、五保、优抚对象参保，以解决其后顾之忧，提高其生活水平。

（七）促进基金市级统筹管理，确保基金安全

提高城乡居民养老保险基金统筹管理层次是法律法规的要求。为此，"十三五"时期，北京市将按照《社会保险法》和国务院相关文件的要求，首先完成区城乡居民养老保险基金资产的调查，摸清底数。主要包括对2014年以前的基金情况进行全面清查，掌握基金的收、支、结余、财政补助额及个人账户存储额、存放银行等情况，明晰调剂金盈亏状况及基金投资情况等。然后，根据各区实际情况，制定全市市级统筹方案，既要通盘考虑全市的共性，又要考虑各区的特性，既要保证基金的安全，又要充分发挥各区积极性。同时，逐步规范城乡居民养老保险基金运行，增强基金保障能力，加强监管，促进城乡居民养老保险事业健康、可持续发展。

北京市医疗保险发展评估研究报告[*]

2014 年，北京市户籍人口 1333.4 万人，常住人口 2151.6 万人。常住人口中，城镇人口 1859 万人，占 86.4%，外来人口 818.7 万人，占 38.1%。2014 年，北京市人均 GDP 达到 99995 元，位居全国第二。北京市是城市化水平相当高、外来人口比重大、经济发展水平高的地区。北京市政府在大力发展经济的同时，高度重视经济社会的协调发展。"十一五"规划实施以来，北京市在社会保障制度，特别是医疗保障制度建设方面开展了一系列的制度创新和管理创新，取得了突出成绩，也存在一些有待突破的发展瓶颈。本报告将对北京市近年来医疗保障发展的历程和现状进行全面梳理和评估，总结成绩和经验，指出和分析问题，并为未来进一步完善医疗保障制度提出具体政策建议。

一 医疗保障体系的基本情况

（一）医疗保障的发展历程

1. 城镇职工基本医疗保险

随着改革开放的推进和社会主义市场经济体制的逐步建立，北

---

* 执笔：王宗凡。王宗凡，人社部社会保障研究所医疗保险室主任、副研究员，电子邮箱：zongfanwang@163.com。

京市也出现了公费劳保医疗难以为继、相当大一部分职工医疗费用得不到报销的困难局面，旧有的医疗保障制度不得不走上改革之路。自 20 世纪 80 年代开始，北京市逐步推行企业职工大病医疗费用社会统筹。大病医疗费用社会统筹由单位和个人共同缴费，从而将过去的单位福利性保障制度转变为双方责任共担、互助共济的社会医疗保险制度。

1998 年底，国务院出台了《关于城镇职工基本医疗保险改革的决定》，要求全面建立城镇职工基本医疗保险制度，以替代旧有的公费劳保医疗制度。2001 年，根据上述国家政策的要求，并结合本地实际情况，北京市出台《北京市基本医疗保险规定》（政府令 68 号），开始建立城镇职工基本医疗保险制度，进一步将企业职工大病医疗费用社会统筹制度转变为统账结合的基本医疗保险制度。为了新老制度的平稳过渡，《北京市基本医疗保险规定》决定在基本医疗保险的基础上，另外筹资建立大额医疗费用互助制度，为门诊高额医疗费用和住院超出基本医保支付封顶线的医疗费用提供进一步的费用报销，相当于建立了强制性的补充医疗保险制度。经过 2003 年、2005 年两次修订，《北京市基本医疗保险规定》至今仍然是北京市城镇职工医保的主要政策依据。另外，2011 年、2012 年，北京市先后将区属、市属的机关事业单位职工纳入统一的城镇职工基本医疗保险制度之中。中央国家机关事业单位职工也将纳入北京市的职工医疗保险制度。

2004 年，北京市还按照"低门槛、保大病、保当期"的原则，在全国率先建立了农民工大病医疗保险制度。随着 2010 年《社会保险法》的实施，农民工大病医疗保险已经并入城镇职工医疗保险之中，实行与本地职工相同的医疗保险政策。

此外，2001 年，北京市还出台了《企业补充医疗保险暂行办法》，允许企业免税使用 4% 的工资总额为职工建立补充医疗保险。北京市的企业补充医疗保险的经办由政府医疗保险经办机构承担。

2. 新型农村合作医疗

2003 年，根据国务院出台的《关于建立新型农村合作医疗制度的意见》的要求，北京市也出台了《建立新型农村合作医疗制度的实施意见》，开始在农村地区开展新型农村合作医疗试点。新农合实行大病统筹，由个人和政府财政共同缴费，为农村居民提供住院和门诊大病费用的保障。近 10 多年来，北京市的新农合经历了覆盖面不断扩大、筹资和待遇水平不断提高的发展过程。北京市的新农合一开始实行乡级统筹，2008 年以后提高到区县级统筹。不同区县在筹资水平、待遇范围和报销比例上存在一定的差异，一般来说，经济较发达的区县筹资、待遇水平高于不发达的区县。此外，北京市各区县还建立了乡镇级统筹的新农合门诊统筹，对高额门诊医疗费用提供一定的费用报销。比如，2012 年海淀区乡镇级门诊统筹筹资140 元，为 1000—10000 元的门诊费用提供 50% 的报销。

3. 城镇居民基本医疗保险

2007 年，在国家尚未出台相关政策的情况下，北京市开始建立城镇居民医疗保险制度的探索，先是建立"一老一小"大病医疗保险，将城镇无医疗保障老年人和大中小学生、婴幼儿纳入居民医保。2008 年，又建立了城镇劳动年龄内无业人员大病医疗保险。2010 年，北京市进一步将两项大病医疗保险制度整合成统一的城镇居民基本医疗保险制度。城镇居民医保制度开始时提供住院和门诊大病的待遇，2010 年起，北京市又将城镇居民医保的待遇范围延伸到普通门诊，650 元以上的门诊费用可报销 50%，最高可支付 2000 元。

4. 城乡居民大病保险

2014 年，北京市开始实施《城乡居民大病保险试行办法》。该文件规定，基本医疗保险报销后，以城镇居民在政策范围内个人自付超过城镇居民年人均可支配收入或农村居民在政策范围内个人自付超过农村居民年人均纯收入的高额费用为报销起付线，纳入北京城乡居民大病保险支付范围。大病保险实行"分段计算、累加支付"。在基本医疗保险基础上，城乡居民因重大疾病发生的高额医疗费用，5万元以内可报销50%，超过5万元可报销60%，上不封顶。北京市城乡居民大病保险没有委托商业保险机构承办，而是由社会医疗保险经办机构承担管理责任。虽然城乡居民大病保险是同一种政策，但主管和经办仍然是城乡分治。城镇居民大病保险由人社部门管理和经办，农村居民大病保险由卫生部门管理，经办主要是新农合经办机构，门头沟区、平谷区、密云县农村居民大病保险试点由卫生部门和商业保险机构"共保联办"。

5. 城乡医疗救助

2002年，北京市出台《城市特困人员医疗救助暂行办法》，为城市低保人群及低收入人群（收入在低保线与最低工资之间）提供一定水平的医疗费用救助，对此类人群医疗费用个人负担1000元以上的提供50%的报销，最高封顶线为10000元。2004年，北京市又出台《农村特困人员医疗救助暂行办法》，为农村低保、低收入的困难居民提供一定的医疗费用救助。2008年，北京市统一了城乡特困人员的医疗救助办法，提高了医疗救助水平。2011年，进一步将特困人员的9种重大疾病纳入医疗救助范围，对基本医疗保险报销之后个人负担的费用提供70%的报销，最高封顶8万元。2014年又将重大疾病病种扩大到15种，报销比例提高到75%。另外，在医疗费用救助之外，民政部门还对城乡各类困难人群参加城镇居民医保、新农合提供参保缴费的救助。

（二）医疗保障制度体系构架

北京市现行的医疗保障制度体系包括三个层次：基本层、保底层和补充层。基本层指的是基本医疗保险，包括城镇职工基本医疗保险、城镇居民基本医疗保险和新型农村合作医疗。基本医疗保险是多层次医疗保障体系的核心，覆盖全体城乡居民。保底层指的是医疗救助，包括针对困难人群的参保救助以及直接的医疗费用救助。医疗救助旨在为困难人群等特殊群体提供参保和费用报销的帮助。补充层指的是弥补基本医疗保险待遇不足的各种补充性医疗保险，包括职工大额医疗费用互助、城乡居民大病保险、企业补充医疗保险、公务员医疗补助、商业医疗保险等（见图1）。

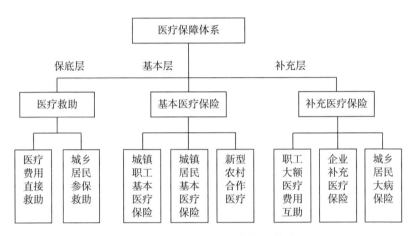

图1 北京市医疗保障体系构架

（三）基本医保制度及其基本政策

1. 城镇职工医保

（1）覆盖范围。北京市城镇职工医保最初覆盖企业职工，2011年以来进一步覆盖到市区两级机关事业单位职工，实施《社会保险法》后，外来农民工也纳入城镇职工医保。目前仅中央国家机关事业单位尚未参加城镇职工医保。

（2）筹资办法。由单位和个人共同缴费，单位缴费比例为9%，职工个人缴费比例为2%（退休人员不缴费）。此外，还同时捆绑筹集大额医疗费用互助基金，单位缴费1%，个人缴费36元/年。医疗保险基金实行全市统筹，统一管理、统收统支。

（3）统账结合。基本医疗保险基金分为统筹基金和个人账户基金，个人缴费全部纳入个人账户，单位缴费的一部分划入个人账户，其余为统筹基金。单位缴费划入个人账户的具体比例根据年龄段分别确定：35岁以下、35—45岁、45岁以上职工与70岁以下退休人员、70岁以上退休人员分别按本人缴费工资的0.8%、1%、2%与职工平均工资的4.3%、4.8%划入个人账户。2006年之后，退休人员个人账户改为定额划入，70岁以下每月划入100元，70岁以上每月划入110元，在职职工个人账户划入办法不变。

（4）医疗保险待遇。住院和8个门诊特殊疾病（最初是恶性肿瘤放化疗、肾透析、肾移植后服抗排异药门诊治疗，2010年又增加了血友病、再生障碍性贫血、肝移植术后抗排异治疗，2013年又新增心脏移植术后抗排异治疗、肺移植抗排异治疗）由统筹基金支付费用，统筹基金起付线为1300元；封顶线起初为5万元，后来不断提高，2010年达到10万元。统筹基金的支付比例按不同费用段、不同等级医院设置不同的支付比例，具体如表1所示，在职职工医保住院报销比例为80%—97%。起初，封顶线以上的医疗费用另由大额医疗费用互助基金支付70%，2010年大额医疗费用互助的支付比例进一步提高到在职85%、退休90%。大额医疗费用互助最初最高支付到10万元，2010年后提高到20万元。另外，大额医疗费用互助还支付大额门诊费用，起初，门诊费用的支付起付线为在职2000元（退休人员1300元），起付线以上的由大额医疗费用互助基金支付50%（退休人员60%），最高支付到2万元。随后，门诊待遇也进一步提高，降低了在职职工的起付线，大幅提高了支付比例，具体如表2所示。

表1　北京市在职职工医保住院待遇变化

	三级医院		二级医院		一级医院	
	2001年	2005年	2001年	2005年	2001年	2005年
起付标准—3万元	80%	85%	82%	87%	85%	90%
3万—4万元	85%	90%	87%	92%	90%	95%

	三级医院		二级医院		一级医院	
	2001 年	2005 年	2001 年	2005 年	2001 年	2005 年
4 万元—最高支付限额	90%	95%	92%	97%	95%	97%

表 2　北京市现行职工医保门诊待遇

参保人员类别		起付标准	医保支付比例
在职职工		1800 元	70%
在职职工（社区就医）		1800 元	90%
退休人员	70 岁以下	1300 元	85%
	70 岁以下（社区就医）	1300 元	90%
	70 周岁以上	1300 元	90%

2. 新农合

2003 年，北京市出台《建立新型农村合作医疗制度的实施意见》，开始在部分区县开展新农合试点。之后逐步扩大到所有涉农的 13 个区县。2008 年，新农合从乡镇级统筹过渡到区县级统筹。由于没有全市统筹，北京市 13 个涉农区县的新农合政策（包括筹资、报销比例等）有所不同。总的来说，近郊发达区县的筹资、待遇水平高于远郊区县。北京市的新农合由卫生部门主管。除海淀、朝阳外，其他区县的新农合均由卫生部门所属的新农合管理中心负责业务经办。海淀区没有设立单独的新农合经办机构，而是由人社部门主管的医保管理中心代管新农合的业务经办，朝阳区也已将新农合的业务经办划归人社部门负责。此外，平谷区还引入了商保公司参与经办，由新农合管理中心和商保公司联合经办新农合业务。

以房山区为例，2014 年房山区新农合的基本政策如下。

筹资政策：人均筹资 900 元。平原乡镇，市、区政府财政补贴 589 元；山区丘陵乡镇，市、区政府财政补贴 686 元。平原乡镇，乡（镇）政府财政补贴 211 元；山区丘陵乡镇，乡（镇）政府财政补贴

114 元。个人以户为单位，每人每年交 100 元。

待遇政策：住院报销比例为 45%—83%（分费用段和不同等级医院），封顶线为 18 万元。门诊费用报销比例为 35%—57%，封顶线为 3000 元。具体参见表3。

表3　2014 年房山区新农合的报销政策

医院级别	住院起付线	费用段	报销比例	门诊起付线	报销比例
一级	300 元	300—5000 元	78%	100 元	57%
		>5000 元	83%		
二级	1000 元	1000—10000 元	58%	50 元	47%
		10000—20000 元	63%		
		>20000 元	68%		
三级	1300 元	1300—20000 元	45%	550 元	35%
		20000—30000 元	50%		
		>30000 元	55%		

另外，针对 15 类重大疾病在定点医疗机构发生的住院费用，政策范围内报销比例为 75%。门诊大病的门诊医疗费用也按 15 类重大疾病住院标准报销。此外，新农合也实行城乡居民大病保险，大病保险起付线为上一年度全市农村居民年人均纯收入，起付线（不含）以上部分累加 5 万元（含）以内的个人自付医疗费用报销 50%，5 万元（不含）以上的个人自付医疗费用报销 60%，上不封顶。

3. 城镇居民医保

（1）筹资标准。2010 年，城镇老年人缴费标准为每人每年 300 元，学生儿童为 100 元，城镇无业居民为 600 元。2015 年，北京市城镇居民医保筹资标准进一步提高，人均筹资增加 200 元。增加部分中政府负担 70%，个人负担 30%，即财政补贴每人每年增加 140 元，个人缴费每人每年增加 60 元。2015 年，城镇居民医保人均筹资标准为 1200 元，其中财政补助 1000 元，个人缴费 200 元。

（2）待遇支付。门诊医疗待遇：起付线为 650 元，报销比例为 50%，最高支付限额为 2000 元，其中老年人和无业居民执行社区医疗首诊制。居民医保的门诊大病范围与职工医保相同，但待遇水平比职工医保低一些。住院医疗待遇：学生儿童起付线为 650 元，报销比例为 70%，年最高支付限额为 17 万元；老年人和无业居民起付线为 1300 元，报销比例为 60%，年最高支付限额为 15 万元。2013 年起，居民医保住院待遇有所提高。城镇老年人和无业居民住院报销比例由 60% 调整为 70%；住院最高支付限额由 15 万元调整为 17 万元。此外，2014 年，城镇居民医保也实施了城乡居民大病保险政策。2014 年城镇居民医保的待遇政策参见表 4。

表 4　2014 年北京市城镇居民医保报销比例

			起付线	报销比例	封顶线
门诊			650 元	50%	2000 元
住院	学生儿童	650 元		70%	17 万元
	其他人群	1300 元		70%	17 万元
大病保险	上年城镇居民人均可支配收入			5 万元以内，50%	不封顶
				5 万元以上，60%	

（四）基本医保的管理服务

1. 管理体制和管理结构

北京市的城镇职工、城镇居民医疗保险由人社部门主管和经办，新农合则由卫生部门主管和经办（海淀区除外，海淀区的新农合经办机构已于 2013 年并入人社部门所属的医保管理服务中心，由其代管全区新农合的经办）。城镇医保实行市级统筹，市级医保经办主要由市医保管理中心负责，但包括医保在内的社会保险五险的筹资则由社保管理中心负责。各区县同样设置隶属于区人社局的医保管理中心，负责本辖区的医保经办管理工作。辖区内定点医疗机构、定点药店医疗保险协议签订和日常管理与监督工作主要由区县医保管理中心负责。另外，在乡镇和街道，均设立社会保障事务所，承担包括医保在内的社会保险的政策宣传、参保动员、单据初审等工作；在村级，还设有社保专管员。至于新农合，则实行区县统筹，市级没有经办机构，各区县卫生部门设新农合管理办公室（或中心），具体负责新农合的经办管理工作。

2. 就医和医疗服务管理

（1）发放社保卡。北京市于 2009 年开始发放社保卡，推动参保人持卡就医。到 2014 年底发放社保卡达 1500 万张，1800 多家定点医疗机构全部实现参保人持卡就医、即时结算。

（2）协议管理。在建立医保制度、扩大覆盖面的同时，北京市以协议管理为核心，不断加强针对医疗机构的管理和监督。北京市不断完善和细化医保经办机构与定点医疗机构签订的服务协议，协议从使用统一的协议文本，逐步发展到签订分类协议，对不同层级、不同性质（公立、民营）的医疗机构采用不同的协议文本，并且将不断细化的经济指标（次均费用、药占比、总控指标、费用分担比例、考核奖励处罚指标等）纳入协议之中。部分区县还与辖区定点医疗机构签订了补充协议。此外，北京市还在朝阳区率先实行定点医师管理制度，与定点医师签订服务协议，将医疗服务监管从医疗机构进一步延伸到医生。

（3）付费方式及改革。为控制医疗费用不合理增长，维护医保基金安全，北京市自 2003 年开始逐步推进付费方式改革，先后探索实施了单病种付费、按床日定额付费、总额预付、按病种分组（DRGs）付费等付费方式，形成多元化的付费方式组合。

自 2003 年起，北京市先后将 20 个疾病纳入单病种付费。2005年开始对精神病实行按床日定额付费，此后又先后推出 5 个病种的定额付费办法。2006 年，北京市开始研究 DRGs 付费。经过 5 年的研究开发，2010 年底推出了适合北京实际情况的 BJ – DRGs。

2011 年，北京市先后出台了《关于开展职工基本医疗保险总额预付试点工作的通知》（京人社医发〔2011〕198 号）、《关于基本医疗保险基金实行总量控制的通知》（京人社医发〔2011〕204 号）、《关于开展按病种分组（DRGs）付费试点工作的通知》（京人社医发〔2011〕207 号）三个有关付费方式改革的文件，在部分试点医院和全市定点医疗机构（社区医疗机构除外）实行付费方式改革和费用控制管理，主要包括总额预付试点、按 DRGs 付费试点和总量控制管理三种形式。一是按 DRGs 付费试点。对住院费用的支付，探索由现行的按项目付费改为按 DRGs 定额付费。北京市选择在北医三院、人民医院、友谊医院、宣武医院、天坛医院和朝阳医院 6 家医院对 108 个病种组进行住院按 DRGs 定额付费试点。二是总额预付试点。按照总额预算、按月预付、结余留用、超支分担的原则，在同仁医院、朝阳医院、友谊医院和积水潭医院 4 家三甲医院开展医疗保险总额预付付费方式试点工作。2012 年实行总额预付付费扩大到 33 家三级医院，2013 年进一步扩大到本市所有的二级、三级医院。三是总量控制。对本市社区等基层医疗机构实行医疗费用总量控制（包括门诊费用）。与总额预付不同的是，为鼓励基层医疗机构多收病人，基层医疗机构发生费用超支（超出总量）后不需分担，医保仍按项目结算。北京市医保通过上述付费方式改革，大大提高了医保基金使用效率，也促进了医护人员诊疗行为的规范，减少了"过度医疗、过度用药、过度检查"，医疗费用过快增长的趋势得到了有效控制。

（五）基本医保的运行情况

1. 参保

城镇职工、城镇居民参保人数呈逐年上升之势（见表 5）。城镇职工医保参保人数从 2006 年的 679.5 万人增加到 2014 年的 1431.3 万人，参保率也从 91.6% 提高到 97.8%；城镇居民医保参保人数则从 2007 年的 146.4 万人增加到 2014 年的 173 万人。新农合方面，2004— 2011 年，参合人数由 237.5 万人增加到 276.8 万人；农业人口参合率 由 74.7% 增长到 97.7%。但受城镇化的影响，2011 年以来，新农合的 参保人数逐步减少，但参合率依然保持较高水平。2014 年，参加新型 农村合作医疗的人数为 242.6 万人，参合率达到 99.6%。

表5 2006—2015 年北京市城镇基本医疗保险参保情况

年份	城镇职工			城镇居民
	参保人数（万人）	增长（%）	参保率（%）	参保人数（万人）
2006	679.50	18.2	91.6	—
2007	783.00	15.2	92.6	146.40
2008	871.00	11.2	93.6	146.10
2009	938.40	7.7	94.6	145.50
2010	1063.70	13.4	95.6	143.70
2011	1188.00	11.7	96.6	159.80
2012	1279.74	7.7	97.0	151.86
2013	1354.77	5.9	97.4	160.10
2014	1431.30	5.6	97.8	173.00
2015	1475.70	3.1	—	181.00

2. 待遇

职工医保住院政策范围内支付比例由 2007 年的 71% 提高到 2014 年的 80%，实际费用支付比例则从 67% 提高到 74%。城镇居 民医保住院政策范围内支付比例从 2007 年的 50% 提高到 2014 年的 60%，实际费用支付比例则从 2010 年的 48% 提高到 2014 年的 55%。 新农合的住院费用报销比例则从最初的 20%—30% 提高到 2014 年 的 49.3%。

3. 基金收支

三项基本医保的基金收支均呈快速增长之势。其中，职工医保基金收入从 2006 年的 152.7 亿元增加到 2014 年的 682.7 亿元，支出则从 124.7 亿元增加到 648.4 亿元（见表 6）。城镇居民医保基金收入从 2007 年的 4.4 亿元增加到 2014 年的 20.3 亿元。新农合的基金收入则从 2004 年的 2.5 亿元增加到 2014 年的 26.5 亿元。

就职工医保来看，自 2006 年以来，大多数年份基金支付增幅超过收入增幅，基金结余大多数年份是负增长，呈逐年减少的状态。城镇居民医保也一度出现赤字运行状态。如 2013 年，城镇居民医保基金收入 12.8 亿元，支出却达 13 亿元，当期赤字 0.2 亿元。

表6　2006—2015 年北京市城镇职工医保基金收支情况

年份	基金收入（亿元）	增长（%）	基金支出（亿元）	增长（%）	基金结余（亿元）	增长（%）
2006	152.70	—	124.70	—	280.00	—
2007	172.20	12.8	148.40	19.0	237.60	-15.1
2008	212.00	23.1	178.60	20.4	334.40	40.7
2009	239.70	13.1	208.90	17.0	308.00	-7.9
2010	296.80	23.8	285.70	36.8	11.10	-96.4
2011	375.20	26.4	374.50	31.1	0.79	-92.9
2012	497.40	32.6	497.40	32.8	0.07	-91.1
2013	601.70	21.0	598.40	20.3	3.34	4671.4
2014	682.70	13.5	648.40	8.4	34.40	929.9

二　成效和问题

（一）成效

1. 基本医疗保险制度全面建立，实现了全民医保，医保待遇不断提高

目前，北京市由城镇职工医保、城镇居民医保和新农合组成的基

本医疗保险制度已经完成了制度全覆盖和人员全覆盖，实现了全民医保。城镇职工医保参保率达到97.8%，新农合的参合率达到99.6%。2006年以来，各项医疗保险不断提高待遇水平。职工医保提高了住院、门诊支付比例和封顶线，城镇居民医保门诊、住院支付比例和封顶线也都得到了提高。门诊特殊疾病范围也有所扩大（由3种增加到8种），社区用药范围也大幅增加（增加了224种药品，可报销药品达到1435种）。另外，2014年城乡居民大病保险的建立进一步提高了城乡居民医保的待遇水平。从实际运行数据来看，自2007年以来，北京市职工医保、城镇居民医保的住院报销比例不断提高，7年间，住院政策范围内支付比例均提高了近10个百分点。2014年，职工医保、城镇居民医保住院政策范围内支付比例分别达到80%、60%。可以说，目前北京市基本医疗保险基本能够为大多数职工和城乡居民提供可靠、负担得起的医疗服务保障。

2. 基金运行基本平稳

北京市各项基本医疗保险基金收支不断扩大。"十一五"、"十二五"期间，职工医保基金收支平均增速基本在20%以上，支出增速总体高于收入增速，基金结余呈减少趋势。不过随着最近几年医保支付制度改革和各种监管、控费措施的推进，基金支出增速大大下降，基金结余又呈回升的趋势。2014年，职工医疗保险滚存结余227.1亿元，医疗保险滚存结余可支付月数为4.2个月。2014年，城镇居民医保基金累计结余为15.1亿元，累计结余可支付月数为12.8个月。新农合基金也基本上是收支平衡，有少量结余。总体来说，北京市各项医保基金运行基本平稳。

3. 多层次医疗保障体系初步建立

北京市城镇职工医保改革之初，在建立基本医疗保险的同时也捆绑建立了大额医疗费用互助制度（实行单独缴费），用以解决超出基本医保住院封顶线的医疗费用问题以及门诊大额医疗费用负担过重问题。另外，还建立了企业补充医疗保险，为4%以内的企业补充医疗保险缴费提供免税优惠政策。2014年，又建立了城乡居民大病保险，从基本医保基金中拿出一部分，用来解决城乡居民大病医疗费用负担问题。另外，在实施新医改的过程中，北京市逐步加大了对城乡医疗救助的财政投入，不仅为城乡生活困难人群提供参保（合）的缴费补贴，还直接为困难人群提供医疗费用的救助，在解决困难人群医疗费用负担方面发挥了一定的作用。2013年，北京市资助参合（新农合）5万人，资助参保（居民医保）4.7万人，直接医疗费用救助14.3万人；提供的城乡医疗救助资金达16383.8万元，其中参合430万元，参保4293.3万元，直接医疗费用救助11660.2万元。另外，在民政部门提供的医疗救助之外，北京市人社局还直接对患重大疾病个人医疗费用负担较重、影响家庭生活的参保职工给予一次性医疗救助，所需资金由财政直接划拨到市社保中心。此外，北京市总工会、红十字会还为困难职工和城乡困难居民提供一定的生活救助（包括医疗救助）。总体来看，一个以基本医疗保险为主体、补充性医疗保险、城乡医疗救助为辅助的多层次医疗保障体系已经在北京市初步建立起来。

4. 初步形成了医保对医疗服务的约束机制

随着医保覆盖面的扩大，北京市各级医疗保险行政和经办机构加强了对医疗机构的监管。医保经办机构与定点医疗机构全面签署了服务协议，且服务协议不断个性化、规范化，医保经办机构逐步依托协议进行医疗服务管理。医保经办机构加强了对医疗服务行为和费用的审核监督，并建立了相应的考核和奖惩机制来影响医疗机构的医疗服务行为。医保经办的信息化水平不断提高，开始依托信息系统逐步推行医保智能审核。北京市已经全面推行城镇医疗保险付费的总额预付和总量控制，探索实施DRGs付费方式改革，通过付费方式改革进一步强化了医疗保险对医疗机构的激励约束作用。可以说，北京市各地通过上述一系列针对医疗服务的管理措施，初步建立了医疗保险对医疗服务的制约机制。特别是最近几年通过加大付费制度改革力度，有效遏制了医疗费用过快增长的趋势，缓解了医保基金的支付压力。

5. 有力支持和促进了医药卫生体制改革

一是促进了社会办医。在定点资格认定管理中，对民营医疗机构、公立医疗机构一视同仁、公平对待，不断增加民营医疗机构的定点数量。定点民营医疗机构的不断增加，进一步方便了参保人员就医，有力地支持和促进了社会办医。二是支持了公立医院改革。在2012年开始实施的公立医院医药分开的改革试点中，取消公立医院药品加成、挂号费、诊疗费，设立较高标准的医事服务费，医保也相应承担了较高的报销额度。三级医院普通门诊、副主任医师、主任医师、知名专家门诊医事服务费每人次分别为42元、60元、80元和100元，其中医保基金报销40元，住院医事服务费每床日80元，也全部纳入医保报销范围，按比例报销。三是支持了基层医改，促进了分级医疗。通过增加定点社区医疗机构、扩大基层用药范围、提高基层医疗机构报销比例、总额控制指标向基层倾斜等措施，积极支持基层和社区医疗服务的发展。2015年新增的定点医疗机构中，社区医疗机构占到近60%，目前所有定点医疗机构中，社区定点医疗机构占比达到65%；基层用药范围增加了224种；职工社区门诊报销比例进一步提高到90%，并对城镇居民中老年人和无业居民就医实行社区首诊制；在实施总额控制过程中，门诊总额指标向二级和一级基层医疗机构倾斜。

（二）面临的挑战

1. 管理体制城乡分割的挑战

北京市尚未统一城乡医保的管理体制，城乡分治的医保管理格局依然继续。管理分割不仅增加了政府的管理成本、降低了管理效率，也大大影响了医保基金的团购能力，制约了医保基金对医疗机构的监督能力。管理分割、城乡居民医保制度间相互竞争，使得新农合、城镇居民医保竞相提高待遇，从而导致城乡居民医保的基金压力越来越大，直接影响两项制度的可持续发展。

2. 管理监督能力不足的挑战

越来越复杂的医保管理，特别是针对医疗服务提供方的管理和监督，对于医保的管理监督能力提出了更高的要求。医保经办机构的专业化能力，亟须适应越来越精细化的医疗服务管理和支付制度改革的需要；专业的医疗保险监督执法队伍缺失，加上相关法律法规建设滞后，打击骗保欺诈的力度严重不足。另外，北京市的医保信息化水平还存在很大的提升空间，信息系统有待进一步升级改造，运用大数据促进医疗服务监督的能力也需要进一步提高。

（三）面临的问题

1. 城乡居民医保筹资机制不完善

北京市目前城乡居民医保均采用定额缴费的筹资办法。虽然筹资每年都有提高，但筹资规模及增长幅度均由政府每年通过发布行政命令的方式来确定，没有形成内生性的自动增长机制。医疗费用却每年都在自然增长，缺乏增长机制的定额筹资办法难以适应医疗费用自然增长的支付需要。另外，北京市的城乡居民医保筹资责任分担也不尽合理。其中，个人筹资增长缓慢，财政补贴增长快速，财政补贴所占比重越来越大，2014 年，城镇居民医保、新农合筹资中财政补贴所占比重分别达到了 86% 和 90%。过高的财政补贴比重会大大淡化其社会保险属性，存在福利化倾向。

2. 新农合与城镇居民医保制度有待整合统一

新农合与城镇居民医保存在诸多的相同之处：覆盖人群性质相

同，均为未就业或非正规就业、无工资性收入的人群，均实行自愿参保，均提供大病统筹待遇。两种制度的筹资方式相同、标准差异不大，且所使用的医保目录也相同（新农合也使用城镇医保目录），完全可以实行统一的制度。而且城乡制度分设也带来重复参保、重复补贴、管理成本过高、管理效率降低、制度间竞争带来的基金风险等问题。北京市城镇化水平非常高，农村居民所占比重较小，完全有条件尽快以城镇居民医保为主体，进行城乡居民医保的整合统一。

3. 基金支付压力越来越大

过去的 10 年间，北京市医保基金中，规模最大的职工医保基金（占三项医保基金总规模的 90% 以上）支出增幅大多高于收入增幅，基金累计结余呈不断下降趋势，只是最近两三年由于加大了支付制度改革的力度，基金收支状况才有所改观。城镇居民医保基金也一度出现当期赤字。在医疗费用快速增长、过度医疗难以控制的情况下，北京市医保基金的支出压力必然会越来越大。控制医疗费用增长、增加医保基金收入、缓解医保基金的支付压力，将成为医保改革乃至整个医改最为重要的任务之一。

4. 付费方式有待加快改革

虽然北京市已经对二级、三级医院全面开展了以总额预付为主的支付方式改革，对一级医疗机构也全面实施了医疗费用总量控制，在一定程度上遏制了医疗费用过快增长的势头。但总额预付、总量控制的具体办法还需要进一步完善。另外国际上普遍采用的 DRGs 支付方式目前仅在 6 家三甲医院进行试点，而且仅在 108 个病种组实施，还没有实现全员全病。北京市的付费方式改革需要进一步结合 DRGs 来推进总额控制的精细化管理，发挥复合式付费方式的综合效应。

5. 多层次医疗保障体系结构失衡

虽然北京市已经基本搭建起了由基本医保、补充医保、医疗救助组成的多层次医疗保障体系，但存在各层次保障制度结构失衡的问题。具体表现为：基本医保的责任过大、不堪重负；医疗救助比较弱小，难以真正发挥托底作用；目前的两项补充医疗保险（职工医保的大额医疗费用互助、城乡居民大病保险）均属强制性补充保险，一个来自基本医保的捆绑缴费，一个直接取自基本医保基金，与基本医保没有本质区别，真正的自愿性补充医疗保险却没有发展起来，并没有发挥应有的补充作用。

由于医疗救助资金不足、补充保险发展缓慢，政府和社会公众就将更高保障的期待投射到基本医保上来。但是，这种过高的保障期待实际上大大超出了基本医保的保障能力，是基本医保不可承受之重。

三 医疗保险未来发展的思路

（一）总体思路

根据北京市医疗保障的现状、面临的挑战和问题，我们认为北京市医疗保障未来的发展思路是：以完善制度为基础，以提升管理为重点，以医药卫生改革为支撑，逐步建立制度公平、管理高效、三医协同、基金可持续的医疗保障体系。完善制度包括基本医保制度的完善，城乡基本医保制度的整合，以及多层次医疗保障制度的合理分工和衔接，通过完善制度来进一步提升医保的公平性，也为发挥医保的购买功能和制约医疗服务奠定坚实的基础；提升管理包括完善医保的医疗服务监督管理和推动支付制度改革，充分发挥医保对医改的基础性作用，通过有效约束医疗服务来提升医保基金的使用效率和防控医保的基金风险；另外，在发挥医保撬动医改作用的同时，更需要加快医药卫生领域的改革，形成合理的医疗服务提供体系、医疗机构运行机制和医药价格形成机制，为医疗保障的可持续发展提供不可或缺的服务支撑。在医疗保障制度的发展中，上述三个方面的完善、改革和发展，缺一不可，三方面的均衡和协同发展，才能保障北京市医疗保障体系的公平、高效和可持续。

（二）发展目标

北京市医疗保障的发展目标是：建立和完善以基本医疗保险制度为主体，以医疗救助和补充医疗保险为辅助和补充，各层次医疗保障之间功能互补、关系协调、管理高效的医疗保障体系。具体来说包括以下内容。

制度建设方面：完善基本医疗保险制度，建立健全覆盖门诊和住院、结构完整、待遇适度的基本医疗保险制度体系，整合城乡居民基本医疗保险制度，"十三五"初期建立起统一的城乡居民医保制度，提高不同基本医疗保险制度之间的协调性，使得职工医保与城乡居民医保在大部分待遇政策（除报销比例、封顶线之外）和管理政策上保持一致，并保障医疗保险关系转移的顺畅方便。

制度覆盖面方面：三项基本医保的总体覆盖面继续保持在98%以上，巩固各项基本医保的参保率，做到应保尽保。

待遇水平方面：职工医保住院报销比例稳定在80%左右，进一步的待遇提高主要向特殊人群倾斜，为困难职工、医疗费用负担过重的大病患者提供特殊的优惠待遇，更好地化解他们的医疗费用负担；城乡居民医保住院报销比例进一步提高到70%左右并稳定在这一水平，之后的提高待遇也主要向特殊困难人群倾斜。

筹资方面：城乡居民筹资与居民收入挂钩，逐步实施按照城乡居民收入的一定比例缴费的筹资机制，同时调整财政和个人的筹资责任关系，提高个人责任比重、降低财政责任比重，逐步将财政、个人的筹资分担比例从目前的4.5∶1降低到3∶1。

多层次医保体系方面：明确政府、市场和个人的责任，建立基本医疗保险、医疗救助与补充医疗保险边界清晰、责任分担、功能互补的多层次医疗保障制度体系。一是明确基本医疗保险、医疗救助、补充医疗保险的责任范围和边界。基本医疗保险要适度，基本医保目录不能无限扩大，支付比例也不能过高；明确医疗救助对困难群体、高额个人负担的兜底责任。二是三层次医疗保障制度之间要功能互补。医疗救助和补充医疗保险待遇与基本保险待遇之间形成互补，不重复支付和报销，补充医疗保险只能用于支付基本医疗保险政策范围内个人负担和政策范围外个人自费部分的费用。三是三层次医疗保障之间在制度设计和管理上要协调统一。

经办管理方面：统一城乡医疗保险经办管理机构，并将目前的市医保中心升级为医疗保险管理局，统一城乡医保经办规程，统一城乡医疗保险协议管理，统一城乡医疗费用结算办法，建立医疗保险经办机构的垂直管理，将区级医保经办机构变为市级经办机构的分支机构，建立政府与市场相互配合的高效的医疗保障管理服务体系，通过医疗保障的强有力监督管理和建立供需双方积极的谈判机制，引导和推动医疗服务提供方体系结构的调整、管理和行为模式的转变。

四　进一步完善医疗保险制度和管理的政策建议

（一）完善城乡居民医保的筹资机制

一方面，将目前按固定金额缴费的城乡居民医疗保险筹资方式转变为按收入（缴费基数）的一定比例缴费，使得缴费随经济发展、收入增长而自然增长，与医疗费用自然增长、医疗保险基金支出自然增长相适应。具体来说，在目前还无法获取每个参保人的真实经济收入的情况下，可用本市城镇居民家庭人均收入作为城镇居民医保的缴费基数，本市农村人均纯收入作为新农合的缴费基数。至于具体的缴费比例，初始阶段可依据目前的定额缴费金额除以人均收入得出的比例来确定，此后缴费比例保持相对稳定，缴费金额随着收入增长而自然增长。另一方面，调整个人与财政补贴的责任关系，逐步增加个人缴费在居民医保筹资中的比重。可参照职工医保单位和个人缴费比例关系，逐步将城乡居民医保财政筹资与个人筹资比例关系调整到3：1，并就此固定下来。

（二）在统一城乡医保管理体制的基础上整合统一城乡居民医保制度

2016年初，国务院出台了《关于整合城乡居民基本医疗保险制度的意见》（国发〔2016〕3号），北京市应尽快出台制度整合的具体政策。城乡制度整合的前提是管理体制的理顺。由两个理念不同、政策思路不同、管理方式也不同的主管部门共同制定城乡居民医保制度整合的基本政策和管理办法会非常困难。因此，应尽快将新农合移交人社部门，实现城乡医保的完全统一管理。本着社会保险统一管理的原则，在城镇医保经办管理能力远远强于新农合经办能力的情况下，形成第三方对医疗服务提供方的强有力制约，将整个医保交由人社部门统一管理最为合理，也最有利于促进整个医改。在统一城乡医保管理体制的基础上，稳步推进新农合和城镇居民医保制度的整合，实行统一的城乡居民医保制度。一是统一参保办法和筹资水平。改变新农合家庭整体参保的做法，城乡居民均统一实行以个人身份参保的办法；统一城乡居民的个人缴费标准，取消原有的城镇居民分人群实行不同缴费标准的做法，全体城乡居民不论年龄大小、身份差异，均采用统一的缴费标准。逐步将个人缴费方式由定额筹资转变为按城乡居民平均收入的一定比例缴费。二是统一待遇水平，统一城乡居民医保的起付线、支付比例和封顶线，门诊大病的病种范围和支付水平，门诊统筹的起付线、支付比例和最高限额。三是提高统筹层次，全面实行城乡居民医保的市级统筹。先统一各区的新农合筹资待遇政策，将新农合的统筹层次提高到市级统筹，将新农合的经办管理交由市医保管理中心统一管理。在此基础上，实行城镇居民医保与新农合制度的整合统一，从而实行市级统筹的城乡居民医保制度。四是统一医保经办服务体系。一方面，加强基层乡镇、街道社保事务所的功能，赋予其一定基层医疗服务的监管责任；另一方面，统一信息系统，统一医疗服务管理，统一费用支付办法，统一医保业务经办流程和规范，统一定点医疗机构的协议管理。

（四）进一步推进支付制度改革

一是进一步巩固和完善付费总额控制。继续全面实行各级各类医疗机构的付费总额控制。在充分分析现有数据的基础上，科学合理确定各级各类医疗机构的总额控制标准、监督监管指标和结余超支的共享分担比例。二是逐步扩大 DRGs 的试点医院范围，并实行全病种组的 DRGs 付费。三是对没有实行 DRGs 付费的医疗机构，以 DRGs 技术为基础，对医疗机构管理情况进行科学评估，促进医疗机构不断提高管理水平和医疗技术水平。逐步将北京市的付费方式转变为以总额预算管理为基础、住院以 DRGs 支付为主的复合式付费方式。

（五）建立专门监督执法机构，进一步加强医疗保险监督执法

北京市医保经办机构医疗服务监督管理力量严重不足，而且同时承担服务购买和服务监督功能也并不合理，另外，综合性的劳动保障监督执法队伍由于能力有限，也无力开展专业性较强的医疗服务监督。为加强医疗保险监督，控制不合理医疗费用，防范欺诈骗

保，非常有必要学习借鉴天津、上海等地的做法，建立独立的医疗保险监督执法机构——医疗保险监督检查所，承担专业化较强的医疗保险监督执法职能，开展对参保人、参保单位、定点医药机构以及医疗保险经办机构等医疗保险利益相关方的监督执法活动。另外，相关法律法规也要进一步完善，为针对医疗保险的欺诈骗保等违法行为的从严惩处提供强有力的法律保障。

（六）强化医疗救助，促进补充保险发展，平衡多层次医疗保障体系

首先，明确基本医保的有限责任。基本医疗保险应坚持全覆盖、保基本的原则，侧重于为绝大多数人提供的医疗保障，筹资水平与社会经济发展水平相适应，待遇水平要适度，应为补充保险留有一定的空间。

其次，强化医疗救助的功能。在北京，医疗救助的薄弱成为迫使基本医保保障责任不断扩大、不堪重负的重要推手。在医疗保险与医疗救助制度分设、分别管理的情况下，有必要明确基本医保、医疗救助的责任范围，实行明确的责任分担。具体来说，基本医保应定位于化解一般人群的大病费用负担，而医疗救助则在基本医保的基础上，专注于进一步化解少数特殊人群的大病负担。为此，必须强化医疗救助的功能和作用。应通过大幅增加政府的救助资金投入，为更多的特殊人群（从目前的低保、低收入人群延伸到因病致贫的人群）提供更高的救助性保障，真正承担起医疗保障的托底功能。另外，还应该充分利用社会慈善资源。基本医保和医疗救助都是由政府承担责任。在政府资源有限、无力提供充分保障的情况下，非常有必要发挥社会的作用，充分利用社会慈善资源，为基本医保和医疗救助仍然不能化解经济负担的人群提供额外的社会帮助。慈善性的医疗保障资源具有很大的拓展空间。通过政府资源和社会资

源的结合，可以发挥出比各自为政更大的综合保障效应。

另外，北京市也应该大力发展商业健康保险。多层次医疗保障从失衡走向平衡，也需要商业健康保险发挥更大的补充作用。商业健康保险的发展，需要保险业更加积极进取，创造更多符合社会需求、与基本医保相匹配的补充保险产品，同时还需要各种社会力量的积极宣传，培养人们的保险意识和责任意识，提升健康保险产品的购买意愿，形成保险市场买卖双方的良性互动。

（七）协同推进医药卫生体制改革

加快医疗、医药领域的改革进程，以市场机制为导向，尽快推动医疗服务提供体系和医药价格形成机制的实质性改革，为医疗保险通过市场化的购买机制激励和约束医疗服务提供方创造有利条件，从而真正形成三医改革的方向统一和协同协调。一是建立公立医院自主运行的法人治理结构，控制大型公立医院的发展，促进社会办医，逐步形成竞争性的医疗服务市场。二是保障公立基层医疗机构的运营自主权，同时鼓励民营基层医疗服务机构的发展，形成有竞争、充满活力、真正能够促进强基层的基层医疗服务市场。三是改革现有的行政定价的医药价格形成机制，明确市场导向的价格形成机制，通过利益相关方（医保、医疗机构、医药企业）的市场谈判形成价格，政府主要发挥监管作用。

（八）开展长期护理保险探索

北京市人口老龄化在不断加重。2014 年，北京市户籍人口中，60 岁以上人口所占比重达到了 22.5%，65 岁以上人口比重也达到了 15.3%。老年人花费的医疗费用通常是在职人员的 3—5 倍。老龄化程度加重对北京市的医疗保险支出带来越来越大的压力，老龄化对医疗保险可持续发展也构成了巨大挑战。为积极应对老龄化，北京市在"十三五"时期有必要探索建立长期护理保险制度。

建议采取分两步走的发展战略：第一步，可在现行基本医疗保险制度框架内，将医疗护理的相关费用纳入政策报销范围，促进医疗护理服务向基层社区医疗服务机构和居家护理转移，以降低失能老年人长期住院带来的医疗资源和医保基金的浪费。第二步，单独建立具有社会保险性质的长期护理保险制度，成为一个新险种，实行强制参保、单独筹资，覆盖目前所有的城镇职工、城乡居民医保参保人群。所需资金主要来自个人缴费、财政补贴、医保基金适当划转、社会捐助等。长期护理保险主要为失能半失能老人（可逐步扩大到所有年龄的失能半失能人口）提供医疗护理和日常生活照护服务的费用保障，并与居家护理、社区护理以及专业机构护理等护理产业发展相辅相成。

北京市失业保险发展评估研究报告[*]

纵观北京市近 10 年来失业保险制度的发展历程，堪比一首气势雄浑的交响乐，处处是华彩篇章。由于政策目标明确，功能定位清晰，工作踏实严谨，北京市的失业保险制度从建立伊始，即进入稳中缓升的轨道。北京市的失业保险从一开始就围绕建立市场导向的就业机制、促进城乡充分就业、实施积极就业开展相关工作，在整个北京市积极就业政策的建立及发展过程中，北京市的失业保险政策与积极的就业政策就像一对孪生兄弟，相互扶持、相互推动、相互促进。在北京市积极就业政策体系中，失业保险所发挥的促进积极就业的作用，可以说是最浓墨重彩的一笔。

一 失业保险发展概况

（一）发展沿革

北京市的失业保险制度建立于 1986 年。1998 年国企改制后，北京市的失业保险制度经历了"双轨"、"并轨"、"职能转变"三个发

---

* 执笔：费平。费平，人社部社会保障研究所社保基金管理与失业保险室副主任，电子邮箱：feiping623000@163.com。

展时期。

1. 第一时期（1998年至2001年），"双轨"并行期

在这一时期，北京市通过建立再就业服务中心保障下岗职工基本生活，促进其实现再就业。北京市下岗职工基本生活保障制度与失业保险制度双轨并行，失业保险制度主要发挥保障生活的功能。

2. 第二时期（2001年下半年至2002年），"并轨"期

2001年，京政发〔2001〕16号文要求从2001年1月起，国有企业不再建立新的再就业服务中心。对再就业服务中心内的下岗职工要做到筹资渠道不变、工作力度不减，确保他们的基本生活。该文件提出，2001年要有60%以上的下岗职工走出再就业服务中心，实现再就业。到2002年底，平稳撤销再就业服务中心。在这一时期，北京市失业保险的工作重点是完成国有企业下岗职工基本生活保障向失业保险的并轨，市场导向的就业机制初步建立。

3. 第三时期（2003年至今），失业保险促进积极就业的功能大发挥期

在这一时期，北京市失业保险围绕"促进城乡充分就业、实施积极就业"这一政策目标，不断创新失业保险基金的支出项目、加大失业保险基金的投入力度、扩大失业保险基金辐射的群体范围，为北京市实施积极就业政策贡献了重要力量。

通过调研和梳理北京市近10年来出台的失业保险政策及其实施历程，我们又将第三时期的失业保险工作划分为以下三个阶段。

（1）第一阶段：2003年至2005年。这一阶段是以积极就业为导向的失业保险制度建立时期。在这一阶段，北京市失业保险政策重点关注群体是失业人员和就业困难群体，出台了一系列措施鼓励失业人员和就业困难人员积极实现再就业，主要包括鼓励失业人员社区弹性就业、自谋职业社保费补助、用人单位招用失业及就业困难人员社保补贴和岗位补贴、小额担保贷款、公益性就业岗位开发、免费职业培训等，初步建立起积极推动和促进城镇失业人员和大龄就业困难人员实现再就业的失业保险政策体系。

（2）第二阶段：2006 年至 2009 年。这一阶段是以积极就业为导向的失业保险制度完善时期。统筹城乡就业、建立区域就业均衡发展机制、化解金融危机影响成为这一时期的政策重点。北京市的失业保险实现了政策突破和受益群体突破。一是失业保险政策开始向农村就业群体、高失业率地区倾斜；二是突破原来城镇失业人员这一受益群体范围，将城乡就业困难人员也纳入失业保险政策的扶持范围。北京不仅进一步完善了前期的失业保险政策，还先后出台灵活就业人员社保补贴办法（京劳社就发〔2006〕160 号）、高失业率地区失业人员就业政策（京劳社就发〔2008〕134 号）、大力开发社区公益性就业岗位（京政发〔2009〕6 号）、支持企业稳定就业岗位（京劳社就发〔2009〕57 号）等措施，缓解了金融危机对就业的影响，推动了城乡统筹就业和区域均衡就业目标的实现。

（3）第三阶段：2009 年至今。这一阶段是以积极就业为导向的失业保险制度功能拓展时期，也就是失业保险发挥预防失业功能时期。在这一阶段，北京市继续完善各项失业保险政策，积极发挥失业保险的促就业功能，并在此基础上拓展了失业保险功能，从促就业向防失业转变。北京出台就业困难地区的就业倾斜政策（京人社就发〔2011〕35 号）、完善用人单位岗位补贴和社会保险补贴政策（京人社就发〔2012〕308 号）、进一步完善社会公益性就业组织管理试行办法（京人社就发〔2014〕170 号），并在部分企业试点防失业工作（京人社就发〔2014〕69 号）。

总之，北京近 10 年来的失业保险制度建设，始终围绕北京市的整体发展目标，配合北京市确定的积极就业政策，稳步推进失业保险保障基本生活和促就业两项功能。其中，最大的成绩是有效发挥了失业保险促就业功能，在这一方面，北京市失业保险基金不仅对地方财政的替代效应明显，而且随着扶持群体范围的扩大、政策执行效率的提高，其取得的促就业成效也极其显著。

（二）基本制度

1. 参保群体、待遇水平、费率标准

（1）参保范围。根据规定，北京市行政区域内的城镇企业、事业单位、民办非企业单位及其职工，社会团体及其专职人员，有合同制工人的国家机关及其合同制工人，有城镇职工的乡镇企业及其城镇职工，有雇工的城镇个体工商户及其雇工，有农民合同制工人的城镇企业、事业单位及其农民合同制工人，均参加失业保险。

（2）待遇水平。北京市失业保险金标准是根据失业人员失业前缴纳失业保险费的年限，按照低于本市最低工资标准、高于城市居民最低生活保障标准的原则，结合本市经济发展及居民生活水平等因素确定和调整。失业保险金发放标准：累计缴费时间不满5年的，为1122元/月；累计5年不满10年的，为1149元/月；累计10年不满15年的，为1176元/月；累计缴费时间满15年不满20年的，为1203元/月；累计缴费时间满20年以上的，为1231元/月；从第13个月开始，失业保险金标准一律按1122元/月发放。

（3）领金期间的医疗保障。2011年，根据国家统一规定，北京市出台了领取失业保险金人员参加职工基本医疗保险的政策。失业保险基金以上一年本市职工月平均工资为缴费基数，按照12%的缴费比例及每人每月3元标准按月为领金人员缴纳基本医疗保险费，同时领金人员可以享受与在职职工同等的医疗待遇。同一个自然年度内，领金人员参加职工医保，其失业前后、再就业前后享受同一门诊（住院）起付线，所发生的门急诊、住院医疗费及住院次数累计计算。失业人员在领取失业保险金期间死亡，发给丧葬补助金5000元。

（4）费率水平。为减轻企业和职工负担，受金融危机期影响，

北京市自 2009 年 1 月 1 日起，降低失业保险缴费费率，将失业保险费率由原来的单位缴 1.5%、个人缴 0.5% 调整为单位缴 1%、个人缴 0.2%。金融危机之后，仍然执行这一费率标准。

2. "防失业、促就业"功能

2006 年，国家将北京等东部七省市纳入扩大失业保险基金支出范围试点。受益于国家的倾斜政策，北京市利用失业保险基金，结合当时的就业形势发展，发挥失业保险促进就业的功能，制定并实施了一系列积极的促进就业政策。具体包括：鼓励用人单位招用城乡劳动力的岗位补贴及社会保险补贴政策；鼓励城镇失业人员自谋职业（自主创业）、灵活就业的社会保险补贴政策；鼓励就业服务机构、职业培训机构提供免费服务的职业指导、职业介绍和职业培训补贴政策；对就业特困人员实行公益性"托底"安置政策；促进就业困难地区城乡劳动者就业的帮扶政策；等等。与 2006 年 5 号文的政策规定相比，北京市将失业保险基金的支出范围扩大到职业介绍补贴、职业培训补贴、社会保险补贴、岗位补贴、帮扶资金补贴、援企稳岗补贴、公益性就业组织专项补贴等 8 大类 20 余个项目；并将受益群体从城镇参保的失业人员扩大到城镇登记失业人员和农村转移劳动力，同时将就业困难人员的范畴从城镇就业困难人员转向城乡就业困难人员。

为确保失业保险促就业政策的执行，北京市出台的失业保险"防失业、促就业"项目全部经市政府批准并报国务院备案，并由市人社局和市财政局共同下发文件。为了有效发挥失业保险基金促就业功能，北京市对失业保险基金与就业专项资金所资助的项目进行了归并和调整，避免了项目重复和资金投入重复问题。其中，能用失业保险基金支付的，用失业保险基金支付；不能用失业保险基金支付的，由就业专项资金支付。

除了北京市规定的相关政策，各区县还可以制定并执行符合本地特色的失业保险政策。就业困难地区出台鼓励用人单位招用城乡劳动者的社保补贴、岗位补贴，鼓励城乡劳动者自谋职业（自主创业）社保补贴政策所需资金，由失业保险基金给予 75% 的补贴。

3. 组织架构、管理体制及经办服务体系

北京市负责失业保险工作的组织机构是北京市就业促进处（失业保险处）。就业促进处（失业保险处）为北京市人社局下设的正处级单位，其中失业保险方面的主要职责是：失业保险政策和制度的制定和组织实施；拟订就业专项资金和失业保险基金管理办法；负责就业、失业的预测预警和信息引导；负责关停破产企业职工分流、安置工作的协调、指导；等等。北京市失业保险的经办业务统一由北京市社会保险基金管理中心负责，不过目前大多数经办业务已下沉到各区县。

在各区县，负责失业保险工作的是人社局下设的就业促进科（失业保险科）及各中心。其中就业促进科（失业保险科）主要承担本区域失业保险的行政管理职能。业务经办主要由职业介绍服务中心和劳动服务管理中心负责。其中，职业介绍服务中心主要负责失业保险的待遇审核，劳动服务管理中心主要负责促进就业政策审批。在区县一级，就业促进科（失业保险科）属于行政单位；职业介绍服务中心属于规范事业单位；劳动服务管理中心属于参公管理事业单位。

乡镇一级的失业保险经办业务由各街道、乡镇的社会保障事务所承担。每个社保所均设立专门的失业保险待遇经办窗口，承担辖区内与失业保险相关的工作。

从管理体制看，北京市失业保险实行市级统筹，市与各区县失业保险经办机构之间为业务指导关系。

目前，北京市已形成三级管理、四级服务的经办服务体系。市级设有就业促进处（失业保险处）、社会保险基金管理中心；区县设

有就业促进科（失业保险科）、职业介绍服务中心和劳动服务管理中心；乡镇（街道）设有劳动科、社保所；社区（村）设有就业服务站。

北京市的社会保险经办服务由市、区、街道（乡镇）三级平台承担，主要的社会保险业务已经全部下沉到街道（乡镇）。

4. 信息系统

北京市的失业保险信息系统依托北京市人力资源市场信息系统平台构建并运行。失业保险信息系统在 2007 年 7 月就已经延伸到本市的全部街道和乡镇，为市、16 个区（县）、1 个开发区、329 个街道（乡镇）失业保险经办机构提供失业保险待遇发放服务。

目前，失业保险信息系统与社保系统还没有实现互联互通，只是在一定程度上实现了数据信息的互通和共享。失业保险信息系统与社保系统之间存在三类互动信息。一类：社保数据共享，在失业系统的档案接收、失业保险待遇预核定、失业保险待遇申领、按月失业保险金发放、一次性失业保险金发放时读取社保系统的养老、失业以及医疗信息；二类：社保代为发放失业保险金，在失业系统的失业保险金预发放成功后通过社保系统统一进行银行发放；三类：社保回收退费，在失业系统收缴的退费，统一上交到社保财务部门。

（三）运行情况

1. 参保群体不断扩大，基金收入稳步增加

近年来，北京市参加失业保险人数扩张很快。从 2006 年的 482.2 万人增长到 2014 年的 1057.13 万人，增长了 119%。从基金收入来看，北京市失业保险基金收入稳步增加，从 2006 年的 22.6 亿元增长到 2014 年的 62.6 亿元，增长了 177%。失业保险基金滚存结余也逐年增加，从 2006 年的 32.5 亿元增加到 2014 年的 163.7 亿元，增长了 404%。

2. 待遇水平稳步提高

1999 年以来，北京市失业保险金标准一直在逐年提高，平均水平从最初的 333 元/月提高到了目前的 1066 元/月，提高了 2.2 倍。农民合同制职工一次性生活补助标准由 160 元/月上调至 848 元/月，提高了 4.3 倍。失业人员丧葬补助费标准也由原来的 800 元提高到了 5000 元。2015 年 4 月 1 日，北京市再次提高失业保险金标准，在现行基础上平均每档上调 110 元。

3. 失业保险基金收支结构逐渐优化

近 10 年来，随着北京市失业保险"保生活、防失业、促就业"三位一体功能的完善，失业保险基金支出呈现"一增一减"的趋势，即促进就业支出增加明显，保障失业人员生活支出大幅减少（见表 1）。2005 年，北京市用于促就业的基金支出比例仅为 43.1%，随后这一比例缓慢攀升。2008 年，由于金融危机的爆发，随着一揽子促就业措施的出台，北京市用于促就业的基金支出比例大幅度提高，2010 年曾一度达到 87.3%。随后逐步放缓、稳定，基本保持在 80% 左右。基金收支结构逐渐优化。

表 1　北京市 2005—2014 年失业保险基金收支情况

年份	收入（亿元）	支出（亿元）		合计（亿元）	当年结余（亿元）	滚存结余（亿元）
		保生活	促就业			
2005	18.90	7.53	5.71	13.24	5.66	22.01
2006	22.57	5.78	6.31	12.09	10.48	32.51
2007	28.42	4.55	6.22	10.77	17.65	50.33
2008	34.75	4.14	9.34	13.48	21.27	71.60
2009	27.90	4.64	13.19	17.83	10.07	81.67
2010	29.98	3.18	21.92	25.10	4.88	86.56
2011	36.36	5.78	21.90	27.68	8.68	95.23
2012	46.34	6.00	22.95	28.95	17.39	112.62

年份	收入（亿元）	支出（亿元）		合计（亿元）	当年结余（亿元）	滚存结余（亿元）
		保生活	促就业			
2013	56.48	5.37	26.74	32.11	24.37	136.99
2014	62.64	6.47	29.48	35.95	26.69	163.68

从 2006 年至 2014 年，北京市失业保险基金支出促就业经费 158.05 亿元，共帮助 170 余万失业人员实现了就业和再就业，城镇登记失业率一直控制在 2.3% 以内。

二　成效、经验和问题

纵观近 10 年北京市失业保险发展，可以看到北京市在促进就业、维护社会稳定方面所做的积极努力和取得的巨大成效。这里既有中央政策的支持，又有北京市立足自身实际的创新。当然，北京市在推进失业保险工作的过程中也面临一些困难和问题。这些困难有的需要国家层面统一解决，有的则需要北京市进一步完善其制度体系。

（一）成效和经验

1. 中央的政策支持

北京市失业保险工作之所以能够取得较好成效，一个很重要的原因就是中央给予了政策倾斜。2006 年国家确定将东部 7 省（市）作为扩大失业保险基金支付范围的试点，并对北京适当放权，从而使北京市在一定程度上有了放手使用失业保险基金的机会。

2. 高效的组织架构和管理体制

这是北京市失业保险"促就业"工作能够有效推进的重要组织保障。北京市没有单独设立就业局，承担就业失业工作行政职能的就业（失业）促进处以及各区县的就业（失业）促进科直接设在人社局，经办服务则由各级社保中心负责，从而实现了就业、失业、社保三位一体的高效统一，降低了多部门之间的沟通协调成本，避免了单独设立就业局（将失业保险工作放在就业局里）、单独设立失业保险经办机构或者将失业保险工作放在社保局（就业局单列），消除了失业与就业工作割裂的弊端。

3. 始终以"促进积极就业"作为失业保险工作的出发点和立足点

北京市自 2002 年实现下岗职工基本生活保障制度向失业保险制度的并轨之后，始终以"促进积极就业"作为失业保险工作的出发点和立足点，坚持"保生活、促就业"的双重功能。在这个过程中，北京市的失业保险不断扩大政策的受益群体，不断拓展失业保险功能。失业保险政策扶持群体从国企改制的下岗分流职工到农村有就业愿望的劳动力，从城镇就业困难人员到城乡就业困难人员；扶持项目从激励个人积极就业到激励企业积极吸纳就业；从免费为个人提供职业培训到支持企业开展培训。正是在"促进积极就业"的目标要求下，北京市的失业保险才得以有效发挥"防失业、促就业"的功能。

4. 注重政策的公平和高效

（1）注重城乡统筹，协同发展。在基本生活保障方面，根据政策规定，北京市失业保险保障的是在城镇参保的失业人员的权益，但是在发挥防失业、促就业功能时，北京的失业保险政策则突破了在城镇参保的失业人员这一政策界限，将其范围扩展到所有登记失业人员和农村转移劳动力。在北京市涉及失业保险基金的 8 大类 20 余项促就业项目中，岗位补贴、社保补贴、职业培训补贴、职业介绍补贴等方面均实现了城乡一致。

（2）确定不同发展阶段的不同扶持重点。在国企改制初期，北京市失业保险促就业政策的重点是确保大量的国企下岗分流职工尽快就业，因此，这一时期国企下岗分流职工成为政策关注的重点人群，大龄就业困难人员则是重中之重。北京市通过解决好国企下岗分流职工和就业困难人员的就业问题，维护了北京的安定团结。

2006 年以后，北京市着手建立区域均衡发展机制，受此政策影响，2009 年前后，北京市失业保险促就业政策开始向农村人口倾斜，城乡就业困难人员被纳入失业保险促就业政策的覆盖范畴，并相继出台了一系列地区倾斜政策，以促进就业困难地区城乡劳动者就业。在这一时期，北京市高失业率地区、就业困难地区成为政策支持的重点。① 这些措施的出台，大大缓解了区域就业矛盾，推动了区域就业的均衡发展。

2012 年之后，随着首都转型调整进程的加快，北京市就业工作形势发生了新变化，开始探索建立"预防失业"政策体系，逐步实现向"稳定就业、预防失业"的战略转移。一是 2013 年印发《北京市人力资源和社会保障局北京市财政局关于拓展失业保险功能支持企业开展培训提升职工素质的意见》（京人社能〔2013〕104 号），启动了对按时足额缴纳失业保险费、提取使用职工教育经费、按计划开展职工培训的试点企业给予培训补贴，支持企业提升职工素质。二是 2014 年下发《关于印发〈开展用人单位稳定就业岗位补贴试点工作的实施办法〉的通知》（京人社就发〔2014〕69 号），拟对关系国计民生、受产业结构调整影响较大、就业稳定性较好的试点企业，给予稳定就业岗位补贴，引导用人单位稳定就业岗位。

---

① 北京市对高失业率地区、就业困难地区的政策支持措施包括：①将高失业率地区城镇登记失业人员职业培训补贴由区县负担 10%、失业保险基金负担 90%，调整为全部由失业保险基金负担。②将高失业率地区公益性就业组织的专项补贴比例由区县负担 1/3、失业保险基金负担 2/3，调整为区县负担 20%、失业保险基金负担 80%。对安置高失业率地区就业困难人员的其他区县的公益性就业组织，也由失业保险基金负担 80%。（京劳社发〔2008〕134 号）对于房山、门头沟等 8 个就业困难地区，北京市规定：①就业困难地区出台鼓励单位招用城乡劳动者的社会保险补贴、岗位补贴，鼓励城乡劳动者自谋职业（自主创业）社会保险补贴政策所需的资金，可以由失业保险基金给予 75% 的补贴。②就业困难地区公益性就业组织专项补贴由区县就业专项资金负担 20%，失业保险基金负担 80%；其他区县的公益性就业组织，安置就业困难地区就业困难人员的补贴由安置区县就业专项资金负担 20%，失业保险基金负担 80%。（京人社发〔2011〕35 号）

（3）不断放宽政策限制，提高政策的可实施性和有效性。为了更好地适应就业形势发展变化，北京市不断调整政策适用范围。

一是将享受失业保险就业扶持政策的人员从领取失业保险金的失业人员扩大到所有的城镇登记失业人员。将就业困难人员的范围从最开始的"城镇4050人员"（2003年）扩大到后来的"4050人员、中重度残疾人员、低保人员"（2009年），再到之后的"城乡4050人员、残疾人员、低保人员、初次进京随军家属、登记失业一年以上人员、'零就业家庭'劳动力、'纯农就业家庭'劳动力"（2012年）。

二是将享受社保补贴和岗位补贴的单位由最开始的劳务派遣企业扩展到社会各类用人单位，并将享受政策的限制条件从"签订3年以上期限劳动合同"降低为"签订1年以上期限劳动合同"，使更多的单位享受到了补贴政策。

三是将高失业率地区职业培训补贴由最初的失业保险基金负担70%，调整为90%，再至全额负担。

四是加大社区公益性就业岗位的帮扶力度。由原来失业保险基金负担专项补贴额度的33%提高到50%。经济欠发达、就业任务特别繁重的区县，由失业保险基金负担80%。

五是促进就业政策向农村延伸，将部分促进就业政策由城镇登记失业人员扩展到有转移就业愿望的农村劳动力。

（二）存在的问题

1. 失业保险制度仍需进一步打破城乡壁垒

随着北京市城市化进程不断加快，城乡二元结构向城乡一体化发展成为必然。北京市在就业失业管理制度上打破了城乡二元结构，实现了城乡统一的就业、失业管理制度，并率先出台城乡一体化的促进就业政策体系。但失业保险无论参保缴费还是待遇享受，在政策规定上都存在城乡不对等的问题，城镇人员和农业户籍人员在待遇水平上存在较大差异，这虽然因循了失业保险条例的规定，但不符合后来出台的社会保险法。

2. 失业保险促就业制度尚未实现城乡统一

目前，在促进城乡劳动力就业方面，尚未完全突破城乡二元结构的束缚，城乡劳动力就业依然存在较大差距。比如：单位招用城镇失业人员和城市化地区劳动力可享受社会保险补贴、岗位补贴等政策，但对于农村劳动力，仅招用农村就业困难人员可享受单位招用政策。再如，城镇失业人员自谋职业、灵活就业可以享受社会保险补贴，农村劳动力就没有此项政策支持。

3. 部分"促就业"项目的效率仍有待提高

一是培训资源不能满足失业人员个性化培训需求。目前全市范围内可享受补贴的培训工种为 128 个，但有些失业人员在选择合适的工种报名后，由于成班人数的限制和教学成本的要求，无法培训，不能满足失业人员个性化培训需求。二是培训工种与市场需求存在差距。目前培训市场主要以传统工种培训为主，比如电工、计算机操作员、插花员等。培训工种与市场有一定程度脱节，许多热点职业的国家标准开发较为滞后。以海淀区为例，根据统计，近两年海淀区失业人员培训后就业率在 60% 左右，就业人员中 90% 以上属于灵活就业；创业培训后的创业成功率不足 1%。不能满足人力资源市场对求职者职业技能的要求，培训后就业率低，没有充分发挥职业培训促就业、防失业的作用。

4. 基层就业服务人员队伍有待进一步优化

目前，全市基层公共服务队伍力量弱、人员编制少、服务能力不足等问题日益突出。一方面，郊区县社保所编制为 3—5 名，编制明显不足。另一方面，村级劳动保障协管员统一配备为就业困难人员，受年龄和自身素质影响，就业服务能力差、现代化服务手段运用困难、就业服务人员满意度低，成为制约就业服务工作可持续发展的瓶颈。

三 "十三五"时期面临的主要形势

党的十八届三中全会提出要建立经济发展和扩大就业的联动机制，健全政府促进就业责任制度。北京市提出了创新驱动发展、推进经济结构战略性调整、推进城乡一体化发展、提升城市服务管理水平、促进民生持续改善的发展方向，为进一步做好北京市就业工作指明了新的方向。

"十三五"时期，北京市仍将处于"三期叠加"阶段，经济保持平稳增长的压力加大。随着产业升级步伐加快，小散低劣产业和三高（高污染、高耗能、高耗水）企业逐步淘汰，产业将向多元化、高精尖发展，金融产业、文化创意产业将成为新的产业集群，这将为北京市带来大量高质量就业岗位，为提升北京市的就业质量提供有力条件。但产业调整也会带来阶段性就业拉动不足的问题。产业转型提质阶段，重大项目、战略性新兴产业建成和形成经济效益尚需时间，经济增长内生动力不足，就业拉动力略显不足。

"十三五"时期，北京市就业总量矛盾和结构性矛盾的问题依然突出。首都经济圈及京津冀协同发展战略的确定，将对北京的就业市场产生影响。因此，处理好人口与产业发展关系，加快落后产能淘汰，对北京市有效人力资源供给提出了更高要求。

"十三五"时期，新的失业保险条例可能出台，这对北京市近10年来形成的失业保险促就业格局带来较大冲击。随着经济下行压力的加大，北京市整体就业形势并不乐观。如果再收缩失业保险促就业支出项目，一方面会造成失业保险基金大量结余，另一方面会增加政府促就业的财政支出负担。如果骤停运行良好的失业保险促就业政策，由于涉及的受益群体数量众多，势必引起不良的社会反响。

因此，"十三五"时期，如何在新的失业保险条例的规定下，积极应对严峻的就业形势，发挥失业保险促就业功能，是北京市失业保险面临的一项重大课题。

四　发展思路、目标和政策建议

（一）发展思路

按照党的十八大和十八届三中全会关于建立更加公平可持续的社会保障制度的要求，根据国家社会保障"十三五"规划和失业保险制度的总体安排，坚持"保生活、防失业、促就业"的基本方针，进一步明确失业保险制度发展目标，完善相关制度与政策，统一信息管理系统，健全基层公共服务体系平台，建立更趋完善、统一、规范的失业保险制度，建立健全失业保险预防失业、促进就业的政策体系和稳定就业的长效机制。

（二）发展目标

未来五年，北京失业保险制度发展的主要目标是：失业保险制度更趋完善，制度的吸引力不断增强。失业保险覆盖面进一步提高，失业保险缴费和待遇水平更加合理，"保障生活、预防失业、促进就业"的制度功能得到有效发挥，失业保险经办管理体制进一步理顺，基层经办服务能力加强，信息化水平进一步提高。

制度建设目标：进一步完善失业保险制度，适当调整失业保险费率，进一步提高失业保险待遇标准，保障生活、预防失业、促进就业的制度功能得到有效发挥。

覆盖面目标："十三五"末，北京市失业保险基本实现目标群体全覆盖。

筹资水平目标：根据北京市失业保险基金的收入、支出项目及支出情况，合理确定北京市失业保险基金的筹资水平。

保障水平目标：合理确定失业保险金水平，失业保险金替代率基本达到国际平均水平，约占缴费基数的30%—40%。根据北京市经济发展水平和居民收入等因素，建立失业保险待遇标准调整机制。

经办服务目标：理顺失业保险经办管理体制，加强基层经办能力和队伍建设，提高业务经办的信息化水平。

（三）政策建议

1. 积极应对严峻的就业形势，继续发挥失业保险"防失业、促就业"功能

"十三五"时期，如果新的失业保险条例出台，北京市应继续发挥失业保险"防失业、促就业"功能，积极应对经济下行及严峻的就业形势。其一，按照新的失业保险条例的规定执行失业保险政策；其二，建议将那些口碑好、执行效率高的失业保险促就业项目保留下来，通过各区的财政支持，确保这些项目可以继续贯彻执行下去；其三，应结合北京市的特点，积极争取中央和人社部支持，在完善失业保险制度、降低失业保险费率等方面争取一定的自主权。如果新的失业保险条例不出台，北京市则应抓住这一契机，继续发挥失业保险"防失业、促就业"功能，积极应对，帮助企业渡过难关。

2. 进一步完善失业保险制度

（1）建立城乡一体化的失业保险制度。一是制度统一。打破城乡户籍限制，取消城镇或农业人员类别划分，从参保缴费到待遇享受，不管是城镇还是农村人员，均参加城镇职工失业保险制度，并享受同等待遇。二是失业保险促就业的优惠政策统一。取消城乡差别，统一享受优惠政策。三是政策普惠化。将促进城镇失业人员就业政策继续向农村延伸，真正实现城乡一体。

（2）适时调整失业保险费率。按照"以支定收、略有结余"的

原则，根据北京市失业保险基金支出情况合理确定失业保险费率。北京市目前失业保险基金累计结余仍较多，建议适当调整失业保险费率，增加制度的吸引力，以降低企业负担，在经济下行期帮助企业渡过难关。

（3）改革失业保险待遇计发办法。将失业保险待遇与缴费水平挂钩，根据失业人员失业前的缴费水平确定失业保险待遇水平，建立失业待遇的正常调整机制，这样的待遇计发办法更公平，更能体现"权利与义务对等"的理念，更能激发参保积极性。从国际上看，失业保险金的替代率一般占失业前缴费水平的40%—50%。考虑我国目前的经济发展水平和就业矛盾，建议将失业保险金按照失业前缴费水平的30%—40%确定。这一比例高于失业保险现待遇水平，与最低工资水平大概持平。为避免失业保险金支付金额提高带来的就业积极性下降问题，建议建立阶梯式领金模式，随着领金时间的延长，逐步递减失业保险金金额，积极推动失业人员就业。

3. 进一步完善失业保险基金与就业专项资金的使用制度

建议按照"统筹安排、突出重点、各有侧重"的原则，进一步明确失业保险基金与就业专项资金的使用制度。一是失业保险基金安排的促进就业资金重点用于支持企业稳定岗位、促进失业人员和就业困难人员就业以及就业困难地区帮扶等方面的优惠政策支出。二是财政预算安排的就业专项资金主要用于各区结合区域就业状况自行出台的各项促进就业政策、公共就业服务体系建设、小额贷款担保基金、扶持公共就业服务、就业绩效考核等。三是在就业再就业资金安排过程中，充分考虑资金结余，合理安排资金。当失业保险基金结余过大时，优先使用失业保险基金，充分发挥失业保险预防失业的作用，稳定就业局势，维护社会稳定。

4. 进一步完善和发挥失业保险的"促就业"功能

目前，北京市失业保险基金滚存结余163.7亿元，在"促就业"

方面仍有极大的发挥空间。一是实现失业保险"促就业"政策的城乡统一。进一步完善现行的用人单位招用本市农村劳动力与城镇失业人员享受同等的单位招用政策，鼓励农村转移劳动力自谋职业、灵活就业政策，鼓励农村转移劳动力跨地区就业政策。二是提供多元化的培训方式，并完善培训补贴方式。对失业人员有明确培训需求，但由于人数少不能开班或定点培训机构不能开展培训的工种，可在报名后自主择校参加培训，通过发放培训券或者在培训结束后凭培训机构发票及培训后取得的国家职业资格证书，按一定比例给予培训费补贴。进一步满足城乡劳动者多元化、个性化培训需求。三是强化促进就业功能。加大对促进就业方面的投入，扩大基金支持范围，完善失业保险与促进就业的联动机制。

5. 增强失业保险"预防失业"的功能

按照以收定支、总量调控、标准统一、范围适度的原则，调整"保障生活、促进就业、预防失业"三者支出比例。一是建立预防失业长效机制。对受经济结构调整、经济波动或突发事件影响较大的行业、企业，给予特定时期的补贴政策。二是研究搭建预防失业政策体系框架。加快预防失业政策体系研究，借鉴国内外失业治理预案的经验，研究搭建预防失业政策体系框架，制定特定情况下的预防失业预案。三是探索出台大龄职工稳定岗位补贴政策。鼓励用人单位与距退休不足 5 年的大龄职工签订无固定期限合同或长期合同，提高大龄职工就业稳定性。四是加大用人单位稳定就业岗位补贴力度。

6. 加强基层管理服务建设，提升经办管理能力

（1）加快信息化建设。改革城乡二元结构的管理模式，实行统一的就业失业登记管理制度。同时，建立城乡劳动力统一的信息系统管理模式，真正实现城乡劳动力统一管理、统一服务。加强信息系统的互联互通功能。加强失业（就业）保险信息系统与公安、民政、计生等信息网的数据共享，推进失业（就业）与公安、民政、计生等部门的信息交换平台建设。

（2）加强基层服务平台标准化建设。一方面，加强基层软件建设，提升基层服务水平。建议提高基层社保所编制数量，提高基层就业服务人员（特别是劳动保障协管员）配置标准，建立就业服务人员准入制度，明确从事公共就业服务人员的学历、职业资格、计算机水平等，全力打造一流的就业服务工作队伍，为城乡劳动力提供精细化、高效化就业服务。另一方面，加强基层硬件标准化建设。按照"统一机构名称、统一内部布局、统一服务规章、统一工作职责和服务指南、统一服务标准和工作流程、统一管理制度"的"六统一"标准设置基层就业服务机构，明确办公场所硬件要求，打造标准化的"一刻钟就业服务圈"。同时，利用现有平台，加强基层平台信息化建设，将公共就业服务信息平台延伸到社区（村），不断提高基层信息化建设水平。

北京市工伤保险发展评估研究报告*

工伤保险是世界上最早出现的险种，也是各国优先建立的险种。随着市场经济发展方向的确立，我国于 1996 年开始试行工伤保险制度，取代了过去计划经济时代实行的企业保险，北京也是在这一年开启了本市工伤保险制度的试点。伴随着 2003 年国务院《工伤保险条例》的颁布以及 2010 年的重新修订，北京市逐步建立起了较为完善的工伤保险政策体系和经办管理服务体系，目前所有用人单位及其职工都被纳入制度覆盖范围，工伤保险待遇水平不断提高，有力地保障了工伤职工的基本生活，促进了劳资关系的和谐与社会的稳定。本报告总结了北京市工伤保险制度在过去 10 年的发展成就和经验，分析了其面临的主要问题和下一步发展形势，在此基础上提出了"十三五"时期的发展思路、目标和政策建议，以期为北京市工伤保险"十三五"发展提供参考。

一 工伤保险制度基本情况

北京市工伤保险制度的发展，一方面完全遵循国家工伤保险发

---

* 执笔：武玉宁。武玉宁，人社部社会保障研究所工伤保险室副主任、副研究员，电子邮箱：wuyuning2919@ sina. com。

展的大政方针，另一方面也带有北京市实践探索的烙印。

（一）发展历程

北京市工伤保险发展沿革与全国一样，大致分为三个阶段：一是试点阶段，二是全面建立阶段，三是发展完善阶段。

1. 试点阶段（1996—2004年）

1996年，劳动部制定《工伤保险暂行办法》，北京市根据该办法开展了工伤保险试点工作，初步建立了社会化的工伤保险制度，取代了之前计划经济下的企业保险模式。

2. 全面建立阶段（2004—2010年）

2003年4月27日，国务院颁布《工伤保险条例》，这是我国社保领域到目前为止颁布的两个单险种条例之一。《工伤保险条例》的出台，意味着工伤保险制度建设进入法制化轨道。围绕《工伤保险条例》，北京市及时制定了一系列配套的工伤保险政策（见表1），涵盖工伤认定、劳动能力鉴定、费率和待遇标准确定、停工留薪期管理、辅助器具配置、就医费用结算、工伤待遇支付等各个环节，形成了完善的政策体系，为所有工伤人员和工亡职工供养亲属提供了待遇保障。

这一时期，北京市工伤保险工作的重点是建立各项制度，扩大工伤保险覆盖面。一是覆盖企业职工。二是在2006年将34万市行政区域内差额拨款和自收自支的事业单位、民间非营利组织人员纳入工伤保险社会统筹。三是根据2006年国务院5号文的要求和人社部的实施意见，开展了针对农民工群体的平安计划，将农民工优先纳入工伤保险。其中，2006—2009年实施的第一期平安计划主要针对煤矿、建筑等高危行业农民工，2009—2010年实施的第二期平安计划主要针对商贸、餐饮、住宿、文体、娱乐等各类服务业企业农民工。

表 1　2003 年《工伤保险条例》颁布后制定的配套政策

文件名称	文号
《北京市实施〈工伤保险条例〉办法》	北京市人民政府令第 140 号
《关于劳动能力鉴定工作有关问题的通知》	京劳社鉴发〔2003〕193 号
《关于已参加工伤保险的企业费率调整的意见》	京劳社工发〔2003〕194 号
《北京市工伤职工停工留薪期管理办法》	京劳社工发〔2003〕195 号
《北京市工伤职工配置辅助器具管理办法》	京劳社工发〔2003〕196 号
《北京市工伤职工就医和医疗费用结算管理暂行办法》	京劳社工发〔2003〕197 号
《关于公布北京市工伤医疗机构名单的通知》	京劳社工发〔2003〕198 号
《北京市工伤职工工伤保险待遇给付办法》	京劳社工发〔2003〕199 号
《北京市工伤保险药品、诊疗项目、住院服务标准支付范围》	京劳社医保发〔2003〕269 号

3. 发展完善阶段（2011 年至今）

2010 年 10 月 28 日，国家颁布《社会保险法》，随后国务院依据《社会保险法》，对《工伤保险条例》进行修订。新条例于 2010 年 12 月 29 日颁布，2011 年 1 月 1 日正式实施。北京市认真贯彻落实社会保险法和新条例规定，重新修订和制定配套政策（见表 2），努力扩大工伤保险覆盖面，大幅度提高工伤保险待遇水平，不断简化工伤保险经办管理流程。此外，在以下方面取得了重大进展：一是出台了《北京市机关和参照公务员法管理的事业单位、社会团体参加工伤保险办法》（京人社工发〔2011〕332 号），在全国率先将公务员和参公管理人员一并纳入工伤保险制度；二是出台《北京市工伤康复管理办法（试行）》和《北京市工伤职工康复费用结算管理办法（试行）》，大力推进工伤康复工作；三是出台《关于工伤职工持社会保障卡就医的通知》（京人社工发〔2013〕282 号），实现工伤职工持卡就医；四是根据社会经济发展状况，制定《北京市工伤辅助器具配置项目及费用限额标准》（京人社工发〔2013〕292 号），大幅度提高工伤伤残职工辅助器具配置标准。

表2　2010年新条例颁布后制定的配套政策

文号	文件名称
《北京市实施〈工伤保险条例〉若干规定》	北京市人民政府令第242号
《北京市工伤认定办法》	京人社工发〔2011〕378号
《北京市工伤保险待遇核定支付办法》	京人社工发〔2011〕377号
《北京市工伤职工配置辅助器具管理办法》	京人社工发〔2011〕376号
《北京市工伤职工就医和医疗费用结算管理暂行办法》	京人社工发〔2011〕381号
《北京市工伤康复管理办法（试行）》和《北京市工伤职工康复费用结算管理办法（试行）》	京人社工发〔2011〕379号
《北京市国家机关和参照公务员法管理的事业单位、社会团体参加工伤保险办法》	京人社工发〔2011〕332号
《关于工伤职工持社会保障卡就医的通知》	京人社工发〔2013〕282号
《北京市工伤辅助器具配置项目及费用限额标准》	京人社工发〔2013〕292号
《关于北京市工伤保险基金支出项目标准及相关问题的通知》	京人社工发〔2011〕384号
《关于公布北京市工伤保险行业内费率浮动档次的通知》	京人社工发〔2011〕380号

（二）基本制度

1. 制度基本情况

（1）覆盖范围。根据新条例，工伤保险覆盖范围为所有企业、有雇工的个体工商户、事业单位。公务员和参照公务员法管理的事业单位、社会团体的工伤保险办法由人社部会同财政部规定。北京市在贯彻落实新条例的同时，将公务员和参公管理事业单位一并纳入工伤保险制度范围，扩大了制度覆盖范围。

（2）筹资。工伤保险费由用人单位缴纳，个人不缴纳。单位费率一方面取决于所在行业工伤风险程度对应的基准费率，另一方面根据单位工伤保险费使用情况、工伤发生率确定的费率档次进行浮动。2014年北京市工伤保险平均费率为0.49%，相当于全国平均费率0.87%的56%，为全国最低。2005—2006年对单位费率进行过一次浮动。

（3）待遇。工伤保险待遇包括医疗康复费用、一次性待遇和定期待遇。其中，一次性工亡补助金、一次性伤残补助金、1—6级伤残津贴标准、生活护理费标准、供养亲属抚恤金待遇标准都由国家统一制定。一次性医疗补助金、一次性就业补助金、住院伙食费补贴标准由各地自行制定。其中，一次性医疗补助金和住院伙食费标准由工伤保险基金支付，一次性就业补助金由用人单位支付。

2. 管理组织构架

工伤保险管理经办有三支队伍，分别为工伤保险行政、劳动能力鉴定和工伤保险经办。工伤保险医疗和康复服务采取市场购买、协议管理方式，服务提供方包括工伤医疗机构、工伤康复机构和辅助器具配置机构。

北京市工伤保险实行市级统筹。市人社局工伤保险处负责制定全市工伤保险政策。区工伤保险行政科室负责辖区内工伤保险政策的执行，主要是工伤认定、调查取证和监督管理。在16个区中，海淀、朝阳工伤科与养老科合并在一起，其他区工伤保险单独设科。市、区两级都成立劳动能力鉴定中心，负责工伤伤残等级鉴定以及因病完全丧失劳动能力鉴定。工伤保险待遇支付由两个机构负责，其中医保中心负责工伤医疗（康复）费用的审核，社保中心负责待遇支付。

3. 服务提供机构

北京市共有84家工伤医疗机构，6家工伤康复机构（其中三甲医院3家，三级合格3家）。6家工伤康复机构共有工伤康复病床434

张。此外，还签订了4家工伤辅助器具配置机构。北京市工伤保险行政机构对工伤医疗机构、工伤康复机构和辅助器具配置机构采取协议管理方式。由市医疗保险管理中心与工伤医疗机构签订服务协议，采取不定期抽查与年终检查方式对其工伤医疗服务工作进行评审。

（三）制度运行情况

1. 参保和待遇享受情况

（1）参保人数。北京市工伤保险参保人数2005年为360.3万人，2014年增加到942.4万人（见表3），增加了1.62倍。其中，外埠参保人员（外埠城镇职工和外埠农民工）增长最快，从2005年的88万人，占参保总人数的24%，增加到2014年的476万人，占参保总人数的51%。同期农民工参保人数（包括外埠农民工和本地农民工）从76万人增加到336万人，占参保总人数的比例从21%增加到35.6%。

表3　2005—2014年北京市工伤保险参保人数

年份	参保总人数（万人）	每年增加参保人数（万人）	农民工参保/参保总人数（%）	外地参保/参保总人数（%）
2005	360.3	—	21.0	24.4
2006	465.3	105.1	25.8	31.6
2007	587.7	122.3	29.0	36.7
2008	647.0	59.3	29.3	40.9
2009	731.9	84.9	31.9	45.1
2010	805.8	73.9	34.2	48.4
2011	843.4	37.6	35.0	48.9
2012	879.7	36.3	35.1	48.9
2013	901.8	22.1	35.2	49.2
2014	942.4	40.6	35.6	50.5

（2）工伤认定人数。北京市工伤认定人数2014年为2.4万人，

比 2005 年的 1.2 万人增加了 1 倍，但是由于参保人数增加了 1.62 倍，工伤认定人数占参保总人数的比例反而从 0.34% 下降到 0.25%（见表 4），反映出北京市工伤发生率在降低。

表 4　2005—2014 年北京市工伤认定人数

年份	认定总人数（万人）	参保总人数（万人）	认定人数/参保总人数（%）
2005	1.2	360.3	0.34
2006	1.7	465.3	0.36
2007	1.9	587.7	0.32
2008	2.2	647.0	0.35
2009	2.3	731.9	0.32
2010	2.4	805.8	0.30
2011	2.5	843.4	0.30
2012	2.4	879.7	0.27
2013	2.4	901.8	0.27
2014	2.4	942.4	0.25

（3）工伤保险待遇享受人数。由于 1—4 级伤残职工以及工亡职工供养亲属享受的是长期待遇，因此工伤保险待遇享受人数每年都在增加。2006 年北京市享受工伤保险待遇人数 13.7 万人，2014 年达到 20.4 万人，增长了 49%。但由于北京市近些年工伤保险覆盖范围不断扩大，每年享受工伤保险待遇人数占参保总人数的比例稳中有降，2006 年为 2.95%，2014 年降为 2.17%（见表 5）。

表 5　2006—2014 年北京市工伤保险待遇享受人数

年份	待遇享受人数（万人）	参保人数（万人）	待遇享受人数/参保人数（%）
2006	13.7	465.3	2.95

年份	待遇享受人数 （万人）	参保人数 （万人）	待遇享受人数/ 参保人数（%）
2007	14.1	587.7	2.41
2008	15.3	647.0	2.36
2009	15.7	731.9	2.14
2010	17.4	805.8	2.16
2011	18.8	843.4	2.23
2012	20.1	879.7	2.28
2013	21.0	901.8	2.33
2014	20.4	942.4	2.17

工伤康复是工伤保险三位一体制度的重要方面，北京市自 2008 年开始实行工伤康复。目前每年康复人数在 1000 人左右，截至 2014 年底，康复总人数为 5288 人（见表 6）。

表6　2008—2014 年北京市工伤康复人数

年份	2008	2009	2010	2011	2012	2013	2014
康复人数（人）	29	128	930	900	1152	969	1180

（4）待遇水平。北京市工伤保险待遇水平随社会经济发展不断提高。月人均伤残津贴从 2006 年的 1264 元增加到 2014 年的 3378 元，增长了 1.67 倍。月人均生活护理费从 2006 年的 711 元增加到 2014 年的 2091 元，增长了 1.94 倍。月人均供养亲属抚恤金从 2006 年的 711 元增加到 2014 年的 1751 元，增长了 1.46 倍（见表 7）。

表7　2006—2014 年北京市伤残津贴、生活护理费、供养亲属抚恤金

年份	伤残津贴 （元）	增长 （%）	生活护理费 （元）	增长 （%）	供养亲属 抚恤金（元）	增长 （%）
2006	1264	—	711	—	711	—

年份	伤残津贴（元）	增长（%）	生活护理费（元）	增长（%）	供养亲属抚恤金（元）	增长（%）
2007	1481	17.2	855	20.3	810	13.9
2008	1719	16.1	1182	38.2	1071	32.2
2009	1953	13.6	1328	12.4	1251	16.8
2010	2200	12.6	1445	8.8	1308	4.6
2011	2546	15.7	1505	4.2	1503	14.9
2012	2808	10.3	1679	11.6	1549	3.1
2013	3088	10.0	1883	12.2	1637	5.7
2014	3378	9.4	2091	11.0	1751	7.0
2014年比2006年增长倍数	1.67		1.94		1.46	

其中，月人均伤残津贴标准高于退休职工月人均养老金，且高出金额不断扩大，从2006年的10元扩大到2014年的328元。这表明北京市1—4级伤残职工的待遇保障水平较高（见表8）。

表8　2006—2014年北京市月人均伤残津贴和月人均养老金对比

年份	月人均伤残津贴（元）	月人均养老金（元）	月人均伤残津贴比月人均养老金高出金额（元）
2006	1264	1254	10
2007	1481	1404	77
2008	1719	1633	86
2009	1953	1844	109
2010	2200	2065	135
2011	2546	2284	262
2012	2808	2511	297
2013	3088	2758	330
2014	3378	3050	328

2. 基金运行情况

从基金收支来看，北京市工伤保险基金一直收大于支，2005—2014 年基金收入从 4.3 亿元增加到 28.7 亿元，增长了 5.63 倍；同期，基金支出从 3.7 亿元增加到 22.2 亿元，增长了 4.98 倍；由于收大于支，基金累计结余从 4.2 亿元增加到 35.8 亿元，增长了 7.44 倍（见表 9）。从累计结余除以当年支付额得到的可支付年数来看，北京市工伤保险累计结余可支付年数于 2008 年达到最高，为 1.79 年；在金融危机期间，由于实行"五缓四减三补贴"政策，基金收入增幅缩小，结余增幅减缓，可支付年数下降。近两年，随着机关事业单位纳入工伤保险统筹范围，累计结余可支付年数又有所增加，于 2014 年达到 1.61 年，低于全国平均累计结余可支付水平（2 年）。总体来看，北京市工伤保险基金运行稳健，抗风险能力强，且符合国家提出的合理调整费率、适度消化过多结余的要求。

表 9　2005—2014 年北京市工伤保险基金收支状况

年份	工伤保险基金收入（万元）	工伤保险基金支出（万元）	累计结余（万元）	累计结余可支付年数（年）
2005	43340	37097	42463	1.14
2006	56797	46256	54604	1.18
2007	85098	52588	87115	1.66
2008	111529	71193	127451	1.79
2009	113379	90891	149939	1.65
2010	129929	107195	172673	1.61
2011	155552	141845	186379	1.31
2012	205076	172399	219057	1.27
2013	256390	182718	292728	1.60
2014	287278	221824	358182	1.61
2014 年比 2005 年增长倍数	5.63	4.98	7.44	

3. 劳动能力鉴定

2014 年北京市申请劳动能力鉴定人数为 14860 人，占全国申请劳动能力鉴定人数的 2.27%。其中，再次鉴定占初次鉴定的比例为 1%，全国最低（全国平均比例为 2.7%）；再次鉴定改变结论的比例为 16.5%，比全国平均比例（28.1%）低 11.6 个百分点。

4. 行政复议和诉讼

北京市工伤保险行政案件占比下降，从前些年占全局行政案件的 71% 降低到 55%。2014 年，全市工伤保险行政复议 170 起，行政诉讼 190 起。其中，行政复议维持结论的比例为 98.6%，行政诉讼胜诉的比例为 98.4%，均处于全国最高之列。

二　取得的成就、基本经验及存在的问题

（一）成就

1. 工伤保险制度体系基本健全

北京市根据《工伤保险条例》和国家工伤保险政策要求，及时制定和修订了各项工伤保险制度实施办法和配套政策，形成了比较完善的政策体系，保障了工伤保险工作的顺利开展，同时还根据北京市特点和需要，制定了地方性的政策文件，比如增加待遇支付项目、将公务员群体纳入工伤保险范围等，使北京市工伤保险制度发展走在了全国前列。

2. 实行全市统筹

北京市工伤保险制度自建立伊始，就一步到位实行市级统筹，做到了政策统一、基金管理统一、待遇标准统一，提高了工伤保险的管理服务效率。

3. 从制度全覆盖向人群全覆盖转变

北京市目前将包括企业、机关事业单位在内的所有用人单位及

其职工以及建立劳动关系、稳定就业的农民工群体统一纳入工伤保险覆盖范围，实现了制度全覆盖。随着扩面征缴力度加大，工伤保险参保人数不断增加，2014 年，北京市工伤保险参保人数达到了 942 万人。

4. 待遇水平不断提高，工伤职工充分分享社会经济发展成果

北京市工伤保险各项待遇水平均居全国前列。2014 年，1—4 级月人均伤残津贴、人均生活护理费、人均供养亲属抚恤金分别为 3378 元、2091 元和 1751 元，分别比全国平均水平高出 1033 元、787 元和 693 元。2011 年北京市将纸尿布、纸尿垫、导尿管、制氧机（尘肺病人需要）等作为工伤职工生活用品纳入工伤保险报销范围，极大地提高了相关人员的待遇水平。此外，依托首都高质量的医疗康复资源，北京市工伤职工享受到高水平的医疗康复，2014 年人均医疗康复费用达 3.25 万元。

5. 通过加大工伤保险宣传，用人单位和个人的工伤保险意识不断增强

北京市定期开展工伤保险集中宣传工作。近些年，全市共印发宣传材料近 20 万份，举办培训班 1000 余次，近 8 万人接受了工伤保险培训，并开展了形式多样的现场咨询活动，取得了较好的社会效果，提高了用人单位和职工的参保意识、工伤预防和康复意识。

6. 基本实现有康复意愿和康复价值的工伤伤残职工人人享有康复

北京市高度重视康复，将康复与医疗并重，在工伤认定环节就开始筛选有康复价值的职工，促使其尽早进行康复，基本做到有康复意愿和康复价值的工伤伤残职工人人享有康复服务。

7. 工伤保险管理服务效率不断提高

从工伤发生到申请工伤认定再到鉴定伤残等级和享受工伤待遇，其间有多个环节，为了使工伤职工及时得到保障，北京市强化工伤经办管理工作，简化工作程序，缩短等待时间。各区县在执行市里统一规定的同时，不断提高工作效率。顺义区对于工伤认定过程中服务对象反映的"急"、"重"等工伤事故，采取"优先受理、优先调查、优先认定"的三优先原则，快捷办理；对于申请劳动能力鉴定的工伤职工，通过局网自行打印填写申请表；对于行动不便的工伤职工，提供上门鉴定服务。海淀区工伤科对案情简单、不住院、不构成伤残等级、药费额度较小的轻微工伤申请案件，设置了"小额工伤快速认定绿色通道"，采取快速认定形式，切实提高了办事效率。

8. 工伤保险信息化建设取得新进展

近些年，北京市不断提高工伤保险信息化程度，在工伤认定、劳动能力鉴定和工伤保险各项业务经办之间初步建成了信息共享、功能衔接的信息管理系统，实现工伤认定、工伤医疗康复费用报销、劳动能力鉴定、工伤保险费用征收、待遇拨付等工伤保险业务流程的网络化和信息化，提高了管理服务效率。

9. 工伤职工实现持卡就医

2014年1月1日，北京市启动工伤职工持社会保障卡就医工作。在社保卡里加载了工伤职工的受伤部位，工伤职工可持卡就医，直接结算目录内的工伤医疗费用，更加方便享有工伤待遇。

（二）政策创新

过去10年，也是《工伤保险条例》颁布实施的10年。北京市在认真贯彻落实工伤保险法律法规基础上，不断开拓创新，在制度建设上走在了全国的前列，在不少方面起到了先行先试的示范作用。

1. 率先解决老工伤问题

国有企业老工伤问题涉及国有企业破产、倒闭、改制后原有工伤职工的待遇保障，是影响社会稳定的一个历史遗留问题。2011年国家出台政策，通过财政、基金、用人单位三家抬方案，将300多万国有企业老工伤人员纳入工伤保险统筹管理。北京市早在此政策出台之前，就已多方筹集资金，将国有企业老工伤人员集中纳入工伤保险制度，保障了相关人员的权益，减轻了企业负担，促进了社会稳定。

2. 率先将机关事业单位统一纳入工伤保险制度

北京市在 2006 年将 34 万市行政区域内差额拨款和自收自支的事业单位、民间非营利组织人员纳入工伤保险社会统筹，2011 年随着新条例的正式实施，在国家尚未出台公务员和参公管理事业单位工伤保险政策的情况下，就率先将机关事业单位及其职工全部纳入工伤保险范围，实现了用人单位工伤保险的制度统一、管理统一，从而成为最早将机关事业单位纳入工伤保险制度的省市之一。

3. 率先实施先康复后补偿机制

工伤医疗康复旨在最大程度上恢复工伤职工的身体机能，促进工伤职工尽早回归家庭，回归社会。因此，提供工伤康复是对工伤职工的积极保障。北京市坚持医疗与康复并重，率先实施先康复后补偿机制，对有康复价值的工伤伤残职工先实施康复，然后进行劳动能力鉴定，在评定伤残等级后，再给予工伤医疗费用之外的待遇支付，以此推动工伤伤残职工康复，尽快恢复身体功能。经过几年的发展，这一原则逐渐得到工伤职工和用人单位的认同。

4. 实行"职工自愿、工伤认定部门搭桥、康复机构确认"的康复管理模式，保障职工及时得到康复

工伤康复是工伤医疗的延续，康复的早期介入，可以帮助职工尽快恢复身体机能，因此至为关键。为此，北京市采取了"职工自愿、工伤认定部门搭桥、康复机构确认"的康复对象选择方式，即在工伤认定环节就筛选有康复价值的人员，将职工情况传给康复机构，让康复机构加以确认。这种做法在促进工伤康复早期介入方面发挥了重要的作用，比目前大部分地区工伤医疗期结束后，经本人或单位申请，再由劳动能力鉴定委员会专家确认是否有康复价值，然后

转入康复机构的做法，节省了大量时间并提高了康复效能，从而更好地保障了工伤伤残职工的权益。

5. 大力推行建筑施工企业参保

2006 年，北京市人社局针对建筑业用工特点，与市建委联合下发《北京市关于做好建筑业农民工参加工伤保险工作的通知》（京劳社工发〔2006〕138 号），对建筑业农民工参加工伤保险的参保模式进行了改革。将新开工的建筑项目一次性趸缴工伤保险费作为领取施工许可证的前置条件，所有该项目施工单位的工作人员，均视为参加工伤保险，发生工伤后，按规定支付相应的待遇。虽然随着 2008 年《行政许可法》的出台，该办法的执行受到了一定制约，但是，在区县层级，比如顺义、海淀区，仍一直严格执行。特别是海淀区坚持做到两点：一是定期开展联合执法行动。结合"两会"、国庆等敏感时期，与区住建委、安监局、公安分局、工商分局等单位密切配合，实施多方联动，定期对辖区内建筑企业开展联合执法检查，及时纠正和查处违法行为。二是定期落实专项整治工作。以工伤保险科为主导，会同劳动监察大队和社保稽核科等部门，按年初、年中和岁尾三个时间段，对全区建筑施工企业趸缴工伤保险的情况进行突击检查和集中整治。北京市在促进建筑企业参加工伤保险方面的探索，为 2014 年 12 月国家出台《关于进一步做好建筑业工伤保险工作的意见》（人社部发〔2014〕103 号）提供了有益的借鉴。

6. 扩大工伤职工辅助器具报销范围，提高对伤残职工的保障水平

在深入调查了解伤残工伤职工生活需求和实际负担情况下，北京市人社局于 2011 年将工伤截瘫病人需要的纸尿布、纸尿垫、导尿管和尘肺病人需要的制氧机作为工伤职工辅助器具纳入工伤保险基金报销范围，基金为此每年增加开支 6000 万元，极大地减轻了相关人员的经济负担，提高了其生存质量，受到了工伤职工及其家庭的欢迎。迄今为止，北京市仍是全国唯一解决上述工伤职工所需的地区。

（三）经验总结

1. 领导重视

北京市政府高度重视工伤保险工作，不仅将之视为对职工的基本保障，还将之视为促进劳资关系和谐、促进社会公平稳定的重要举措。围绕《工伤保险条例》的颁布，北京市及时制定出台《实施〈工伤保险条例〉若干规定》，保障了制度的顺利实施。在国家还没有出台相关政策的情况下，北京市根据工伤保险制度发展方向，积极将"老工伤"纳入工伤保险统筹管理，并将公务员和参公管理事业单位率先纳入工伤保险制度，实现了制度全覆盖。

2. 坚持以人为本

北京市在工伤保险制度发展上始终以人为本，以保障工伤职工基本权益为中心开展各项工作，不断扩大覆盖范围，将各类用人单位纳入工伤保险范围，根据社会经济发展水平，努力提高工伤职工保障水平，简化工伤认定、劳动能力鉴定及康复申请程序，推动工伤职工持卡就医，使工伤职工享受到更加方便快捷的服务，更好地享有工伤保险待遇。

3. 依法行政

由于工伤保险涉及工伤保险行政经办部门、用人单位、第三方、职工本人、工伤服务机构之间复杂的法律关系，在很多情况下，相互之间存在利益冲突，因此工伤行政复议和诉讼案件数量一直高居人社部门首位。北京市根据《社会保险法》和《工伤保险条例》，制定了较为完善的工伤保险政策体系，严格依法、依规行政，保障了各项工作的顺利开展，行政复议推翻原结论和行政诉讼败诉案件极少发生。2014年全市工伤保险行政诉讼败诉仅有两例，海淀和顺义区近年来无一例败诉。

4. 创新工作机制

工伤保险环节多，人手少，涉及各方利益，容易引发争议。为了更好地开展工伤保险工作，北京市人社局不断创新工作机制，取得了很好的效果。比如，自 2010 年起将工伤康复列为各区县人社局工伤保险工作的重点考核目标，规定区县工伤康复职工人数不得低于当年伤残等级鉴定人数的 8%，以此推动区县人社部门高度重视工伤康复工作，努力为更多伤残职工提供工伤康复服务。据统计，2014年，全市工伤康复指标完成率为 152.6%。2015 年，北京市人社局在此基础上，进一步将各区县康复考核指标提高到 10%。在工伤认定方面，对于有疑问或异议的病案，增加了专家会诊环节，即从专家库中抽取专家开展会诊，提出参考意见，从而确保工伤认定工作的科学合理。

（四）存在的问题

北京市工伤保险工作取得了突出成就，但在制度建设、扩大覆盖面以及管理运行方面还存在需要进一步完善的地方。其中，很多问题是国家层面的共性问题，但也需要地方积极探索和推动，共同加以解决。

1. 从制度建设方面看，工伤预防和工伤康复有待加强

相对于比较完备的工伤补偿制度，北京市工伤预防和工伤康复是工伤保险制度建设的两个短板。2015 年 7 月，人社部确认北京市为全国工伤预防试点城市，意味着北京市工伤预防制度建设将进入实质性的按项目管理阶段。北京市工伤康复比例远高于全国平均数，但是也要看到，还有一部分有康复价值的人并没有得到康复。究其原因是用人单位和个人不重视和不愿康复，特别是一些外来务工人员发生工伤后，担心康复会降低伤残等级，进而影响其可获得的伤残补偿额。另外，由于评定标准缺乏，部分职业病康复项目尚未纳入目录范围，导致相关工作难以推进。再有，北京市尚未开展职业康复。职业康复指通过对伤残职工身体部位加强训练，使其尽可能恢复职业能力，从而重回工作岗位。2013 年，全国有 7000 多人享受到

职业康复。北京市尚未开展职业康复的主要原因是，缺乏国家层面的具体规定，市发改委无相关项目收费标准，导致无法开展。此外，国家没有出台支持工伤人员重返就业岗位的优惠政策，用人单位，特别是非国有单位没有为工伤伤残人员保留和提供工作岗位的动力，这从根本上不利于职业康复工作的推进。

2. 从覆盖面看，仍有部分人员未纳入工伤保险范围

2014年，北京市工伤保险参保人数达到942万人，约占全国参保人数的4.7%，该比例远高于北京市职工人数占全国的比例。但是，依照《社会保险法》和《工伤保险条例》的适用范围，还有一些流动性比较大的高危行业、小微企业和有雇工的个体工商户没有参加工伤保险。主要原因在于：一是部分用人单位和个人没有保险意识；二是北京市实行五险统征，高危行业、小微企业、有雇工的个体工商户如果没有能力参加缴费负担比较重的职工养老保险和医疗保险，则不可以单选参加工伤保险，也就是说在当前捆绑政策下，这部分人很难单独参加急需的工伤保险。

3. 从政策层面看，相关规定不明确或缺乏配套措施给实际工作带来很多困难

一是政策不明确，导致执行无据。比如，《工伤保险条例》规定职工停工留薪期间护理费由用人单位承担，对用人单位支付的护理费标准却语焉不详。工伤职工在治疗阶段，因为遇到特殊情况而使用了自费药品，由谁来支付没有说法。在实践中，遇到疑难或者复杂工伤案件时，由于在短期内无法调查清楚或者无法还原真相，对能否申请延期做出工伤认定结论没有规定。职工在上下班途中遇到交通事故，如果有关部门无法确定事故责任，对工伤保险部门如何继续认定工伤没有规定。《社会保险法》规定，如果职工到达退休年龄时养老保险缴费期限不满15年，则可以延期缴费，在这种情况下，用人单位继续聘用该职工，其在工作中出现的工伤事故，是由工伤保险基金负责支付，还是由单位负责全部支出，没有说法。再有，工亡职工供养亲属征地转居后享受养老金，有了稳定的生活来源，是否还可以继续享受供养亲属抚恤金，也需要有明确的说法。诸如此类很多情况，都是当前工伤保险工作中遇到的问题，需要由国家统一出台相关政策予以解决。二是缺乏配套措施，难以操作。《社会保险法》规定，用人单位未依法缴纳工伤保险费而发生工伤事故，或由第三人原因造成工伤，用人单位和第三人不支付工伤保险费用的，由工伤保险基金先行支付。此规定旨在保障工伤职工的合法权益，但在客观上鼓励单位不参保、不缴费，一旦发生工伤后可以逃避责任；同时，由于工伤保险经办管理人员少，追缴机制不健全，很容易造成基金流失；加之到目前为止，还没有出台相应的先行支付财务管理办法，造成审计难以通过，因此，很多地方并没有真正开展先行支付。但是，随着职工维权意识的觉醒，特别是近期最高法院关于工伤保险若干问题司法解释的出台，地方在这些方面的工作压力进一步加大。

4. 从经办管理看，还存在进一步改进的空间

一是经办管理力量不足。工伤保险管理经办环节多，流程长，除了征缴扩面、认定、鉴定、待遇支付外，还要开展工伤预防、医疗康复和职业康复工作。在工伤认定环节，管理经办人员不仅需要到现场调查取证，核实案件，还经常要到法院应诉。目前各地工伤保险管理经办力量都不足，人手不够；另外，由于办公经费、现场取证用车得不到保障，也在一定程度上限制了相关工作的进一步开展。二是对跨区县运营的劳务派遣公司的监管难以到位。本报告课题组在顺义调研中了解到，虽然劳动合同法修订后，提高了劳务派遣公司的准入门槛，但是目前劳务派遣公司数量仍然比较多。不少公司只负责劳务派遣，收取管理费，不为派遣人员参保，不进行安全培训；至于用人单位，则只负责用人。劳动监察部门由于管辖地的限制，难以对跨区运营的劳务派遣公司进行监察，导致劳务派遣公司参保意识

不强，工伤发生率相对较高。三是工伤保险信息化建设尚有不足之处。北京市目前工伤认定、劳动能力鉴定和待遇支付都已基本实现信息入库。另外，工伤伤残职工也可持工伤证和社会保障卡就医。但在实践中，由于北京市社保管理信息系统由两家公司开发，接口衔接还不顺畅，存在信息不全和不联通情况。比如劳动能力鉴定机构在面对工伤职工提出的复查鉴定或配置辅助器具申请时，从系统中查询不到该职工的支付状态及缴费信息；工伤职工持卡就医时，有时会出现与工伤认定部位不一致的情形，导致无法实现直接结算。

三　形势分析

"十三五"时期是全面建成小康社会、全面依法治国、全面深化改革的时期。北京市需要在国家统一部署下，不断完善工伤保险政策体系。"十三五"时期社会经济形势的变化也会对工伤保险的发展带来一些影响，并提出一些要求。

（一）产业结构调整对工伤保险制度运行带来一定影响

京津冀协同发展战略的实施和经济进入新常态下北京市产业结构的调整，对北京市工伤保险制度运行带来一定的影响。一方面，随着首都非核心功能疏解，部分产业外迁，外来务工人员数量以及低端劳动力市场就业人数会有所下降，导致参保人数下降，基金收入增速相应减缓。另一方面，一些高危行业和高耗能行业外迁，在一定程度上也意味着工作场所发生工伤的比例会有所下降。

（二）人员流动性增加对提高工伤保险管理服务提出新的要求

随着京津冀协同发展，人员流动性增大，在本地注册和外地注册的企业以及本地职工和外地职工的结构性变化会越来越突出，对北京市工伤保险管理带来新的挑战和更高的要求，比如需要异地工伤认定、异地支付待遇以及异地开展生存认证的情形会增多。这要求进一步完善工伤保险信息系统建设，增强与周边省市的合作与沟通，为职工提供更加方便快捷的服务。

（三）民众依法维权意识增强，加快落实和完善相关政策的压力增大

随着依法治国理念的深入人心，民众的社会保险法律意识逐步增强，维权案件会增加。比如，未参保职工发生工伤后，会要求依法给予先行支付，将迫使工伤保险部门在国家政策还不完善、基金面临很大流失风险的情况下，不得不开展先行支付，同时还要走完必须但又几乎无法追偿回来的追偿程序。另外，在城市发展和改造中存在的一些历史遗留问题会陆续出现，比如陈旧性工伤、退休或终止劳动关系后被诊断为职业病的群体会提出自己的权益主张，对此需要及早加以研究解决。

四 "十三五"时期的基本思路、目标和政策建议

（一）基本思路

根据党的十八大和十八届三中、五中全会提出的建立更加公平更可持续的社会保障制度要求，十八届四中全会提出的依法治国的要求，以及国家社会保障"十三五"规划要求，坚持"保基本、全覆盖、多层次、可持续"方针，坚持以人为本、积极保障原则，不断完善工伤保险政策，加强工伤预防和工伤康复工作，建立健全预防、补偿和康复三位一体的工伤保障制度；进一步扩大制度覆盖范围，使所有职业人群都能获得工伤保障；不断完善费率政策，充分发挥费率的经济杠杆作用，促进企业更加重视安全生产和工伤预防；

稳步提高工伤保险待遇水平，保障工伤职工和工亡职工供养亲属的基本生活；健全工伤保险制度管理运行的体制机制；完善工伤认定、劳动能力鉴定、工伤保险费收缴和支付工作，为用人单位和职工提供更加高效便捷的服务。

（二）发展目标

制度建设目标：建立健全涵盖工伤预防、工伤补偿和工伤康复三位一体的现代工伤保障制度，实施积极的工伤保障。探索制定灵活就业人员职业伤害保障政策，将没有劳动关系的职业人群也纳入工伤保险制度覆盖范围。

覆盖率目标：依法征缴，应保尽保率达到97%以上。

筹资目标：依据国家调整工伤保险费率政策，按照"以支定收、略有结余"原则，合理确定工伤保险总体费率水平和工伤保险行业基准费率标准，建立单位费率浮动机制，充分发挥工伤保险费率的经济杠杆作用，促使用人单位加强工伤预防。

保障水平目标：按照国家部署，进一步完善工伤保险待遇结构和标准，建立工伤保险待遇调整机制，保障工伤职工及工亡职工供养亲属的基本生活。

经办管理目标：规范工伤认定和劳动能力鉴定流程，实现经办管理标准化、信息化，为用人单位和职工提供更加方便快捷的服务。

（三）政策建议

1. 探索工伤预防费使用管理办法，加快建立工伤预防制度

建立适合北京市特点的科学、规范、高效的工伤预防费使用管理模式，实行项目管理制，通过政府采购方式，向社会公开招标工伤预防项目和培训项目，加强对项目实施过程的监督和实施效果的评估。充分利用传统媒体和微信等新媒体宣传平台广泛开展工伤预

防宣传，重点加强对高危行业职工的工伤预防与培训。在工作机制上，成立由人社、安监、卫生、工会和用人单位等为成员的工伤预防小组，定期召开联席会议，分析评估工伤事故发生原因，深入企业开展工伤预防检查；对于不重视工伤预防的企业，通过上浮费率，给予一定的惩戒。

2. 完善医疗康复，开展职业康复

根据国家要求，规范工伤康复管理制度。积极推动相关部门出台政策，制定和完善工伤康复项目及收费标准。探索建立功能互补、相互衔接的多层级工伤康复服务体系，满足不同阶段的工伤康复需求。加大工伤康复宣传力度。建立健全医疗康复"早期介入"机制和"先康复、后评残"工作机制；在条件成熟的情况下，可以考虑将部分指征明显的工伤病种列入必须康复项目，从而减少中间申请环节。积极开展职业康复，使工伤致残职工尽可能恢复职业能力，充分利用现有的促进就业政策，使其重返工作岗位。

3. 根据行业特点制定工伤保险参保政策，探索建立灵活就业人员职业伤害保障制度，促进职业人员全覆盖

落实国家关于建筑施工企业职工参保政策，对建筑工地用工人员实行一次性趸交、全员参保、动态管理模式。对流动性比较大的行业，探索建立适合行业特点的参保方式。根据国家统一要求，在学习借鉴各地经验的基础上，探索建立灵活就业人员等无用人单位劳动者职业伤害保障制度，从而将所有职业人群纳入工伤保险保障范围。

4. 依法扩面，实现应保尽保

以建筑施工、交通运输、危险化学品、烟花爆竹等行业（领域）为重点，强化高危、高风险行业企业参加工伤保险；加强劳动保障监察工作，建立跨地域联合监察机制，推进劳务派遣公司、小微企业、有雇工的个体工商户参保，实现应保尽保。

5. 完善待遇结构、标准和调整机制，不断提高保障水平

根据国家部署，进一步调整并完善工伤保险待遇结构与标准，规范工伤职工供养亲属范围，加强辅助器具配置管理，加强和规范劳动能力鉴定及管理工作。根据经济社会发展水平、物价增长情况以及职工收入增长情况，并参考城镇职工基本养老金调整机制，建立工伤保险长期待遇正常调整机制，稳步提高待遇水平，保障工伤职工及工亡职工供养亲属的基本生活。

6. 制定科学合理的行业基准费率，建立定期调整的浮动费率机制

比照国家对行业工伤风险等级的划分标准，按照"以支定收，略有结余"的原则，测算本市相关行业工伤保险基准费率，拉开不同行业之间的费率差别。根据近年来用人单位工伤保险费使用、工伤发生率和职业病危害程度等情况，确定用人单位费率档次，并制定定期浮动用人单位费率的机制。

7. 完善工伤管理服务流程，提高管理服务效率

进一步规范工伤认定流程，针对工伤认定重点、难点问题，定期召开工伤认定典型案例研讨会，通过典型案例研讨、通报等形式，努力提高各区工伤认定工作水平和质量。对区工伤认定案件调查率进行考核，以提高认定工作的合理性和准确性。全面提升工伤认定、劳动能力鉴定工作水平和档案管理的标准化、信息化程度，提高工伤认定受理、劳动能力鉴定申请、医疗费用结算、待遇领取等方面的便捷性。开展京津冀工伤保险政策与管理的协同发展。

8. 加强工伤保险队伍建设

根据工伤保险业务管理需要，增加人员编制，注意引入具有医学专业、法学专业背景的人才，以提升工伤保险工作人员在工伤认定、劳动能力鉴定、工伤医疗康复费用审核等方面的业务能力。与此同时，加强对工伤保险管理经办人员的业务培训，从整体上提高工伤保险管理经办的专业水平。

北京市生育保险发展评估研究报告*

生育保险是对企业职工因生育而产生医疗费用和中断收入的一种补偿制度，是社会保险五大险种之一。2005年起，北京市建立并实施生育保险制度，对广大女职工的生育行为给予制度性保障。这一制度的建立，既充分保护了职业妇女生育期间的身体健康，维护了劳动力的再生产，促进了北京市人口的健康发展，同时也减轻了用人单位的经济和事务性负担，为促进北京市的社会经济发展发挥了良好的作用。

一 生育保险制度建设情况

北京市生育保险制度是根据《劳动法》和《企业职工生育保险试行办法》等有关法律、法规，结合本市实际情况制定的，制度框架及内容与国家生育保险制度架构总体保持一致。2005年以来，在制度实施中，北京市生育保险制度基本框架没有重大变动，制度内容随着社会发展需要和广大女职工的需求进行了一些调整。总体来说，北京市生育保险制度基本保持了制度的稳定性和政策的连贯性。

---

* 执笔：张军。张军，人社部社会保障研究所工伤保险室主任、副研究员，电子邮箱：sbsyljun3203@sina.com。

（一）政策规定

北京市生育保险制度以 2005 年北京市出台的《北京市企业职工生育保险规定》（北京市人民政府令第 154 号）为核心法规，确定了制度的总体框架和基本内容，也标志着北京市生育保险制度的建立。除此之外，北京市自 2005 年以后，特别是《社会保险法》颁布实施后，为了贯彻《社会保险法》，进一步完善职工生育保险政策，陆续制定了一系列政策规定，具体指导全市的生育保险工作。

2005 年，《北京市劳动和社会保障局关于下发〈北京市生育保险医疗费用支付范围及标准〉的通知》（京劳社医保发〔2005〕63 号）具体规定了生育保险的待遇项目和支付范围。

2011 年 12 月，北京市印发了《关于调整本市职工生育保险政策有关问题的通知》（京人社医发〔2011〕334 号），对生育保险政策进行了重大调整。将覆盖范围扩大至机关、事业单位和非京籍职工，将外埠职工纳入生育保险统筹范围中，参保范围基本实现了全覆盖。该文件规定，本市行政区域内的用人单位，包括企业、机关、事业单位、社会团体、民办非企业单位、基金会、律师（会计师）事务所、有雇工的个体工商户（以下简称用人单位）和与之形成劳动关系的职工，应当参加生育保险，同时对生育保险待遇的计发办法、津贴基数等问题进行了规定。

2012 年 3 月，北京市印发了《关于本市职工基本医疗保险有关问题的通知》（京人社医发〔2012〕48 号）。该文件规定，参加职工基本医疗保险的灵活就业人员、失业人员，发生的符合计划生育规定的分娩当次的医疗费用纳入职工基本医疗保险基金支付范围，执行职工基本医疗保险相关规定。其分娩当次的医疗费用，参照生育保险规定，采取按限额、定额和项目付费的方式支付。这一规定，使北京市的灵活就业人员、失业人员的生育行为也有了基本的医疗保障。

同年，北京市印发了《关于本市城镇居民生育医疗费用有关问题的通知》（京人社医发〔2012〕49号）。该文件规定，参加本市城镇居民基本医疗保险的参保人员，发生的符合计划生育规定的分娩当次的医疗费用、计划生育手术医疗费用纳入城镇居民基本医疗保险基金支付范围，执行城镇居民基本医疗保险相关规定。生育、计划生育手术医疗费用，参照生育保险规定，采取按限额、定额和项目付费的方式支付。北京市还印发了《关于领取失业保险金人员生育医疗待遇有关问题的通知》（京人社就发〔2012〕66号）。该文件规定，自2012年4月1日起，失业人员在领取失业保险金期间参加职工医保的，其发生的符合计划生育规定的分娩当次的医疗费用纳入职工基本医疗保险基金支付范围，执行职工基本医疗保险相关规定。

2012年4月，为贯彻落实《女职工劳动保护特别规定》（国务院第619号令），北京市印发了《关于调整本市职工生育保险相关政策的通知》（京人社医发〔2012〕176号），对生育保险规定的享受产假津贴的天数进行调整，规定女职工正常生育的产假由90天调整到98天。同时，规定在本市就业的外国籍职工也应参加生育保险。

（二）制度框架

北京市生育保险制度框架主要由覆盖范围、基金筹集和待遇给付三部分内容构成。

1. 覆盖范围

生育保险制度的覆盖范围为本市行政区域内的用人单位，包括企业、机关、事业单位、社会团体、民办非企业单位、基金会、律师（会计师）事务所、有雇工的个体工商户和与之形成劳动关系的职工，并规定在本市就业的外国籍职工也应参加生育保险。

2. 基金筹集

生育保险基金按照以支定收、收支平衡的原则统一筹集，纳入财政专户，实行收支两条线管理。生育保险费由用人单位按照其缴费总基数的 0.8% 缴纳，职工个人不缴费。企业缴费总基数为本企业符合条件的职工缴费基数之和。职工缴费基数按照本人上一年月平均工资计算；低于上一年本市职工月平均工资 60% 的，按照上一年本市职工月平均工资的 60% 计算；高于上一年本市职工月平均工资 3 倍以上的，按照上一年本市职工月平均工资的 3 倍计算；本人上一年月平均工资无法确定的，按照上一年本市职工月平均工资计算。

3. 待遇给付

职工享受生育保险待遇，应当符合国家和本市计划生育的有关规定。生育保险待遇包括生育津贴、生育医疗费用、计划生育手术医疗费用、国家和本市规定的其他费用。生育津贴按女职工用人单位平均缴费基数除以 30 再乘以产假天数计算。生育和计划生育手术医疗费用按照限额、定额和项目付费方式由生育保险基金向有关定点医疗机构支付。另外，2012 年北京市印发《关于领取失业保险金人员生育医疗待遇有关问题的通知》（京人社就发〔2012〕66 号），规定自 2012 年 4 月 1 日起，失业人员在领取失业保险金期间参加职工医保的，其发生的符合北京市计划生育规定的分娩当次的医疗费用纳入职工基本医疗保险基金支付范围，执行职工基本医疗保险相关规定。

（三）政策调整情况

1. 覆盖范围调整

北京市生育保险对覆盖范围的规定可分为两个阶段。

第一阶段覆盖范围为企业京籍职工。2005 年，北京市出台了《北京市企业职工生育保险规定》（北京市人民政府令第 154 号），在全市范围内实行生育社会保险制度。规定参加生育保险范围为本市行政区域内的城镇各类企业和与之形成劳动关系的具有本市常住户口的职工。这一阶段生育保险覆盖范围有三个限定条件：一是城镇地区，二是企业，三是京籍职工。因限定条件较多，生育保险的覆盖面较窄，只覆盖到城镇企业有北京户口的职工。2005 年北京市生育保险参保人数为 226.1 万人，2011 年为 395.3 万人。

第二阶段覆盖范围为所有用人单位的所有职工。2012 年起，北京市开始扩大生育保险的参保范围，《关于调整本市职工生育保险政策有关问题的通知》（京人社医发〔2011〕334 号）及《关于财政部门核拨经费的用人单位参加本市生育保险和工伤保险有关问题的通知》（京人社医发〔2012〕22 号）规定，北京市行政区域内的用人单位和与之形成劳动关系的职工，均应参加生育保险。上述规定实施后，生育保险参保人数直线上升，2012 年达到了 844.7 万人，较 2011 年净增了 449.4 万人，增幅达到 113.7%。2014 年生育保险的参保人数达到 915.6 万人，参保率为 96.6%。

2. 产假时间调整

2005 年，北京市出台的《北京市企业职工生育保险规定》规定：女职工正常生育的产假为 90 天，难产的增加 15 天，多胞胎生育的每多生育 1 个婴儿增加 15 天，晚育的增加 30 天。女职工妊娠不满 4 个月流产的，产假为 15 天至 30 天；妊娠 4 个月以上流产的，产假为 42 天。

2012 年 4 月，为了贯彻落实《女职工劳动保护特别规定》（国务院第 619 号令），北京市对生育保险规定的享受产假津贴的天数进行了调整，女职工正常生育的产假由 90 天调整到 98 天，其他情形的产假没作调整。

3. 津贴计发基数和办法的调整

北京市生育保险津贴的计发基数原来是以个人缴费基数计算，2012 年，北京市印发的《关于调整本市职工生育保险政策有关问题的通知》规定，生育津贴以职工所在用人单位平均缴费基数除以 30 再乘以产假天数计发。同时规定，生育津贴高于本人产假工资标准的，用人单位不得克扣；生育津贴低于本人产假工资标准的，差额部分由用人单位补足。

另外，上述文件规定：新纳入参保范围的女职工，自本通知执行之日起9个月内分娩的，可即时申领享受相应的生育津贴待遇；自本通知执行之日起9个月后分娩的，如连续缴费不足9个月，其生育津贴由用人单位支付。参保职工分娩前连续缴费不足9个月，分娩之月后连续缴费满12个月的，职工的生育津贴由生育保险基金予以补支。补支标准为申报领取津贴之月，用人单位职工平均缴费基数除以30再乘以产假天数。

4. 生育医疗待遇标准调整

2012年，北京市对职工生育保险部分的医疗费支付项目和标准进行了调整。一是提高了部分医疗费用支付标准。调整了符合计划生育规定因母婴原因需中止妊娠的中期引产术定额支付标准：三级医院由2400元提高至2800元，二级医院由2300元提高至2700元，一级医院由2100元提高至2500元。调整了自然分娩定额支付标准：三级医院由2000元提高至3000元，二级医院由1900元提高至2900元，一级医院由1800元提高至2700元。调整了人工干预分娩定额支付标准：三级医院由2100元提高至3300元，二级医院由2000元提高至3200元，一级医院由1900元提高至3000元。二是调整了部分医疗费用支付标准和按项目支付范围，剖宫产术合并执行一个定额标准：三级医院4400元，二级医院4200元，一级医院3800元。住院分娩当次出血量大于500ml或血小板计数小于8万/mm^{3}调整为按项目付费。三是增加了部分医疗费用支付标准和按项目支付范围。规定参保职工实施住院计划生育手术前，门诊发生的相关检查费，按300元限额标准支付。实际发生费用高于限额标准的，按限额标准支付；低于限额标准的，按实际发生费用支付。住院分娩当次按项目支付范围增加产褥期感染。

二 生育保险管理服务体系建设情况

（一）"六个一"管理办法

北京市自2005年实施生育保险制度以来，生育保险由医疗保险经办机构负责管理经办，实行与基本医疗保险协同管理，坚持"六个一"的管理办法。

——实行"一个定点"。生育保险执行基本医疗保险定点医疗机构范围，不再组织新的认定。按照北京市基本医疗保险规定，参保职工就医可以到自己选择的5家定点医疗机构，还可以到全市的专科、中医医疗机构以及A类医疗机构就医。

——使用"一个目录"。生育保险执行基本医疗保险的药品、诊疗项目、服务设施项目。在执行基本医疗保险目录时，属于基本医疗保险规定个人先部分负担的费用，生育保险全额纳入报销。

——使用"一个就医凭证"。参加生育保险职工就医时与基本医疗保险使用同一张"社会保障卡"。住院就医过程中，由医疗机构通过联网方式判断患者是否享受生育保险待遇。

——使用"一个结算信息系统"。北京市生育保险职工住院费用结算，使用基本医疗保险结算信息系统。

——使用"一个协议"。生育保险执行医疗保险与定点医疗机构签订的服务协议内容，原协议没有涉及生育保险内容的，通过补充条款将相关内容增加进去。

——使用"一个考核办法"。落实生育保险情况，同样也是医疗保险对医疗机构的考核、通报、奖励内容。

（二）限额、定额与项目付费相结合的付费方式

北京市自实施生育保险制度以来，一直坚持限额、定额与项目

付费相结合的付费方式，其中参保职工在本市门诊发生的产前检查及计划生育手术医疗费以及在外埠发生的与生育报销相关的医疗费用，均采用限额结算方式进行付费。医疗机构先行垫付，事后向区县医保经办机构进行申报结算的分娩及计划生育手术医疗费用采取定额结算方式进行付费。

（三）持社会保障卡结算

2013 年，北京市对生育保险持卡就医结算的可行性进行了调研，经过多次的研讨后，制定了《关于北京市生育保险参保职工持社会保障卡就医及医疗费结算有关问题的通知》，明确生育保险参保职工住院需持社保卡结算医疗费用，定点医疗机构应为享受待遇的生育保险参保职工垫付由生育保险基金支付的医疗费用，并向定点医疗机构所属区县医保经办机构申报费用。

三　生育保险工作运行情况

（一）生育保险参保情况

截至 2015 年底，生育保险参保人数达到 941.7 万人（见表 1），参保规模仅次于江苏、浙江、山东和广东。与制度实施之初的 2005 年相比，参保人数增加了 715.6 万人，增幅达到 316.5%。

表 1　2005—2015 年北京市生育保险参保和缴费情况

年份（年）	参保人数（万人）	缴费人数（万人）	享受待遇人次数（万人次）	基金收入（亿元）	基金支出（亿元）
2005	226.1	226.1	—	3.1	0.5
2006	263.3	237.6	6.8	6.3	2.8
2007	290.6	253.0	9.8	7.5	4.7
2008	324.1	277.0	11.8	9.1	6.1

年份 （年）	参保人数 （万人）	缴费人数 （万人）	享受待遇 人次数（万人次）	基金收入 （亿元）	基金支出 （亿元）
2009	346.8	287.0	12.8	10.7	7.3
2010	372.2	302.2	12.6	12.2	7.7
2011	395.3	318.1	14.9	14.2	9.8
2012	844.7	701.0	28.0	30.3	20.9
2013	883.2	754.5	41.1	37.5	34.5
2014	915.6	801.8	53.2	42.4	44.5
2015	941.7	850.9	52.8	51.0	52.7

（二）生育保险享受待遇情况

2014年，享受生育保险待遇的人次数为53.2万人次，同比增加了29.5%，其中生育人数为16.3万人，计划生育手术人次为3.1万人次。2014年，人均生育待遇29600元，比上年减少了2936元；人均医疗费支出8058元，比上年增加了115元；享受生育津贴的人次数为17.1万人次，人均享受津贴为20488元，比2013年增加了1165元。北京市的生育保险各项待遇均超过全国的平均水平，其中人均生育待遇和人均医疗费超出全国平均水平一倍，生育津贴超出全国人均水平7030元，仅低于上海、西藏和青海。

（三）生育保险收支情况

生育保险基金收入趋于平稳。2014年，生育保险基金收入42.4亿元，同比增加4.9亿元，增长13.1%（见表2）。2012年以来，北京市生育保险基金支出呈持续增长态势。2014年生育基金总支出44.5亿元，同比增长10亿元，增长率为29%。其中，生育津贴支出36.3亿元，占总支出的81%，同比增长25.9%；医疗费支出为8.2亿元，占总支出的19%，同比增长45%。生育保险基金支出中，生育津贴支出（包括晚育津贴支出）占比较大，占总支出的80%以上。基金当年缺口2.1亿元；全年基金滚存结余34.5亿元。生育保险基金出现赤字受政策调整、生育人数增长、晚育及参保缴费中断等多方面因素的影响，预计在今后一段时间内，赤字将继续存在。

截止到2014年底，北京市职工生育保险基金累计结余为34.5亿元，可支付月数为9.3个月。由于生育有滞后期，在2012年加入生育保险统筹范围后基金收入快速上涨而支出较少，造成结余较大。从2013年开始，机关事业单位和外埠参保职工符合领取待遇条件的人数增多，基金结余迅速变小。2014年，生育保险基金首次出现当期收不抵支，赤字金额达到2.1亿元。

表2 2012—2014年北京市生育保险基金收入和支出增长率

年份	收入增长率（%）	支出增长率（%）
2012	113.0	113.0
2013	23.8	64.9
2014	13.1	29.0

四 成效与问题

（一）取得的成就

北京市生育保险工作在市委、市政府的领导下，取得了较好的成绩：制定了较为完善的法规和一系列政策文件，做到了生育保险有法可依；实现了制度全覆盖，充分保障了女职工的权益；待遇水平稳步提高，保证了女职工生育期间的医疗和生活；基金总体运行平稳，为生育保险制度健康发展奠定了基础。

1. 逐步健全完善生育保险制度

目前，北京市生育保险已形成了以《劳动法》、《社会保险法》

为法律依据，以《北京市企业职工生育保险规定》为核心法规，以《关于调整本市职工生育保险政策有关问题的通知》等一系列规章为补充的较为完整的生育保险制度和政策体系，为生育保险工作提供了法律依据和具体指导，确保了生育保险工作的顺利进行。

2. 实现了生育保险制度全覆盖

2012年起，北京市生育保险的覆盖范围在城镇企业京籍职工的基础上进一步扩大，将外埠在京就业人员、机关和事业单位人员纳入生育保险制度，生育保险制度实现了全覆盖。一是打破劳动关系界限，将机关、事业单位、社会团体及有雇工的个体工商户一并纳入；二是打破户籍界限，将外埠职工纳入生育保险范围。目前，北京市生育保险制度已覆盖了所有职业劳动者。除此之外，对灵活就业人员、失业人员、参加居民医疗保险人员符合计划生育政策的生育行为也有相应的制度安排。

3. 生育保险保障水平稳步提高

同全国的水平比较，北京市的生育保险待遇水平总体较高。生育津贴水平位居全国第四，人均医疗费支出水平在全国是最高的。从时间维度看，北京市生育保险待遇水平是逐年上涨的，尤其是生育津贴上涨较快，2014年月人均津贴已达到6271元，可充分保证女职工在生育期间的基本生活。

4. 生育保险基金总体运行平稳

虽然2014年北京市生育保险基金首次出现当期收不抵支状况，但总体来看，生育保险基金收支是平衡的，基金滚存目前还略有结余。北京市生育保险基金的稳定平衡，为制度的平稳运行奠定了良好基础。

5. 经办管理服务更加便捷

生育保险不断简化服务流程，极大地方便了参保职工。与定点医疗机构建立的信息系统，使得住院医疗费实现了即时结算，减轻了生育女职工及家庭垫付医疗费带来的经济负担。生育保险津贴通过银行等金融机构直接发放到生育女职工的账户中，确保了津贴按时足额发放并方便了领取。

6. 加强数据分析，提升了管理能力

随着"大数据时代"概念的提出，北京市逐步将管理重心从审核向数据分析转移。利用现有的审核结算系统，结合区县医保经办机构的日常工作特点，逐步开发了在途数据查询、自定义查询、操作员业务统计等数据分析功能模块。其中自定义查询可根据查询条件自由组合，生成查询结果，供各级医保经办机构进行分析使用。

（二）存在的问题

1. 外埠人员在京阶段性就业及生育行为对生育保险影响较大

由于北京的特殊地位，外来人员较多。外埠来京人员多为年轻人，生育率较高。北京市医疗水平较高，生育待遇较好，对外埠年轻人具有较大的吸引力。因此，一部分人选择在北京工作直至怀孕生育。而怀孕或生育后，面临北京生活成本高、无人帮助照看孩子等问题，于是一部分人选择离职返乡。外埠人员在京的阶段性就业，造成缴纳生育保险费时间短却享受全部待遇的状况。这是 2014 年北京市生育保险基金当期收不抵支的重要原因。

2. 缴费时间和待遇享受时间跨度较大，存在收入少、支出多问题

北京市规定生育保险缴费基数为本人上一年月平均工资，生育津贴发放按生育当月的缴费工资计算。同时北京市规定享受生育保险待遇有 9 个月的等待期。这样的规定，可能出现最近的缴费时间和津贴领取时间最少相差两个年度。而从北京的社会平均工资和生育保险缴费基数看，是连年上涨的，每年上涨大约在 10% 左右。比如北京市 2012 年 4 月至 2013 年 3 月生育保险缴费基数上限为 14016 元，下限为 2803 元；2013 年 4 月至 2014 年 3 月缴费基数上限为

15669 元，下限为 3134 元。与此同时，北京市社会平均工资 2012 年是 5223 元，2013 年为 5793 元，后一年的社会平均工资水平明显高于前一年或两年的水平。由于生育保险从缴费到待遇领取有较长的间隔，因此出现生育保险缴费基数低、领取津贴的基数高这一情况，一定程度上形成了基金的隐形流失。

3. 生育医疗费支出较高，抬升了生育保险基金的总体支出

北京市人均生育医疗费支出在全国是最高的，比其他省市高出很多。例如，上海市人均生育医疗费为 3037 元，浙江省为 4567 元，江苏省为 3610 元，广东省为 4760 元，北京市为 8058 元，大大超过了上述四省的水平。北京市人均生育医疗费高的原因可能是多方面的，有北京市三甲医院较多、医疗消费水平较高等客观因素，但也存在生育医疗费缺乏监管的问题。

4. 门诊没有实行即时结算，不利于对医疗机构生育门诊医疗行为的监管，也增加了参保女职工的经济负担

目前，北京市生育保险实现了住院医疗费用即时结算，但还没有实行门诊医疗费用即时结算，采取的是限额报销方式。怀孕女职工在医院进行产前检查的费用及计划生育费用需要个人垫付，然后按规定标准进行报销。由于对医疗机构的产前检查行为缺乏监管，一些医疗机构存在滥用检查、乱开药的问题，一定程度上增加了女职工的经济负担。

五　机遇与挑战

"十三五"时期，北京市生育保险和其他社会保险项目一样，也面临深化制度改革、待遇保障需求不断提高、生育保险基金支撑能力面临严峻考验等问题，生育保险自身的发展特点也使生育保险制度面临较大压力。

（一）国家人口生育政策给生育保险带来的压力

2014 年国家出台单独二孩政策，2015 年国家全面放开二孩政策，由于生育行为有一定滞后性，因此二孩的生育高峰在"十三五"期间将充分显现。生育女职工大幅增加，将给生育保险基金带来一定的压力，甚至会持续出现基金收不抵支的状况。

（二）国家下调生育保险费带来的压力

目前，北京市生育保险费率是 0.8%，在这一筹资水平下，2014 年、2015 年生育保险都已出现当期收不抵支情况。即使按照国家规定，暂时不下调费率，但从发展趋势看，北京市生育保险基金的压力在短期内不会得到较大缓解。

（三）外埠参保人员给生育保险带来较大压力

北京市缴费人员中占比最大的为 41 岁以上人员，育龄缴费人员（24—35 岁）占比 43.2%；外埠参保缴费人员中占比最大的为 24—35 岁人员，占比 63.6%。育龄缴费人员的生育比例远远高于其他年龄层次，2013 年、2014 年，生育率明显上升，且 24—35 岁生育人员的增长幅度最大。外埠缴费人员年龄层次普遍偏低，大部分为处于育龄期的年轻人口，这是造成北京市生育人数大幅增长的主要原因。

（四）生育保险待遇刚性上涨对基金的压力

从历年北京市生育保险待遇特别是生育津贴的支付情况看，生育保险待遇一直是上涨的。从全国的情况看，2014 年人均生育医疗待遇上涨了 3.7%，女职工人均生育津贴上涨了 12.5%。可见，未来一段时间生育保险待遇上涨的趋势不可能有较大改变，但应尽量减缓上涨速度，以减轻基金压力。

六　"十三五"时期的总体思路、目标和对策措施

（一）总体思路

按照全面深化改革、全面依法治国的总体要求，围绕全面建成小康社会的总体目标，坚持全覆盖、保基本、多层次、可持续的方针，以增强公平性、适应流动性、保证可持续性为重点，不断完善生育保险政策，着力增强参保的有效性，稳步提高待遇水平，逐步提升制度的运行质量，充分保障生育女职工的生育行为，减轻用人单位的负担，促进劳动人口再生产，维护北京市人口的健康发展。

（二）目标

制度建设目标：在国家生育保险制度和政策框架下，推进生育保险与医疗保险合并实施。保留生育保险险种，除生育津贴外，生育保险各个环节的经办管理与医疗保险合并实施，以进一步提高管理服务效能。

覆盖面目标：巩固现有的生育保险参保人数规模，不断将新增就业人员纳入生育保险制度，实现生育保险法定范围内的职业人员全覆盖。

筹资水平目标：进一步完善生育保险的筹资政策，合理确定缴费基数，做到应收尽收。统筹考虑医疗保险和生育保险费率，确保基金收支平衡。

保障水平目标：坚持社会保险保基本的原则，逐步健全完善与北京市经济发展水平相适应的、生育保险基金可支撑的待遇保障标准和水平。

（三）对策措施

1. 制定生育保险与医疗保险合并实施的行之有效的政策

将生育保险的参保缴费、费率确定、就医管理结算等环节和内容与医疗保险合并实施，实现医疗费用据实结算、生育津贴依法发放。选择一两个区进行试点，发现问题、总结经验，在此基础上形成适合北京市的生育保险与医疗保险合并实施办法。同时，对医疗机构的信息系统进行适当调整，以适应政策的实施。

2. 跟踪生育保险的实施情况，对异动情况及时加以应对

跟踪国家二孩政策对生育保险的影响，适时调整生育保险政策，以应对二孩政策对生育保险基金带来的压力。对 2014 年、2015 年生育保险基金当期收不抵支的影响因素进行分析，并对今后一段时间生育保险基金的支出情况进行跟踪。根据生育保险基金的收支情况，及时调整生育保险费率。

3. 适当提高产前检查的支付标准，减轻生育女职工的经济负担

逐步建立生育保险待遇水平与社会发展水平和医疗服务水平相适应的保障机制，适度提高生育保险待遇水平，特别是产前检查等医疗费的支付标准，切实保障女职工在生育期间的基本生活。

4. 实行门诊医疗费即时结算，进一步提高生育保险管理效率

研究探讨生育保险门诊即时结算的方式，加快推进生育保险门诊即时结算的进程，进一步规范生育保险门诊的医疗行为，提高门诊管理服务效率。

5. 进一步规范生育医疗服务行为，做到生育保险精细化管理

规范生育医疗机构的医疗行为，减少生育保险项目规定以外不合理的检查和用药，减轻生育女职工个人的经济负担。积极倡导生育女职工自然生产，降低剖宫产率，保护母婴健康。

6. 实现生育医疗行为全程监管

社会保险经办机构应当及时核查用人单位申报、缴纳生育保险费的信息，监督用人单位依法参保。对申请享受生育保险待遇的有关材料，社会保险经办机构应依法审核，必要时还应当对有关情况进行实地核查。加强对各医疗机构生育女职工孕产期所有医疗费用的全程监管，通过数据分析，对高额医疗费用的检查和药品支出项目进行重点审核，对违规行为要依法处罚。

北京市社会保险经办和基金管理
评估研究报告*

经过 30 多年的改革发展，北京市已经基本建立了覆盖城乡居民的社会保险制度体系。随着全市社会保险事业的不断改革发展，社会保险管理服务体系也从无到有，不断加强和完善。特别是"十二五"时期，市政府更加重视民生，更加关注社会保险经办管理工作，社会保险经办管理迈上了新台阶，一个与北京市社会经济发展水平相适应的社会保险公共服务体系基本建立。

一 社保经办管理体系建设历程和基本情况

北京市社会保险经办机构始建于 1986 年，随着职工养老保险实行社会统筹而成立，原名为北京市退休基金统筹办公室。自 1986 年 10 月起，北京市退休基金统筹办公室向全市区、县、局、总公司收缴所属国营企业退休统筹基金。1994 年，改名为北京市社会保险基金管理中心，具体负责社会保险参保登记、基金收缴、待遇支付、管理以及退休、失业人员的管理服务工作。1995 年启动大病医疗统筹，2001 年 4 月按照国办发 44 号文件精神改为职工基本医疗保险，

---

* 执笔：谭中和。谭中和，人社部社会保障研究所养老保险室原主任、研究员，电子邮箱：molss_isis@163.com。

随后成立北京市医疗保险管理中心，负责医疗保险、工伤保险和生育保险，以及大病救助等经办管理，随着失业保险经办管理整体划转到市劳动服务管理中心（市创业指导中心），形成了三位一体的社会保险经办管理格局。

横向来看，北京市社会保险经办按险种和业务分为市社会保险基金管理中心、市医疗保险管理中心和市劳动服务管理中心（市创业指导中心）。市社会保险基金管理中心为正处级设置，负责制定全市社会保险基金管理办法并组织实施，承担全市社会保险基金的收缴、拨付、管理及运营，社会保险信息系统的建设、运行、管理、维护，社会化管理服务，以及指导区、县、局、总公司社会保险经办机构的业务工作。市医疗保险管理中心为正处级设置，主要负责全市医疗保险、工伤保险、生育保险的费用支付管理，医疗保险、生育保险医疗费用与定点医疗机构、定点药店结算，医疗保险费用或医药费用的审核、支付，大额医疗互助终审，定点医疗机构、定点药店医疗保险管理，以及对区县医保中心进行医疗保险、工伤保险、生育保险医疗的业务指导和监督管理等工作。市劳动服务管理中心（市创业指导中心）负责全市社会保险社会化管理、就业服务管理，失业保险基金用于促进就业的事务经办与管理，全市街道（乡镇）社会保险机构服务规范和标准等工作。

纵向来看，北京市社会保险经办机构分为两级，即市本级和16个区县、北京经济技术开发区，均为参公管理的全额拨款事业单位。

全市各区县、乡镇（街道）和社区（村）全部建立了社会保险经办管理服务机构，形成了以社会保险经办机构为主体，以基层社会保险公共服务平台为基础，以计算机信息网络为支撑，以社会保障卡为载体，覆盖全市城乡的社会保险经办管理服务体系。

截至2013年底，市本级和各区县共有社会保险经办机构30家，其中养老保险经办机构18家，医疗保险经办机构9家，城乡居民经办机构3家。在30家社会保险经办机构中，除8家医疗保险经办机构为全额拨款事业单位外，其余全部为参公机构。2013年市本级和区县经办机构共有编制人数2722人，实有2796人。其中养老保险经办机构在编2153人，医疗保险经办机构620人，城乡居民社保经办机构23人。

从基金管理模式来看，目前，北京市各项社保基金主要采取两级核算的模式，实行统一征缴，按险种分别建账、单独核算、专款专用，所筹集的基金按照收支两条线的原则，全部纳入社会保险基金财政专户。基金实行两级财务管理、两级会计核算，市区两级经办机构分别设立基金收入户和支出户。社会保险费通过缴费卡、缴费专户、委托收款、银行缴费等方式进入区县收入户，区县再上缴到市级经办机构收入户；基金支出时，由市财政专户将款项通过市社保中心拨付到区县经办机构社保支出户，社保待遇由区县支出户通过银行、定点医院等社会服务机构发放或结算。目前，北京市社会保险基金运行良好。近10年来，随着制度覆盖面扩大、参保缴费人员增多、社平工资增长较快等因素，基金规模显著扩大。以职工基本养老保险基金收支为例，基金收入由2005年的241.4亿元增加到2014年的1331.3亿元，增加了4.5倍，养老保险基金征缴率达到99%以上；基金结余由2005年的45.6亿元增加到2014年的489.6亿元，增加了9.7倍；基金支出增幅较小，基金收入额大于基金支出额，基金收入增长率基本大于基金支出增长率，基金结余不断增长，抗风险能力显著增强，保证了养老保险制度平稳运行，确保了养老保险待遇按时足额发放，制度的可持续性增强，为未来应对人口老龄化积累了资金。

二 社保经办管理服务发展成效和经验

（一）总体判断

北京市在社会保险体系建设中坚持制度建设和经办管理并重。

在提高经办机构管理能力、提供优质高效的经办管理服务、促进城乡统筹的社会保险制度持续稳定发展方面取得重要成就。以规范化、专业化、信息化建设为核心的经办能力建设效果显著，形成了经办管理重心下移，服务基层，面向街道、社区、乡村全体劳动者和居民的经办服务模式，以及为全体劳动者和居民管理一生、服务一生的经办工作机制。根据调研和综合分析，得出以下几点基本判断。

1. 以"三化"建设为核心，经办管理服务水平全面提升

社会保险经办管理能力集中体现在"三化"建设上，即经办工作必须规范化、信息化和专业化。规范化的主要标志是经办管理有制度，业务操作有标准，处理流程有章法。规范化建设首先要制订一系列管理服务规范、技术标准和业务流程。没有标准就不成规范，就容易出现随意经办、违规经办；信息化就是实现社会保险经办业务的全程信息化管理，利用信息技术和网络整合优化经办业务处理模式，实现社会保险登记、缴费核定、保费征收、缴费记录、待遇审核、待遇支付的计算机化和规范化管理，并保证社会保险信息数据的真实和准确，为参保者提供多种形式、全方位的信息查询等服务；专业化体现在按照社会保险工作量制定机构人员编制标准，并实行经办人员准入制度和人员培训制度，整合管理资源，形成岗位职能明确、分工合理、运作高效的经办管理服务体系。

北京市非常重视经办管理服务的"三化"建设，在实践中形成了比较完善的社会保险经办管理工作机制、工作方法和工作程序。在规范化建设方面，制定了一系列经办工作制度、经办流程和工作规范，社会保险经办实现了全市政策统一、流程统一、标准统一、规范统一和业务办理模式的统一。扎实规划，做好社会保险业务经办的基础性工作，对社会保险的业务经办流程进行规范和统一，逐步达到标准化。抓住社会保险"扩面"和"基金管理"这条主线，理顺社会保险"基金流"和参保者个人"信息流"与整个社会保险

业务过程中各环节间的关系，先后出台了《北京市社会保险业务办理规程》和关于北京市社会保险基金财务会计、基金支付、基金拨付、窗口服务规范等业务办理的规范性文件，涉及社会保险参保登记、建立社保关系、参保信息变更、待遇支付、基金财务、基金安全、窗口文明服务、责任追究和奖惩等社会保险业务办理的各个环节，使得业务办理中的各个环节都能够有章可循，有据可查。每一笔业务如何办理、怎么办理、办理时限、处理标准、异常处理、突发情况下的办理、结果样式等，都有详细规定。这些规范和标准的确定，完全基于国家相关规定，既确保了其规范和标准，又为全国社会保险关系转移、接续等奠定了基础。

社会保险业务处理规范重点考虑了下列几方面的内容：①城乡居民、农民工和灵活就业人员的社会保险业务。为便于这部分人的参保、缴费和管理，持有效证件（居民身份证）和社保卡就可以办理社会保险业务。②社会保险关系的接续和转移有序推进。自《国务院办公厅关于转发人力资源社会保障部财政部城镇企业职工基本养老保险关系转移接续暂行办法的通知》（国办发〔2009〕66号）实施以来，北京市积极出台了相关文件，解决了外埠人员在本市延长缴纳社会保险费等问题，及时为参保人员办理基本养老保险转移接续业务，开展符合条件外埠人员的视同缴费年限认定工作，使参保人员能够尽早享受养老保险待遇。截至2013年底，全市共办理养老保险跨省转入30260人，其中农民工3298人，涉及转入养老保险基金为9.1亿元，其中个人账户规模为4.3亿元，转出39645人，其中农民工9974人，涉及转出养老保险基金为8.1亿元，其中个人账户规模为3.4亿元，建立临时账户人员55063人，开出缴费凭证60350人，较好地执行了国家的养老保险关系转移接续政策，保证了跨省流动就业参保人员的权益。③社会保险基金的安全得以有效保障。保障社会保险基金的安全，是社会保险业务规范化的基本要求。北京在实现业务经办规范化和标准化过程中，把与基金直接或间接相关的业务处理作为重点。把基金的处理分为前台和后台，参保人员缴费和领取待遇只需在前台办理，而参保的建档、审核等涉及基金安全的业务全部在后台处理，既增加了基金的安全性，又使参保者能够在一个窗口完成业务办理。社会保险业务的处理在全程监督和审核下进行，经办人员在处理每一笔业务时，对需要手工处理的资料有备份和审查，办理完后装订备案。对计算机处理的业务，设置工作日志，记录手工或计算机处理业务的全过程，比如开始处理时间、完成时间、办理项目等都有详细记录。业务的审核实行分级、多级负责制，即经办人员直接审核、经办业务环节互相审核、处长把关、主任终审的四级审核制度，特别是关键性信息，如参保者修改姓名、身份证号以及多收保费的退费等，必须经过四级审核。

在信息化建设方面，以计算机网络系统升级改造为重点，实现了管理水平的全面提升。目前，网络已经延伸并覆盖了全市所有街道（乡镇）、社区（村）和医保定点医疗机构。计算机网络处理业务覆盖了参保登记、基金稽核、领取待遇身份认证等各项业务，并开通了网上社保业务。

在专业化建设方面，为了加强队伍能力建设，北京市实行了一系列措施。比如，鼓励在职参加各类培训和学习。把社会保障业务经办细分为30多个岗位，实行定岗、定职、定责。任何岗位的工作人员上岗必须参加社保经办机构业务能力培训。同时制定了严格的社会保障经办管理服务纪律、勤政廉洁和规范化服务制度，并制定了相应的奖励制度和惩戒制度。表彰作风好、工作成绩突出的部门和个人，对违反工作制度、造成不良影响的人员予以行政处分和经济处罚等，在社会上树立了良好的社会保障工作者形象。

2. 经办管理重心下移，城乡居民公平获得经办管理服务

首先，充分发挥街道、社区和村镇劳动保障机构的优势，经常性地开展对辖区内各类用人单位及劳动者和流动人员的调查摸底，掌握用人单位及劳动者的就业和社会保障参保缴费情况，掌握辖区内困难家庭和弱势人群情况，建立辖区内用人单位和劳动者的登记备案制度，实行动态跟踪管理。

其次，优化了保险费征缴方式，加大了征缴力度。基层劳动保障工作机构与辖区内的企业和劳动者有着广泛和密切的接触，了解企业的生产经营和职工的工资福利情况，使企业不敢瞒报、少报参保人数，少缴社会保险费，起到了经常性的监督监察作用。同时，基层劳动保障管理员了解辖区内个体工商户、自谋职业者、流动人员的实际情况，在为他们提供服务同时，督促他们参加社会保障。收费的模式也由过去用人单位或个人申报缴费方式改变为多种形式，比如个体工商户、灵活就业人员可以在就近的银行代扣代缴保险费，方便了参保人员。

3. 以强化服务为重点，实现了对参保者保障一生、服务一生

以人为本、为民服务是社会保障经办的根本宗旨。北京实施了多种措施和手段来强化服务，实现了对参保者跟踪一生、记录一生、保障一生和服务一生。

经过几年的探索和实践，北京市制订了参保登记、缴费申报、待遇审核、费用结算、离退休人员领取养老金资格认证等方面的标准。这些规程和标准都以便民、利民、为民服务为宗旨。比如，设立前台、后台工作机制。区级经办大厅的前台，直接面对参保人员，为参保者提供"一站式"服务和首问负责制；资格审核认定、基金的监管等在后台处室办理，大大减少了参保者办理业务的等待时间，明显提高了办事效率。改变过去以用人单位为社保信息记录主体，将服务细化到个人，体现以人为本的理念。从儿童参加城镇居民医保开始建立个人的社会保障服务档案，在人员退休之后，依托社区建立退休人员跟踪服务档案，随时为需要帮助的老人提供服务。健

全的社区社会化服务网络，使居民不出家门就能咨询社会保障政策、进行养老金资格认证、报销医疗费用等。

4. 基金监管不断加强，确保了基金安全有效运行

养老保险方面，北京市较早实行了市级统筹，实现了基金的统收统支管理，确保了基金安全。建立了区县扩面征缴考核标准，增强了区县扩面征缴的积极性，在基金省级管理方面做出了表率。在市级统筹的基础上，利用多种方式，加强基金监督管理，促进基金监督工作规范化。在基金征缴上，通过不断健全完善与工商、民政、税务等部门的扩面征缴协调联动机制，实现对应参保单位的动态管理，建立信息共享机制和企业诚信体系，通过与区县政府签订责任书、列入政府绩效考核等方式，有力地促进了参保覆盖面和基金规模的稳步扩大；开展日常稽核，利用企业申报新年度缴费基数的时机开展事前稽核，取得明显成效。在基金支出上，合理确定养老保险待遇标准；采取信息比对等手段，通过实时认证和集中认证相结合的方式，开展领取待遇人员资格认证工作，落实异地常住领取待遇人员认证和境外认证工作，优化认证手段，开通网上认证工作，堵塞基金支出漏洞。2014 年度异地资格认证率达到 98.1%。在基金监管上，规范制度，创新思路，加大专项审计、稽核和监察力度，严格养老保险基金管理，加大对存在少缴、漏缴、欠缴等违规行为单位的监督和处罚力度，建立了行政监督、内控监督和社会监督相结合的监督机制，确保了养老保险基金的安全运转；严格审核外埠城镇人员补缴；推进社会保险基金预算制度改革，加强对养老保险近、中、长期基金收支情况的精算预测；加强对企业年金方案、基金管理合同备案的规范化管理，完善备案制度。海淀区在区人社局层面率先引入 ISO9001 质量管理体系，全面、全员实施质量标准要求，围绕基金运行管理，制定了基金监督、业务档案管理、廉政风险防控等 16 项管理制度，基金管理成效显著。

医疗保险方面，北京市各项基本医疗保险基金收支不断扩大。"十一五"和"十二五"时期，职工医保基金收支平均增速基本在20%以上，支出增速总体高于收入增速，基金结余呈减少趋势。不过随着最近几年医保支付制度改革和各种监管、控费措施的推进，基金支出增速大大下降，基金结余又呈回升的趋势。截至2014年，职工医疗保险基金滚存结余227.1亿元，可支付月数为4.2个月；城镇居民医保基金累计结余为15.1亿元，可支付月数为12.8个月；新农合基金基本收支平衡，有少量结余。总体来说，北京市各项医保基金运行基本平稳。

（二）主要成效与基本经验

北京市社会保险经办管理工作成效显著。各级社保经办机构认真贯彻落实国家和全市各项社会保险政策，在促进全市社会经济发展、建立更加公平可持续的社会保险体系中发挥了极其重要的作用。

1. 主要成效

一是覆盖全市的社会保险管理体制和经办服务体系基本建立。随着社会保险制度的全覆盖，在全市从市本级到区县、街道（乡镇）、社区（村）都建立了社会保险经办机构。目前，市本级设立3家机构，分别是市社会保险基金管理中心、市医疗保险管理中心和市劳动服务管理中心（市创业指导中心）。全市16个区县和北京经济技术开发区均建立了社会保险管理中心。2011年12月起，各区县社会保险经办机构实行统一设置，其中东城、西城、朝阳、海淀、丰台5个区分别设立了副处级的社会保险基金管理中心和医疗保险事务管理中心，其他11个区县和北京经济技术开发区设立了副处级的社会保险事业管理中心，分别隶属于同级的人社局。基层服务网络更加完善，全市所有街道（乡镇）、社区（村）全部建立了人力资源社会保险服务平台，基层建站（室）率达到100%。采取多种措施，不断提高经办服务能力。建立了包括社保经办机构、社保所、银行、各类定点服务机构在内的社保公共服务网络，为参保对象和200多万企业退休人员提供就近、方便的社会化管理服务；出台了相关办法，健全社保经办人员业务培训制度，不断提高经办人员工作效率和业务水平；进一步加大便民利民力度，大力推进社保业务网上申报、查询，目前网上办理社会保险业务种类和数量均已达到总数的70%以上。扩大养老金代发银行，服务网点达到3300多个；企业社会保险缴费网点也由社会保险经办机构扩大到13家银行的1000多个对公业务网点，形成了覆盖全市的服务网络，为广大用人单位和城乡居民提供了方便、快捷、高效、安全的社会保险管理服务。

二是各项社会保险经办业务基本实现了规范化和标准化。在经办业务规范化方面，市养老中心和医保中心通过完善制度、制定业务标准、规范工作程序，确立了比较科学规范的社会保险业务经办流程和业务办理标准。制订了社会保险业务办理规程和关于基金财务会计、基金支付、基金拨付、窗口服务规范等业务办理的规范性文件。经办各环节相对独立、时序严格、相互衔接、相互制约，有效保障了各项管理服务措施的落实。

三是社保基金管理安全。自2014年起，北京市社保基金的预决算开始经过人大审议，社保基金预决算工作成为社会保险基金管理的中心和枢纽，基金收支和财务流程不断得到优化，基金管理更加规范透明。以"基金一级流"为方向的基金财务管理模式初见成效，通过建立全市统一的资金结算中心实现了社保资金集中收缴、集中支付，有效减少了风险点，保障了基金安全。

2. 基本经验

一是市委市政府高度重视，在不断完善各项社会保险政策的同时，注重加强社会保险经办管理能力建设，把不断提高社会保险管理服务能力提升到建设公共服务型政府，为群众办实事、办好事的高度，不断加大社会保险经办管理的投入。

二是超前谋划、科学设计，紧紧围绕社会保险政策，调整社会保险经办主攻方向。"十二五"时期正是北京市各项社会保险政策不断完善的时期，各项政策出台和调整后，政府和公众希望立即落实，为此，各级经办机构克服人手少、经费不足和信息系统一时难以跟上等困难，思想上形成共识、工作上形成合力，精心组织，科学谋划，内部挖潜，确保社会保险各项改革政策及时落实。

三是以人为本、追求卓越。社保经办机构是社保制度和政策的执行者，是广大参保人合法权益的守护者，是公共服务的提供者，北京市本级和各区县经办机构把"记录一生"作为主要职责，"服务一生"作为承诺，"保障一生"作为根本宗旨。坚持社保经办"全市一盘棋"、"城乡一体化"及以人为本的理念，追求卓越，努力建设体制顺畅、信息共享、标准统一、经办高效、管理精细、服务便捷的社保经办管理服务体系。

四是转变工作作风，不断强化经办队伍专业化建设。借助开展党的群众路线教育实践活动，整顿工作纪律，切实转变经办工作作风，树立了强烈的宗旨意识、服务意识、责任意识和实干意识。采取多种形式，不断提高广大经办干部职工的政治理论和业务经办素质，有力促进和推动了整个经办管理工作水平和质量的提高。

五是加强窗口服务精细化管理。组织开展全市人社系统窗口单位改进作风专项行动，修订完善窗口服务考核评价办法，开展行风作风常态化查纠，窗口标准化建设水平不断提高。

六是注重利用新技术、新手段，不断创新经办模式，提升基金监管水平。通过不断完善信息系统数字证书管理制度，实现岗位权限相互制约和工作标准、管理要求、保管方式"三统一"，防范基金安全隐患。结合廉政风险防范工作，查找社保经办业务的风险点，在加强经办机构内控监督工作的基础上，对社保经办业务中存在较大风险的十几项重点业务在系统中增加了审核操作和监控功能，增强了对业务风险的防范。同时，结合社保信息系统升级改造，使本市社保信息系统达到了国家信息安全保护等级第三级的标准。针对社保经办流程长、环节多的现状，社保经办机构在优化经办流程的基础上，加强内部监督控制，使其覆盖基金管理工作所有环节。深入查找业务风险点并重点监督高风险业务环节，随时根据工作需要开展专项内控监督检查，全市统一了内控监督标准，通过内控监督系统实现对各经办环节的事前、事中、事后监督，使人防和技防紧密结合。

七是强化横向联合，提高管理水平。重点加强了与公安、民政、工商、税务等相关部门的联动，建立了共享的基础数据库和数据交换平台，以此为依托，有效开展社保待遇领取资格认证等工作，堵塞支付漏洞。

三 存在的主要问题

尽管北京市社保经办管理取得显著成效，但社会保险经办管理工作离党的十八大提出的健全完善社会保险管理体制和经办服务体系的要求还有差距，与北京城市功能定位、科技创新驱动经济发展、新业态引领产业结构调整以及国际化大都市的目标要求还有差距，与全市参保单位和参保人员日益增长的社会保险服务需求还有距离。社会保险法规定的社保经办职能尚未完全落实到位，全市社保经办管理体制不顺、职能交叉、资源分散与能力不足问题并存，这些都需要在"十三五"时期以改革精神、花更大气力予以解决。

1. 管理体制尚不合理

目前，北京市尚未统一城乡医保管理体制，城乡分治的医保管理格局依然继续。管理分割不仅增加了政府的管理成本、降低了管理效率，也大大影响了医保基金的团购能力，制约了医保基金监督医疗机构的能力。分割管理、城乡居民医保制度间相互竞争，使得新农合、城镇居民医保竞相提高待遇，导致城乡居民医保的基金压力增大，直接影响两项制度的可持续发展。面对日益复杂的医保管理，特别是针对医疗服务提供方的监督管理，医保经办能力急需提升。北京市的医保信息化水平有待进一步提高，经办机构的专业化能力必须更加适应越来越精细化的医疗服务监管和支付制度改革的需要。

另外，社保稽核和劳动保障监察衔接不畅，边界划分不明晰，在一定程度上影响了社保经办的效能。

2. 社保经办服务水平还有待进一步提高

目前，全市各类参保群体已经达到5000多万人次，社保经办机构月均服务量超过500万人次，经办机构人员人均服务达到1.72万人次，大致是全国人均服务人次的2倍（全国人均服务人次为9000人），经办压力不断增加。同时，随着保障项目增多、覆盖范围扩大，群众对优质、高效、便捷的社保公共服务的需求也在不断增大。如何进一步提高经办管理服务"人性化、标准化、精细化"水平，仍是北京市面临的一个重大课题。

3. 依法经办落实困难

党的十八届四中全会提出依法治国的要求，作为首都的北京必须是法治的北京。尽管《社会保险法》对社保经办工作作出了一系列法律层面的制度安排，首次在法律上作出了明确的定位和要求，但是经办机构依法履职面临重重困难。比如在稽核检查工作中，发现一些被检单位少报、漏报缴费人数、基数的现象较为普遍，《社会保险法》第六十三条规定的查询、行政划拨、要求提供担保、申请法院强制执行等社保经办机构权限无法落实。根据《社会保险法》第六十三条规定，社会保险费征收机构在发现用人单位存在未按时足额缴纳社会保险费时，应责令其限期缴纳或补足。用人单位逾期仍未缴纳或者补足社会保险费的，社会保险费征收机构可以向金融机构查询单位账户存款、向行政部门申请行政划拨社会保险费、要求单位提供担保、申请法院强制执行等措施。然而，现实社会中，上述措施往往无法落实，造成稽核部门对不补缴社会保险费的单位束手无策。

四　面临的主要形势与挑战

（一）主要形势与挑战

1. 依法征缴工作面临严峻形势

随着北京转方式、调结构和首都功能的定位更加明晰，新增从业人员增速下降，城镇人员扩面已近饱和，中断缴费人员总量不断增长，缴费职工增长已明显趋缓，如何加大宣传力度，确保应保尽保、应收尽收是"十三五"时期社会保险经办面临的一个重大课题。

2. 参保人对社保经办管理诉求日益增加和多样化，经办管理的服务供给还不能满足群众对社保服务日益增长的需求

随着社会保险制度全覆盖，参保人员结构日趋复杂，以及居民社会保险意识不断增强，城乡居民对社会保险的利益诉求成倍增加。人员流动导致的异地领取养老金和异地就医等业务迅速扩大，社会保险关系转移接续诉求增加；灵活就业人员及城乡居民参保后，中断参保和缴费、重复参保、重复缴费等问题凸显。群众不断增长的社会保险服务需求，将对社会保险经办管理服务提出新的更高的要求。

3. 人员流动日益频繁，社保关系转移和权益记录面临考验

随着京津冀协同发展战略的推进，人员流动日益频繁，而适应流动性是社会保险的重要原则。人员的流动给社会保险经办带来重大考验。以基本养老保险为例，由于未来的待遇与缴费年限、缴费水平直接相关，需要记录流动人员在不同时间段、不同工作地的社

会保险权益，如何跟踪记录这些人的权益，使之不因流动受到损失，需要不断提升经办管理服务能力。

从历年北京市参加社会保险的人员结构分析，人员流动较为频繁，新的就业形式和业态不断出现，给社会保险经办管理带来挑战。一些非首都功能的产业转移，带动部分就业人群跨省转移，社保关系、户籍关系、档案管理等诸多问题纠缠在一起，大大增加了社会保险权益记录和管理的难度。据对本市一些地区的调研，经办每百名流动人员或灵活就业人员的社会保险业务工作量，是相同情况下经办有单位职工业务工作量的 3 倍多。

4. 社保基金支付压力越来越大

尽管目前养老保险基金收支平衡，征缴收入大于支出，积累较好，不需要财政出资，但是纵观近 4 年的人口变化情况，北京常住人口中，60 岁及以上人口正以平均每年 15 万人的规模和年均 6% 的速度增长，预计 2020 年老年人口将超 400 万人。随着人口老龄化加剧、外埠退休人员的增加、参保人员增长率下降，加上待遇水平具有刚性增长的特点，基金收支平衡的压力将进一步增大。征地拆迁速度放缓，农转非人员补缴纳入制度内的人数下降，都会导致社保基金征缴收入受到一定影响，未来基金支出将会持续增加。同时，基金保值增值渠道有限，受通货膨胀等因素的影响，基金贬值风险也将对养老保险基金产生较大影响。另外，北京市是国家控制人口规模的特大城市和待遇高地，实行最低养老金制度，出现了竞相转入北京享受待遇的情况，对北京市未来养老保险基金的平衡带来很大的挑战。

过去 10 年间，北京市职工医保基金（占三项医保基金总规模的 90% 以上）支出增幅大多高于收入增幅，基金累计结余呈不断下降趋势，城镇居民医保基金也一度出现当期赤字。在医疗费用快速增长、过度医疗难以控制的情况下，北京市医保基金的支出压力将越来越大。如何控制医疗费用增长、增加医保基金收入、缓解医保基金支付压力，将成为医保改革乃至整个医改最为重要的任务。

（二）面临的机遇

"十三五"时期，北京市社会保险事业面临诸多挑战的同时，也面临难得的有利机遇。

第一，党的十八大和十八届三中全会明确了加快健全社会保险管理体制和经办服务体系的目标要求，把社会保险管理服务提高到了前所未有的高度。党中央、国务院的高度重视，为改革完善社会保险管理体制和经办服务体系指明了发展方向，也为北京市"十三五"时期加大社会保险管理服务能力建设提供了良好机遇。

第二，经过20多年的改革发展，覆盖城乡的社会保险经办管理网络已经形成，并成为政府最重要的公共服务平台和窗口，得到全市广大群众的认可。在国家大力推进服务型政府建设的背景下，已经具备良好基础和条件的各级社会保险经办机构，必将迎来新一轮发展和强化的机遇。

第三，借助群众路线教育实践活动，通过不断加强社保经办作风建设，全市社会保险经办管理人员队伍的素质有了长足的发展和进步，为进一步做好社会保险经办管理工作、提升管理服务能力奠定了基础。

五 "十三五"发展思路与目标

（一）总体思路

围绕建立更加公平更可持续的社会保险体系目标，按照增强公平性、适应流动性、保证可持续性的总体要求，以为参保群众提供便捷、安全、高效、优质的服务为宗旨，加快健全和完善社会保险管理体制和经办服务体系，不断提升管理服务能力和水平。以标准化、信息化、专业化建设为抓手，构建新型社会保险治理体系，创新服务方式。逐步建立政府主导、市场补充、机构参与、公众监督的社会治理型社会保险管理体制和经办服务体系。

（二）发展目标

健全和完善北京市社保管理服务体系的目标分为总体目标和具体目标两部分。

总体目标是：从现在起，用5年左右时间（到"十三五"末），建设成体制合理、机制健全、管理规范、高效便民的全新经办服务体系。

具体目标体现在以下六个方面：一是完善社会保险经办管理体制。依托现有社会保险经办管理服务资源，进一步健全完善社会保险经办管理体制。在明确事权基础上，通过整合，在现有经办管理体制基础上，成立北京市社会保险事业管理局（下称社保局）、北京市医疗保险管理局（下称医保局）和北京市社保基金监督管理局（下称基金监督局），均为副局级单位。社保局负责社会保险参保登记、保费核定及征收、基本养老保险（包括机关事业单位、企业职工和城乡居民）等业务经办；医保局主要经办医疗保险（职工医保、城乡居民医保）、工伤保险、生育保险的待遇审核支付，定点机构管理，等等；基金监督局负责社会保险基金的监督控制，相关社会保险基金的投资运营业务，等等。同时，各区参照市本级模式，健全完善社会保险经办机构。二是完善经办管理运行机制。在市、区建立与事权特别是服务量相匹配的人事保障机制；建立与经办管理服务效率相匹配的财政责任经费保障机制；建立与政府、群众满意度相匹配的社会保险经办管理绩效考评激励机制。三是全面推行经办管理规范化和标准。全面完善制度、规则、标准和契约，加快"三化"建设，创新服务模式，优化业务流程。四是实现高效、便民、安全的服务。率先在全国解决关系转接、异地就医结算和异地认证等难题，为参保人员提供优质服务。五是加大专项审计、稽核和监察力度，严格养老保险基金管理，确保养老保险基金安全运转及长期可持续发展。六是进一步夯实管理基础，大力推行信息化技术应用，重点解决参保人员档案的科学化、规范化管理问题。

六 主要措施

为实现上述目标，完成"十三五"时期北京市的社会保险管理服务任务，建议采取如下措施。

（一）整合经办资源，创新服务模式，优化业务流程，提供综合服务

1. 全面整合资源

将市本级现有的经办机构、办公设施、服务场地、人力资源、信息系统等按照改革目标重新进行配置。

整合市级人社部门的经办资源。从北京市现有管理体制和服务模式看，经办管理资源不足和某些资源浪费同时存在，资金匮乏和重复投入同时存在。机构设立、职责岗位、办公场地、服务大厅、系统购置、软件开发、人员配置等都不同程度存在资源没有得到充分利用的问题，都有通过整合更好发挥效能的空间。

2. 创新服务模式

在服务模式上，要打破按城乡、按险种、按身份提供服务的方式，全面推行"城乡一体、多险合一"服务模式。机构整合是切入点但不能满足于机构合并，只有优化服务模式和业务流程，才能真正发挥机构整合的优势。如果继续按照城乡、险种分开的服务模式经办，容易造成多头参保、重复参保、漏保、重复领取待遇的管理漏洞，不利于参保工作问责制的实施，不利于全民参保目标的实现

和经办服务质量的提高。

逐步实现网上社保成为经办服务主阵地。进一步实施自助社保业务、手机智能服务等新型办事方式，丰富充实经办服务体系。

3. 优化业务流程

按照社会保险服务的专业特征，进一步优化业务流程。围绕基金的"收、支、管"，按照社保法和其他法规要求梳理经办业务环节，按业务环节重新设计流程。比如按参保登记、申报、缴费、记录权益、受理待遇申请、核实、支付发放待遇、稽核等业务经办环节以及内控需要，全面优化经办业务流程，提供一站式服务。

4. 全面推行综合柜员制

参保人对经办服务的评价依据主要来自窗口服务。要提高办事效率，缩短等候时间，窗口设置应合理科学。专管员制存在业务覆盖面窄、业务量不易均衡、需要更多窗口和人员配置、难以满足参保人一站式服务的需求等弊端。综合柜员制与之相反，服务范围宽，各窗口的业务量自动平衡，能提高窗口工作饱和度，是实现窗口、人员和业务量之间最佳配置的有效途径。应当全面推行综合柜员制，让有限的窗口和人员发挥最大服务效能。

5. 完善人员保障、经费保障和绩效考核机制

建立符合政府职能要求、与事权和服务量相匹配的社会保险经办管理人力资源保障机制。按照建设服务型政府、强化公共服务和社会管理职能的改革要求，遵循决策、执行、监督分开原则，充实和加强经办力量。随着制度走向定型，政策走向统一，基层政府行政决策职能将会逐步减弱，执行职能将会日益繁重，政府职能转变决定了人员应该有增有减。可以依靠改革创新、提高绩效来解决人员不足问题。整合机构，压缩管理、后勤人员，充实一线，向体制改革要人。开办网上社保、自助社保，向信息化建设要人。总结政府购买服务经验，制定政府购买社会保险服务项目清单，规范政府

购买服务行为，加强监督，为发挥市场机制作用拓展更大空间，向委托购买服务要人。积极实施社保经办人才培训计划，向提高人员素质要人。尽力做到增加工作量但不增加或少增加人员编制。

建立与事权和管理服务效率相匹配的经费保障机制。特别是应明确市本级与各区县的社会保险经办管理事权，建立市财政与区县财政对社会保险经办管理经费的财政责任支付制度，明确社会保险事务和服务提供的执行主体，建立按人员工资、运行费用、专项费用的分项预算，以及按事权责任分工的市级、区县级财政支付责任制度。

建立与服务绩效挂钩的考核激励机制，分类考核实行与业务量、执行政策、参保人满意度、工作创新等挂钩的绩效工资和分配制度。鼓励优者多得，勤者多得。

（二）全面推进"三化"建设，提升社保管理能力和服务水平

提升社保管理能力和服务水平的核心环节是加快社保管理服务体系规范化、标准化、信息化建设，这是体现法治政府、透明政府、智慧政府的具体举措。

1. 全面推进社保经办规范化

社保经办是依据法律法规对社保权力和行使权力的过程加以制度化安排的一种方式，规范化解决的是权责对应的问题。北京市应在以下三个方面采取措施。

一是全面推行规范化经办。对照法律法规进行梳理，法律法规对社保经办权限明确的，可以形成规范化意见。法律法规对社保经办权限尚不明确的，要先形成实施意见，在实施细则的基础上再逐步形成规范化操作流程。

二是进一步完善各项操作规程。根据社保体制和经办模式的定位，按管理服务的部门分工，采用合并同类项的方法，形成与部门

职责权力对应的操作规程。比如柜面受理和处理规范、网上受理和处理规范、参保登记和变更规范、社保费收缴管理规范、缴费记录管理规范、待遇审核支付规范、社保业务稽核规范等。各险种的业务环节要求一致的，适用同一规范，各险种的业务环节要求不一致的，形成分别的规范，并采用简约化的方法，使规范可操作、可检查。

三是管控和约束微权力。逐步确立无规范不可操作的行为规范，坚持按规范要求开发计算机软件，坚持任何操作都留下可追溯、可检查的操作轨迹，坚持受理、审核业务操作分开，坚持业务、财务操作联动制约，确保正确行使各项操作权力。

2. 以优质高效为目标，充分发挥标准化在管理服务中的作用

社保服务作为公共品，要求服务的同质化、均等化，"十三五"时期北京市应采取以下措施实现社保管理全面标准化。

一是夯实基础标准。重点是数据标准。包括数据采集标准、数据鉴别标准、数据清理标准、数据传递和交换标准、数据保管标准、数据分析和使用标准、数据验证和修改标准等。

二是大力推进标准化。将社保的各项业务细分到最小单元环节，对每个环节定出标准，并将各个环节尽可能嵌入计算机软件系统中，使操作环节实现自动化，减少人工干预。将复杂的社保政策通过一系列标准控制提高效率，增加透明度。通过标准化的操作，使老百姓增强对社保工作的信任感。

社保业务的重复性很强，适用同一作业标准的有成万上亿件业务，要根据实践积累常规业务的作业时间数据，进而研究业务量与人员的配置标准，科学安排人力资源。根据业务特点，用标准化思路将业务分解成若干个业务包，为更合理地配置资源打好基础。

三是建立安全控制标准。在标准化建设中把基金安全控制标准放在重要位置。从信息采集、录入、更改、基金收缴、基金归集、基金存储、待遇申领、待遇支付等各个环节寻找风险点，将风险点作为控制点，形成事先防范、事中控制和事后追溯的风险防控机制。

（三）加强队伍建设，提升社保管理服务的专业化水准

面对社保经办任务越来越繁重、人员编制受限的局面，要把社保管理服务搞好，应继续双管齐下。一方面，按照社保管理服务的要求，配齐配强最基本的人力，加强队伍建设，提高全市社保经办队伍的专业化水平，把管理服务的主体任务承担起来。另一方面，进一步发展服务外包，选定合适的项目，包给有资质、有条件、有能力的其他机构和社会组织，让它们在管理服务主体框架不变的情况下承担辅助性、配套性的任务，使资源得到合理配置，工作开展得更为有效。

一是加强行风建设。以完善岗位规范、严格纪律要求、推行文明服务为主要内容，推进行风建设，整治和杜绝各种经办中的不良习气和群众反映的突出问题，牢固树立以人为本、服务至上理念，爱岗敬业、忠诚奉献、清正廉洁，为人民群众提供精心、尽心、贴心的社会保险服务。

二是强化监管。利用计算机监控系统，实现社会保险业务的实时非现场监管，逐步把事后监督前移至事前、事中。把信息披露作为社保服务一项必须履行的重要职责，扩大信息披露的容量和范围，优化社会保险公共服务平台和流程。及时发布信息和政策解读，开展满意度调查，积极回应公众关切的社会保险问题，接受社会和公众的监督。

三是强化街道（乡镇）和社区（村）的劳动保障平台建设。进一步完善基层社会保险事务的政府购买服务办法。通过购买服务，发挥商业银行网点、邮政储蓄和商业保险公司在社会保险业务经办中的补充作用。培养在街道（乡镇）一线平台的操作管理者。基层平台逐步走向"一门式"和"一窗式"服务。通过培训和实践规范，

形成高素质的基层社会保险服务管理人才队伍。

四是实施社保经办人才培养工程。可考虑开办市、区和街道（乡镇）劳动保障基层平台经办机构负责人培训班，瞄准社保经办管理前沿问题，增强对影响社保管理服务水平的新技术、新方法、新理论的敏感性。总结社保管理服务实践中的典型案例，加以理论分析，总结渗透其中的管理服务理念，通过研讨、培训等形式，变为指导和完善管理服务的方法。在持续不断培训和实践的基础上，形成北京市社保经办机构的管理骨干人才队伍。

着力培养既懂标准又懂计算机技术，既懂社保业务又懂服务（业务）外包的人才，既懂社保业务又懂大数据原理和运行规则的人才，为充分发挥社会组织和商业机构在经办社保业务中的作用、合理配置经办资源、充分利用大数据提升经办能力提供人力资源基础。

（四）加强基金监督管理，确保基金安全稳健运行

确保基金安全是社保经办管理的首要任务，也是长期工作。

一是强化基金征缴。完善社会保险扩面征缴联动机制，依法足额征缴社会保险费；进一步加强社保稽核，对未足额缴纳保险费的单位和个人，查明原因，及时采取有效措施，努力实现应收尽收；有针对性地加大对欠缴大户和重点户的催缴力度，确保基金足额征缴到位。

二是堵塞基金漏洞，反欺诈、防冒领。充分发挥现代科技在基金监控中的作用，继续完善各项基金监督系统、完善数据比对机制、提高现代化监管水平，严厉打击诈骗社会保险基金等行为。通过健全基金监督管理办法、加强内控监督等措施，把基金监督贯穿到业务运行的各个环节，做到用制度管人、管事、管钱；加强重点稽核与日常稽核相结合，充分发挥稽核工作预防性和主动性的特点，建立事前指导、事中监督、事后处罚的稽核机制；完善社会保险基金

信息披露制度，完善单位和个人欺诈违法信息记录机制，建立欺诈"黑名单"制度，广泛开展社会监督，形成有效的社会保险诚信守法机制；总结待遇资格认证工作的经验，进一步推动资格认证工作，提高时效性和准确性，利用信息比对等多种手段，严把支付关，研究建立有效、畅通的反欺诈工作衔接机制。

三是按照国家要求，完善社会保险基金预决算制度，通过实施预算管理，增强基金管理使用的透明度和约束力。继续健全养老保险财政投入制度，进一步明确政府的养老保障责任，更好地发挥公共财政在民生保障中的作用。强化基金运行趋势分析，建立养老保险基金和医疗保险基金的预测预警系统和基金精算系统。

四是按照国家基金管理运营的有关规定投资运营，确保积累的基金保值增值。

五是加强对基金的日常监督检查。继续做好社会保险基金专项审计工作，按照市政府和人社部工作部署和要求，开展基金专项检查，同时指导各区县结合区域特点开展监督检查。尤其是，充分利用互联网监督系统优势，发挥科技防控作用，按照监督系统设计规划，进一步完善社会保险监督系统功能。将监督检查的范围由经办机构业务逐步扩大到养老审批、工伤认定、劳动能力鉴定、失业待遇核定、定点机构服务行为等业务，力求实现对社保经办、行政审批、待遇核准等业务的全方位监督。深入挖掘医疗审核监督系统预警数据及其应用。

（五）强化安全意识，完善内控机制

在全市社保经办队伍中进一步筑牢社会保险经办和基金风险管控的防线。一是强化制度建设。梳理社保基金管理的风险重点，细致排查和梳理经办风险点，重点防控关键环节和核心领域，强化风险监控。抓好事前和事中控制，加强收支情况的动态监控，完善内控检查评估方式，充分发挥内控制度的效用。二是强化技术手段。不断利用新的技术手段开展稽核工作，大力推动社保征缴和待遇支付稽核，提高稽核工作效率。利用社保业务档案影像化和数字化的成果，推动信息数据即时对比监控。综合利用基层服务平台和远程通信手段，强化对社保待遇领取人员的资格认证工作，有效防止和遏制冒领现象。通过计算机实时信息监控系统，有效监督医生谨慎用药，遏制恶意套取医保基金的行为，确保基金高效运行。三是强化人员教育。认真贯彻落实《社会保险工作人员纪律规定》，推进廉政和风险教育常态化和制度化。四是强化监督检查。加强对定点医疗机构的检查力度，严格执行协议管理。建立与公安系统合作、信息交换和重大问题协商机制，打击整治欺诈社保基金的行动，建立健全全方位、立体化、常态性的风险防范监控制度，确保基金安全。

北京市社保信息化发展评估研究报告[*]

北京市在不断完善社会保障体系过程中，始终高度重视社会保险信息化建设。2004 年，北京市劳动保障局落实国家"金保工程"建设要求，按照"统一规划、统一设计、分步实施"原则，结合北京实际，在全国率先启动了社会保险信息系统建设。近年来，北京市持续加大信息化建设力度，坚持信息技术与社保业务紧密结合，历经单机操作、分布式数据库建设、信息联网共享、网络化建设等发展阶段，目前社会保险信息系统已经覆盖市、区、街道（乡镇）、社区（村）四级社保经办机构，社保业务全部实现了信息化管理，不仅大幅提升了经办工作效率，也使广大参保人员享受到了更加高效、便捷的社保经办服务。

一 社保信息化发展现状

（一）系统建设情况

北京市社会保险信息系统建设起步时间较早，目前分别由人社

---

* 执笔：李常印。李常印，人社部社会保障研究所社保基金管理与失业保险室助理研究员，电子邮箱：lichangyin@ sina. com。

局下属的社会保险基金管理中心（简称"社保中心"）和信息中心两个部门管理。信息系统主要包括：职工社会保险（四险）信息系统、医疗保险信息系统、城乡居民养老保险信息系统、社会保险基金监督管理信息系统、社会保障卡管理系统、宏观决策统计分析系统、面向电子政务的对外数据交换系统等。

1. 职工社会保险（四险）信息系统

2004 年，北京市社保中心在全市实行"统一征缴、一单接收"，对全市养老、失业、工伤操作模式和政策进行改革，将养老、失业和工伤三险统一到一个系统中，使用统一的数据库，实现"三险合一"。2005 年，北京市建立城镇职工生育保险制度。2016 年，生育保险信息系统与上述三险一起纳入职工社会保险（四险）信息系统。社保数据管理初步实现统一。系统功能主要包括社保信息管理、基金数据管理、收付款管理、数据统计分析等。

2. 医疗保险信息系统

北京市城镇职工医疗保险信息系统于 2000 年启动建设，2001 年启动运行。系统主要功能包括：医疗保险基金收缴、费用分解、审核结算、基金拨付、综合分析及查询服务等。2007 年 7 月，实现门诊数据上传，二级以上定点医疗机构通过医保代理服务器上传门诊医疗费信息。2010 年 10 月，医保信息系统的运维管理主体正式由市经信委转移到北京市人社局，市人社局独立承担医保信息系统的运维管理，系统运维预算由市人社局组织申报；医保信息系统网络运维工作继续由市经信委负责，医保信息系统的网络运维费用由市经信委统一申报。2010 年 12 月，系统实现城镇居民住院持卡结算、离休持卡结算。

为满足办理医疗保险业务的需要，北京市人社局逐步建立了医保收缴子系统、医保审核结算子系统、医保财务收支子系统、医保医院端子系统、医保统计分析子系统和医保处行政管理子系统等应用子系统，系统分别使用于社保中心、医保中心、社保财务部门、医保处（科）、各定点医院等。同时，为了方便企业办理医疗保险业务，为所有参保企业免费发放企业管理子系统，用于数据采集、变更和手工报销；在医保系统运维服务体系建设方面，建立了由中心端业务监控子系统、医院端业务监控子系统、医保服务平台组成的运维支持系统，为业务系统的安全稳定运行提供了支持。

3. 城乡居民养老保险信息系统

2009 年，建立城乡居民养老保险信息系统，包括业务管理信息子系统、财务管理信息子系统、统计分析信息子系统、数据整合信息子系统四个子系统。目前，已经实现对全市所有农村户籍人员和城乡无养老保障老年人的信息化管理。截至 2014 年底，系统中参保人员为 186 万人。

4. 社会保险基金监督管理信息系统

社会保险基金监督管理信息系统包括监督业务、实时监控、监督办公和政策法规四个功能模块。监督业务主要通过查询、预警、评估手段，定位相应疑似问题；监督办公模块用来处理分析产生的疑似问题；政策法规模块主要提供各类法规、政策、文件查询。目前，基金监督管理信息系统共有 137 个指标，覆盖单位信息、个人信息、基金征缴、基金补缴、征缴退费、账户补填、基金支付等多项社会保险业务。

5. 宏观决策统计分析系统

2004 年，人力资源和社会保障宏观决策统计分析系统项目建设启动。该系统建设依托于北京市电子政务外网，主要有六个特点：一是与社会保险业务等生产区相连接，系统存储和展现的数据全部由基层海量基础信息通过系统自动汇总生成；二是实现了数据采集、传输、存储、决策支持、发布全过程的信息化，统计数据实时更新，动态管理；三是以数据和图表的形式，提供灵活的数据查询和直观的数据展现，实现对每个指标不同时间、不同分类的组合查询和多维数据分析，剖析数据规律，探索数据的潜在趋势；四是实现数据向上集中、服务向下延伸，与相关部门的网络互通互联和信息共享，满足了查询需要；五是采用开放式身份认证方法和分层权限管理方式，保障系统数据安全。

6. 面向电子政务的对外数据交换系统

为解决北京市人社局与上级主管部门、其他委办局、下级单位之间的信息共享和互联互通以及各系统之间信息传递问题，2006年，北京市人社局开发了面向电子政务的对外数据交换系统。该系统主要包括市长桌面子门户系统和对外数据交换系统。市长桌面子门户系统与市政府决策信息服务平台连接，向市领导提供人力社保相关决策信息。对外数据交换系统承担市人社局与其他委办局的数据共享业务，目前已经实现与市经信委、市发改委、市交通委、市公安局、市监狱管理局、市纪检监察局等11家单位的数据共享。

（二）社会保障卡建设情况

北京市人社局于2008年启动社保卡建设。2009年7月，在石景山、西城两区启动试点，门诊持卡结算信息系统同步上线运行。2010年实现全市参保人员"持卡就医、实时结算"。2012年1月，市级公费医疗人员实现持卡就医结算，社保卡开始搭载金融功能。2013年4月，超转人员参加职工基本医疗保险并实现持卡就医结算。

社会保障卡管理系统主要功能是为社保卡的制作和使用提供支持与服务。包括社保卡服务管理系统、社保卡服务网点管理系统、社保卡自助终端管理系统、社保卡呼叫中心管理系统等。社会保障卡服务体系包括249个经办网点、电话呼叫中心、自助服务终端、公共服务网站、技术运维网点五个部分，服务内容包括咨询查询、补卡换卡、信息变更等。

（三）网络体系建设情况

目前，北京市共有 25 个社会保险经办机构、15 个代办机构以及 202 家社保所接入社会保险信息系统，进行业务办理。北京市人社局通过对社保系统的网格管理、网络故障处理、网络监控、网络设备调试和维护工作，确保了社保系统运行，保障各区社保经办、代办机构以及社保所能够正常访问社保系统，并办理相关业务。

（四）公共服务建设情况

北京市社会保险网上服务平台功能涵盖了社会保险登记、征缴、个人权益业务的主要工作，并涉及转移接续、支付、稽核、社保卡等多项业务。

2002 年 8 月，北京市人社局电话咨询中心成立，12333 服务热线开通。日均来电量基本保持在 4000 人次左右，日均服务量在 3500 人次左右，其中人工服务量 2900 人次左右。2004 年 3 月，北京市人社局电话咨询中心接替北京劳动保障信息网"百姓心声"、"局长信箱"、"网上信访"等栏目，为市民提供电子邮件服务。2005 年 5 月，开始受理"首都之窗"转来的"政风行风热线"邮件的接收、回复工作。2014 年，12333 热线开通了社会保险个人权益记录电话查询服务功能。

（五）信息安全建设情况

社会保险信息系统在系统核心网络上设置了防火墙、入侵监测系统和防病毒系统，市级和区级数据传输采用 VPN 加密通道，对数据调整和密码更换等重要数据库操作也制定了相应的管理制度。这些安全设施和管理制度在保证系统安全运行方面发挥了重要的作用。

社会保险信息系统建立了一套完整的安全防护系统，包括网络安全的防护子系统和安全信任子系统。安全防护子系统包括防 DDOS 攻击设备、入侵检测与防御系统、网关防病毒系统、统一时间服务、密码服务、身份认证系统、权限认证管理系统。

二 成就、经验和问题

（一）取得的成就

一是建立全市统一的社会保险系统应用体系，实现数据市级大集中。社会保险信息系统目前已覆盖市级经办机构，17 家区级社保经办机构，7 家区社保分支机构，15 家社保代办机构，以及 331 家街道（乡镇）社保所。社保系统操作人员总数近 3200 人。目前，职工社会保险（四险）信息系统数据库中有参保单位 56.6 万个，养老保险参保人员 1428 万人，失业保险参保人员 1443 万人，工伤保险参保人员 1638 万人，生育保险参保人员 1205 万人，离退休人员 231 万人，享受工伤待遇人员 23.1 万人，无社会保障老年居民 48 万人。医疗保险信息系统通过业务专网与全市所有经办机构、社保所和 2200 多家定点医疗机构实行互联。

二是建立市、区、街道（乡镇）、社区（村）信息系统服务网络。通过数据大集中建设，已经建立了市级、区级、街道（乡镇）级、社区（村）级四级网络体系。目前全市 25 个社会保险经办机构、15 个代办机构以及 202 家社保所网络已经接入社保网，并通过网络进行业务办理。

三是建立社会保险网上服务平台，扩大 12333 社会保障咨询服务内容和范围。目前社会保险网上服务平台涵盖了社会保险登记、征缴、个人权益业务的主要工作，并涉及转移接续、支付、稽核、社保卡等多项业务。一方面，网上申报系统极大地减轻了社保经办机构的压力，提高了工作效率和服务水平，节约了人员、办公成本；

另一方面，网上申报系统大大减少了参保单位、参保人办理社会保险业务的麻烦、困难，节省了参保单位、参保人的时间、费用。因此，可以说是取得了经济和社会效益的双丰收。北京市 12333 电话咨询中心服务内容包括劳动就业、社会保险、劳动关系、劳动工资、个人权益记录查询等。参保人可查询到养老、医疗、失业、工伤、生育五项社会保险的缴费情况，包括缴费单位、缴费年限以及缴费基数等，还可以查询到个人养老金账户的累计金额；同时，还可查询到本人选择的定点医疗机构名称等信息。

四是以社保卡工程建设为切入点，逐步拓展社会保障卡功能和范围，实现一卡多用及"同城、同人、同库"。截至 2014 年底，北京市已经发放社会保障卡 1600 余万张，其中搭载金融功能社保卡 30 余万张，卡服务网点总业务量达到 300 余万笔。医疗保险参保人持卡率已达 95% 以上，社保卡服务网站访问量接近 3000 万次。随着社会保障制度不断完善，北京市开始逐步将社会保障卡的应用功能拓展至"北京通"应用、健康应用、金融应用、交通应用等方面。

五是建立部门信息共享机制。通过建设面向电子政务的对外数据交换系统，实现了与人社部"金保工程"的联网监测、财务交换库、基金报表等软件的对接。同时，系统实现了与北京市各委办局之间的数据共享，通过与市信息决策服务平台的对接，实现了与市经信委、市发改委、市交通委、市公安局、市监狱管理局、市纪检监察局、市安全局、市残联、市工商局等单位的数据共享。对外提供社会保险缴纳情况、北京工作居住证状态等信息，为"京十五条"、小客车摇号、出入境证件审核等提供数据支撑；从上述部门获得工商单位年检情况、残疾人信息、法人库等数据信息，为社会保险缴费稽核、人力资源市场残疾人认定、外国人许可申报等提供基本信息。

（二）基本经验

一是领导高度重视信息化建设。全市各级领导十分重视社会保险信息化建设。在社保卡工程建设期间，市政府副秘书长亲自协调督办，确保了工程平稳推进，如期实现"持卡就医，实施结算"。2010年，在主管副市长协调下，医疗保险信息系统的运维管理主体由市经信委转为市人社局，进一步方便了医疗保险业务的开展。北京市人社局高度重视社保信息化建设，将其列入重要议事日程，实行"一把手工程"，推动了信息化建设的顺利开展。

二是统筹规划、稳步推进。北京市各个社保信息系统全部经过前期调研、方案设计、系统试运行、逐步推开等阶段。社会保险基金监督管理信息系统建设之前曾先后到人社部、市审计署汲取经验，多次深入各区进行调研，了解各区具体情况。2005年9月，面向电子政务的对外交换系统开始系统调研，12月完成系统集成建设方案，2006年6月系统调试完毕。医疗保险信息系统于2000年8月启动建设，2001年1月开始试运行。2004年8月，完成系统容灾用户测试，逐步实现门诊数据上传和门诊持卡结算等功能。社会保障卡建设之前，对上海、杭州等市进行了实地考察，并邀请知名专家讲授社保卡知识，成立业务需求工作小组，并与相关银行签订合作协议。

三是资金保障有力。资金支持是社会保障信息化建设的基础保障。在社会保险信息化建设方面，北京市相关部门均给予了足够的资金支持。十年来，除社会保险（四险）信息系统和医疗保险信息系统外，在宏观决策统计分析系统、面向电子政务的对外数据交换系统以及社会保险相关子系统建设方面，财政部门都给予了足够的资金支持。在社会保障卡工程建设方面，北京银行出资2.8亿元。

（三）面临的主要问题

1. 信息化分部门管理制约信息化的长远发展

北京市在社保信息化管理方面由两个部门负责。市社会保险基金管理中心为参公事业单位，负责职工社会保险（四险）信息系统、城乡居民养老保险信息系统等信息系统的管理。市信息中心为全额拨款事业单位，负责医疗保险信息系统、社会保障卡管理系统、宏观决策统计分析系统、面向电子政务的对外数据交换系统、社会保险基金监督管理信息系统等信息系统的管理。

信息化工作由两个部门管理，不利于业务系统和数据库的统一管理，也不利于信息化的统一规划与发展。从中长期来看，随着制度的不断整合，服务管理的不断加强，社保信息化统一管理应是趋势。从调研情况来看，区社保经办机构也反映在信息化管理方面存在不顺畅，一定程度上影响社会保险经办和管理效率，加大了社会保险信息化建设和管理的成本。

2. 社会保险系统建设较为分散，不利于经办服务效率进一步提升

由于管理体制的制约，北京市社会保险信息系统建设从业务上被分成了两块：一块是市社会保险基金管理中心负责的职工社会保险（四险）信息系统、城乡居民养老保险信息系统等系统建设；另一块是市信息中心负责的医疗保险业务系统、社保卡系统、宏观决策统计分析系统、社会保险基金监督管理系统、面向电子政务的对外数据交换系统等系统建设。

社保业务各系统和相关政策实施时间不同，造成了系统间相对独立运行的局面。两个系统独立运行，医保信息管理系统不能与其他四险系统互联互通，产生了以下问题：一是参保单位和参保个人面对的是两个系统，虽然目前已经通过增加软件窗口将两个系统的对外窗口合并在一起，但仍无法解决重复报送材料等问题。二是内在问题比较多，随着社保制度的不断发展，各项社会保险内部存在千丝万缕的关系。由于系统间的指标项不一样，信息关联时工作量大，甚至相关指标不能对应。三是社会保险（四险）信息系统和医疗保险信息系统两个关联的数据库也是分开独立运行，致使两个数据库中人员信息数据不一致，且数据比对工作量很大。四是社保基础数据在标准化、规范化方面仍需进一步加强。

3. 档案系统建设较为滞后

目前北京市市级和大部分区仍然使用的是纸质档案管理的办法。社会保险经办机构在办理经办业务时向参保单位和个人收取纸质的表格和相关资料；经办机构每月将上述材料归档并交由档案部门管理；区级经办机构与市社保中心业务往来时，也需要向市社保中心递交相关纸质材料，市、区两级也需要对相关资料进行归档。

由于参保人员不断增多，而且纸质档案需要一定的存储空间和条件，以及大量的人力物力，管理成本相对较高。随着时间的推移，容易破损或老化，不易长期保存。

三 面临的主要形势与挑战

"十三五"时期是北京市社会保障发展的关键历史机遇期，也是经济社会发展转型的重要时间节点。党的十八届五中全会提出建立更加公平更可持续的社会保障制度，这期间社会保障制度发展将面临重要的转折，作为社保经办服务重要支撑的信息化建设，将面临社保政策不断完善调整、社保经办管理需求不断提升、信息和网络安全等多方面的挑战。

（一）形势与挑战

1. 社保政策的不断完善对信息化建设提出较高要求

"十三五"时期，北京市社会保险政策仍将继续进行完善和调整，包括机关事业单位养老保险制度改革、城乡居民医疗保险制度整合等。每一项社保政策的出台、调整，都需要信息平台的支撑。社保从参保到待遇支付过程中，每一个环节的政策调整都需要对信息系统进行调整，而社保信息系统的调整必须经过业务需求、程序开发及系统测试等一系列过程，社保每一项政策的完善和调整，都要求信息化建设的及时跟进。

2. 经办管理服务能力要求加快社保信息化建设

随着北京市社会保障制度的不断发展，社保经办管理服务内容越来越多，人员编制不足，尤其是基层社保经办机构经办服务能力整体水平相对较低，部分区基础设施稍显落后，制约着社会保障经办管理服务的发展。另外，经办机构职能转变尚不到位，社会机构参与管理难度较大。随着民生工作的深入推进，人民群众多样化、多层次的公共服务需求与供给不足之间的矛盾越来越突出，迫切需要通过加快信息化建设来提升社会保险经办服务能力。

3. 建设信息安全保障体系的挑战

随着网络应用的开放普及，业务在线办理率的提高，保障工作难度大幅提升，安全风险越来越大。当前，网络安全时刻威胁着社保信息管理的安全。随着经办服务不断向下延伸，社保信息化集聚的风险也将越来越高。不法组织和个人利用非法手段对社保信息网络系统进行恶意攻击，或是利用网络病毒进行侵害，这是社保信息网络系统面临的最大威胁。如何保障网络、设备、应用系统等基础环境安全，如何保护个人数据安全和参保信息安全，做到数据不丢、信息不漏、服务不断的安全保障，是社保信息和网络安全建设需要重点关注的方面。

（二）面临的机遇

"十三五"期间，"互联网＋"创新趋势为社会保障信息化的发展带来新的契机。随着物联网、云计算等新一轮信息技术的发展，信息技术向智能化、集成化方面发展的趋势进一步显现。随着社保制度逐步进入定型期、京津冀协同发展战略以及北京市智能化建设的逐步推进，社保信息化将迎来快速发展的机遇。

一是"互联网+"创新趋势为社会保障信息化的发展带来新的契机。应该把握新一轮信息技术发展的机遇，加快推进社会保险信息化工作，为提高社保经办能力提供支撑。

二是随着社会保障制度不断完善以及人群全覆盖的实现，包括机关事业单位社会保险制度改革完成、社会保险法逐步健全以及社保经办服务的不断规范，社会保险制度将逐步进入定型期，这些都将推动社保信息化水平的快速提高。

三是经济发展和良好的政策环境为信息化建设奠定了坚实的基础。近年来，北京市政府不断推进全市智能化建设，不断出台相应的规划、政策和法规，对信息化建设进行指导和调整，积累了较为丰富的信息化建设经验。这些都为社会保障信息化建设提供了良好的基础。

四是在京津冀协同发展的国家重大战略下，社保一卡通面临重大发展机遇。随着京津冀协同发展的不断深化，将实现以市场需求为导向，以惠民、便民为中心，以京津冀都市圈为依托的有效整合，这将有助于解决参保人员在三地间跨区域流动带来的社保关系转移接续以及异地就医结算等问题。

四　发展思路、目标与对策措施

（一）基本思路

依托北京市人社局现有信息化基础，基于人社部"金保工程"二期和北京市"智慧城市"建设总体要求，把握国家关于"互联网+"的发展机遇，以提升公众满意度、实现业务经办一体化、加强决策支持能力、提高业务经办绩效、促进信息便民惠民为目的，通过社会保障信息化、一体化规划和统筹推进，理顺信息化管理体制，推进电子社保建设，推动北京市"智慧人社"建设。

（二）发展目标

"十三五"时期，北京市要利用首都高新技术优势，借助"互联网+"技术大潮，按照"金保工程"要求，加快社会保险信息化建设，实现社保经办管理服务全程的信息化，在此基础上，做到精确化、智能化，以满足不同类型的经办服务需求。北京市社会保险信息化建设应继续围绕北京市社会保障事业的重点工作和发展方向，以全面提高社会保障行政能力和服务水平为使命，以整合信息资源、提高应用水平、满足服务需求为导向，构建全市统一高效、业务协同联动、信息安全可靠的一体化信息系统，实现社会保障一卡通，促进基本公共服务均等化，完善全市社会保险信息系统的基础建设，提高应用与服务的根本支撑能力。

社会保障卡建设目标：全市社会保障卡持卡人比例达到100%，逐步拓展社保卡业务至全部社会保险领域，拓展社保卡功能和覆盖范围，扩展合作银行范围。推进京津冀社保一卡通建设。

公共服务管理应用目标：全市一体化的信息服务基本建成，网上经办服务不断扩展，城乡系统入网率100%，12333电话咨询服务实现全覆盖并逐步扩展业务内容。

信息共享和业务协同应用目标：开展跨地区、部门信息共享和业务协同，扩大信息共享内容和范围，增强协同能力。

信息化技术服务能力建设目标：信息化基础设施建设不断发展，标准化、规范化和专业化水平持续提升。完善信息监管和决策手段，提升社保大数据应用水平。

信息安全保障能力建设目标：信息安全管理制度普遍建立，信息安全基础设施不断完善，安全可靠的软硬件产品应用不断加强，建成全市统一的网络安全信息体系。

此外，要加强对大数据的分析，为宏观决策提供参考依据。北京市社会保险信息系统建立已有 20 多年的时间，积累了大量的数据，是一个巨大的信息宝库，"十三五"时期要充分利用信息技术，对大数据加以分析处理，用以支持社会保险领域的宏观决策，促进社保制度更加公平更可持续发展，并在进一步开发利用的基础上，为更为广泛的社会经济管理提供决策服务。

（三）对策措施

1. 建设统一的社会保险基础数据库

在整合信息资源、提高信息化管理水平方面应采取以下措施。

一是建立统一的社会保险基础数据库。在现有社保数据库基础上，建设统一的基础数据库。在全市范围内实现参保人员"同人、同市、同库"。

二是探索开展基础数据的标准化、规范化建设。在国家层面社保标准化、规范化建设相对滞后的情况下，为提升信息化水平，通过借鉴兄弟省市做法，在全市范围内开展社保基础数据标准化、规范化建设。

三是合理划分部门职责。现阶段，将业务应用系统的规划建设与运维工作交由业务职能部门负责，信息化管理部门重点做整体信息化建设规划与评估，制定信息化管理与安全制度、规范和标准，充分发挥业务职能部门的工作积极性与主动性，充分发挥信息化部门的管理、监督职能，理顺职能，提高工作效率。待全市社保基础数据实现统一以后，逐步将基础数据的管理、系统升级改造和运行维护等工作交给信息管理部门负责；业务部门则负责提出信息化建设需求，并将精力投入提升社保服务质量和水平方面。

四是加强对各级信息部门的技术与安全培训。在基础数据统一管理以后，需合理增加信息化管理部门人员编制，引进或培养既懂业务又懂技术的复合型人才，提高信息化管理人员的素质和能力。

创造好的用人环境，建立健全工作制度，加强与相关业务部门的沟通协调。建立培训和考核机制，加强对社保信息人员的培训工作，提高信息化管理队伍的整体素质能力。

2. 加快推进社会保障卡应用，拓展社会保障卡应用功能

"十三五"时期将继续推广使用社会保障卡，加大发卡的力度，确保实现人手一张。同时，采取必要的措施进一步增强社保卡的使用功能。

一是根据社会保障卡便民惠民的要求，加快建设持卡人员信息库，实现基础信息的集中、统一管理，加强与业务系统的衔接，为下一步京津冀社保一卡通建设奠定基础。

二是加快各业务领域中社会保障卡的应用，同步实现业务系统对社保卡功能的全面支持，强化社会保障卡在个人办理人力资源社会保障事务过程中的应用，并逐步拓展社会保障卡在政府其他公共服务领域的应用。

三是推进京津冀社保一卡通建设。健全京津冀社保跨区域转移接续制度，建立部门协作机制和信息交换平台；推动京津冀医疗保险定点机构互认，推动建立京津冀就医跨区域结算体系。

四是加快推进社保卡等系统的升级扩容。针对社保卡系统目前存在的设备陈旧、故障率上升问题，相关部门应积极协调，申请资金，连同相关业务系统和业务数据库等一同进行升级改造，以满足不断扩大的业务需求。

3. 加快信息化公共服务平台建设

"十三五"时期，要在以下几个方面加快推进社保信息化建设。

一是推进公共服务平台的统一建设。以数据共享和业务协同作为基本要求，形成以网上办事为主体的多渠道公共服务体系，实现覆盖行政事项办理、网上查询及网上经办功能，提供咨询服务和主动推送服务等多种服务模式，构建覆盖全市的社会保障信息公共服务体系。

二是优化基于社区基层服务的统一基层服务信息平台。实现服务逐步向基层延伸，满足公众便捷服务的要求，提升基层服务水平和业务经办效率。

三是推进"互联网＋社保经办服务"建设。继续进行网上经办大厅建设，推进网上自助服务。依托门户网站平台，推进企业和个人各项社保网上查询、缴费等业务的办理。以移动互联网为支撑，开展个性化服务，通过互联网、手机、自助服务终端等渠道提供全方位服务。逐步实现网上办理、自助办理和移动平台办理相结合的服务模式。

四是加快社保档案信息化建设。建立市社保档案管理信息系统，将档案管理信息系统嵌入社保业务经办管理系统，使档案信息在系统之间实现无障碍传递，为业务信息化提供支撑。

4. 健全信息监管和决策体系

"十三五"时期，要进一步强化社保信息监管，开发大数据应用，提升社保决策能力。

一是优化信息资源分布格局。推进社会保障领域各项信息资源的集中整合，构建大数据分布格局，探索开展基于大数据的社会保障业务监督、信息分析及决策支持应用。

二是扩大社会保障联网监测范围。完善社保联网监测系统，健全社保数据采集、整理、清洗机制，不断提升社保数据质量，推进社保数据分析利用。

三是健全社保业务监管模式。完善社保基金监督系统、医疗行为监控系统，探索建立信息化业务监管模式，逐步扩大业务应用范围，提升各项社保工作的监督管理水平。建立覆盖医疗服务全过程的实时、智能、精确的医保监控信息系统，借鉴天津、上海等地经验，将系统社保端程序监管触角从事后向事前、事中前移，增强对医疗费用、医疗服务行为的监控能力。

四是研究开发社保大数据应用，提升社保决策支持能力。建立全市统一的社保基础信息数据库，并在当前业务数据基础上，推进业务数据的整合共享，应用大数据分析，完善社保决策分析系统，实现数据资源的充分利用和挖掘，全面推进"智慧人社"的建设。

5. 完善社保信息安全制度，提升安全防护能力

强化落实信息安全等级保护制度，深入建设信息安全体系，完善社保信息安全的检查、事件通报、应急响应机制。继续开展信息系统的定级及整改工作，按要求定期进行测评和完善，确保核心系统达到信息安全等级保护标准。建设系统与网络安全监控中心，开展安全体系建设，确保系统和网络的安全可靠，提升网络安全防护能力，保障系统与网络运行。加强信息安全基础防护系统的建设，有效保证系统和网络的安全和畅通。加快建立人力资源社会保障电子认证体系，建设灾备中心，全面启动灾难恢复体系建设，确保系统和数据安全。

后　记

　　根据党中央制定的社会保障发展方针和改革目标，按照国务院以及人社部等有关部门的工作部署和要求，北京市人社局在市委、市政府的领导下，在开展社会保险制度改革和建立覆盖城乡居民的社保体系建设过程中，通过积极探索和勇于创新，不断推进社保改革与发展，并且取得显著成效，在许多领域一直走在全国的前列。

　　与此同时，北京市在社保改革与发展过程中也面临一些亟待研究解决的问题。随着社保改革力度进一步加大、人口老龄化不断加速、广大人民群众对社会保障的需求逐步提高，北京市社会保险事业发展面临的压力和挑战也在不断增大。

　　为做好北京市"十三五"时期社会保险事业发展规划工作，促进北京市社会保险更加公平更可持续发展，北京市人社局与我所经过协商，于2014年12月立项开展"北京市社会保险发展评估研究"课题，双方组成联合课题组，对北京市社会保险发展取得的成就、特点进行全面总结，对存在的问题和今后发展面临的形势进行深入分析，在此基础上，提出"十三五"时期北京市社会保险发展的总体思路、基本目标、重点任务和主要对策。

　　在课题研究过程中，我所与北京市人社局密切合作，就报告框架和阶段性成果以及各项研究报告进行深入交流和论证，并分别对海淀区和顺义区进行了专题调研。经过一年多的深入研究，课题组于 2016 年 3 月基本完成课题研究报告，随后，课题组经过多次讨论和修改，于 6 月最终定稿。整个课题报告包括一个主报告和八个分报告，对北京市社会保险制度改革与发展的总体情况和各项社会保险运行情况以及社保经办、基金管理、信息化建设等各个方面都进行了深入、系统的研究。

本项课题主报告由我所武玉宁、谭中和、李红岚、王宗凡、张军、费平、赵巍巍、李常印、郭婕等同志执笔，并由武玉宁统稿。分报告一由赵巍巍执笔；分报告二由李红岚执笔；分报告三由王宗凡执笔；分报告四由费平执笔；分报告五由武玉宁执笔；分报告六由张军执笔；分报告七由谭中和执笔；分报告八由李常印执笔。在课题报告起草过程中，曾多次征求北京市人社局的意见。武玉宁同志和北京市人社局研究室主任周立今同志承担协调联络工作。按照北京市人社局领导和有关处室（中心）负责同志提出的修改意见，我所有关专家对课题报告进行修改和完善。课题报告最终由陈蓓、王明山两位局领导和我共同审定。

为宣传和推广北京市社会保险制度改革与发展方面的先进经验，我们在完成上述课题研究的基础上编写本书，并列入我所组织编写的地方社会保障发展报告丛书，由中国社会科学院直属的社会科学文献出版社出版发行。

近年来，我所承担一些地方人社部门委托的有关当地社保改革与发展的课题研究工作，为本地区推进社保改革和完善相关政策提供参考和依据。在此基础上，我所组织编写了地方社会保障发展报告丛书，为全国人社系统提供一些地方的先进经验。人力资源和社会保障部有关领导对我所为地方人社部门提供科研服务予以指导和支持。人社部原副部长胡晓义同志为我所组织编写的地方社会保障发展报告丛书作了总序。我谨代表社会保障研究所对部领导特别是胡晓义副部长的指导和支持表示衷心的感谢！

在本项课题研究过程中，北京市人社局党组副书记兼副局长陈蓓同志、市社会保险监督委员会主任（市人社局原巡视员）孙彦同志、市人社局副局长王明山同志、副巡视员徐仁忠同志以及相关处室（中心）的刘小军、李勇、沈哲恒、李红、吴晓军、杜鑫、王培亮、周立今、王子巍等负责同志以及齐振家等工作人员对我所开展有关研究工作给予了大力支持和帮助。此外，海淀区、顺义区人社局以及一些基层单位的负责同志也对我所的研究工作给予了积极支持与协助。我谨代表社会保障研究所向市、区人社局领导和有关处室（科室、中心）负责同志以及有关基层单位负责同志表示衷心的感谢！

本书的出版得到了中国劳动保障科学研究院的大力支持，特别是科研处副处长李艺同志的协调和帮助，我谨向中国劳动保障科学研究院以及李艺同志表示衷心的感谢！

本书的出版得到了社会科学文献出版社的大力支持，特别是刘荣同志在编辑本书的过程中认真负责，严谨周密，精益求精，为本书的编辑出版付出了大量的辛勤劳动，我谨向出版社领导和刘荣同志表示衷心的感谢！

金维刚

2016 年 12 月 12 日

图书在版编目（CIP）数据

北京市社会保险发展报告／人力资源和社会保障部
社会保障研究所，北京市人力资源和社会保障局著. --
北京：社会科学文献出版社，2016.12
（地方社会保障发展报告丛书）
ISBN 978 - 7 - 5097 - 9911 - 6

Ⅰ.①北…　Ⅱ.①人…　②北…　Ⅲ.①社会保险 - 经
济发展 - 研究报告 - 北京　Ⅳ.①F842.61

中国版本图书馆 CIP 数据核字（2016）第 261171 号

地方社会保障发展报告丛书
北京市社会保险发展报告

著　　者／人力资源和社会保障部社会保障研究所　北京市人力资源和社会保障局

出 版 人／谢寿光
项目统筹／刘　荣
责任编辑／刘　荣

出　　版／社会科学文献出版社·社会政法分社　（010）59367156
　　　　　　地址：北京市北三环中路甲29号院华龙大厦　邮编：100029
　　　　　　网址：www. ssap. com. cn
发　　行／市场营销中心（010）59367081　59367018
印　　装／三河市尚艺印装有限公司

规　　格／开　本：787mm×1092mm　1/16
　　　　　　印　张：17.75　字　数：223千字
版　　次／2016年12月第1版　2016年12月第1次印刷
书　　号／ISBN 978 - 7 - 5097 - 9911 - 6
定　　价／99.00元

本书如有印装质量问题，请与读者服务中心（010 - 59367028）联系